农业技术选择
与供给效率评价

——基于广东新型农业经营主体视角

刘丽辉 著

九州出版社
JIUZHOUPRESS

图书在版编目（CIP）数据

农业技术选择与供给效率评价 ： 基于广东新型农业经营主体视角 / 刘丽辉著 ． -- 北京：九州出版社，2021.10

ISBN 978-7-5225-0500-8

Ⅰ．①农… Ⅱ．①刘… Ⅲ．①农业技术－技术保证－研究－广东 Ⅳ．① F323.3

中国版本图书馆 CIP 数据核字（2021）第 186608 号

农业技术选择与供给效率评价 ： 基于广东新型农业经营主体视角

作　　者	刘丽辉 著
责任编辑	陈春玲
出版发行	九州出版社
地　　址	北京市西城区阜外大街甲 35 号（100037）
发行电话	（010）68992190/3/5/6
网　　址	www.jiuzhoupress.com
印　　刷	武汉市籍缘印刷厂
开　　本	710 毫米 ×1000 毫米　16 开
印　　张	17
字　　数	276 千字
版　　次	2021 年 10 月第 1 版
印　　次	2021 年 10 月第 1 次印刷
书　　号	ISBN 978-7-5225-0500-8
定　　价	58.00 元

前　言

　　十九大报告指出，我国社会主要矛盾已经转化为人民日益增长的美好生活需要和不平衡不充分的发展之间的矛盾，要解决这个矛盾，我国经济发展必须要走高质量发展道路。经济高质量发展离不开创新，创新离不开技术进步，农业领域亦如此。西奥多·舒尔茨（T.W.Schultz）以及速水佑次郎和拉坦（Y.Hayami and V.W.Ruttan）均指出技术进步通过技术创新、技术推广促进农业经济高质量增长。农业技术创新增加了农业增产的潜力，农业技术推广应用把这种潜力变为现实。

　　广东作为农业大省和经济强省，伴随着人口的持续增长、城镇化和工业化的快速推进，农业资源不断被挤占，广东农业可持续发展、高质量发展均受到严峻考验，迫切期待科技发挥其引领和主导作用。尽管改革开放40多年来，广东农业科技供给情况得到较大改善，成效显著，但科技供给问题依然颇多，尤其是和科技需求之间的供求不平衡矛盾依然突出，其结果是，和发达国家或地区相比，广东农业的科技贡献率仍然较低。广东农业科技供求失衡主要表现是农业科技供给体系仍沿袭为传统农业经营主体——农户服务的模式，没有根据新型农业经营主体——种养大户、家庭农场、农民合作社、龙头企业等做出及时调整。经济新常态下加快广东农业经济高质量发展步伐，推动广东农业经济从要素驱动向创新驱动转变，不仅要求广东农业科技注入新活力，还要求从新型农业经营主体角度，搭建农业科技成果推广与运用的广东农业科技支撑体系，这对于推进广东农业高质量发展具有重要的现实意义。

　　现有的研究存在如下不足：一是研究对象以普通农户居多，对新型农业经营主体研究较少；二是单独研究农业技术选择行为或农业科技供给效率的较多，将二者结合起来共同研究较少。三是对某区域农业科技投入的研究较多，对区域间农业科技资源投入效率的研究较少。为此，本书从科技供给和需求关系角度搭建分析框架，将研究视野聚焦到微观层面的新型农业经营主体的技术选择行为与宏观层面的科技供给效率两个核心概念上，力图在对广东农业科技资源配置效率进行评价基础上，通过推进基于科技需求的供给侧改革来完善广东省农业技术支撑体系，明确未来广东农业科技创新及农技推广改革的重点和方向，加快广东农业高质量发展。

全书共分为十章，其中第一、二、三章为本书的文献、理论研究及现状部分，具体包括概论、基本理论及农业技术供给体系、广东农业发展基本特征及科技供给概况。第四章至第九章为本书的实证分析部分，具体内容是：第四章从科技供给侧视角，运用数据包络分析法（DEA）及随机前沿分析法（SFA），评价广东全省及21市农业科技供给效率，分析影响效率的主要因素及影响程度。第五章至第八章从农业科技需求侧视角，分析广东新型农业经营主体的农业科技选择行为。第五章是调查问卷设计及样本基本情况，第六、第七章是广东新型农业经营主体对农业技术服务获得、认知、需求情况，以及使用农业技术后的经济效益情况，第八章构建"认知 —— 需求 —— 需求强度"的技术需求选择行为三阶段模型，借助 Logistic、泊松模型，分析广东新型农业经营主体农业科技选择行为的影响因素。第九章农业科技供给与需求均衡分析。鉴于农业科技供给与需求在技术品种、数量、价格上的复杂性和数据可得性，本书用政府技术服务满意度主观指标来间接测量基于需求的科技供给效果情况。通过问卷数据测算新型农业经营主体对政府提供农业科技服务的满意度大小及关键因素。第十章从宏观供给视角、微观需求视角及中观区域、地理视角提出优化广东农业科技供给体系政策建议。

本书是广东省哲学社会科学"十二五"规划项目"广东新型农业经营主体的科技支撑体系研究"（项目编号：GD15CYJ10）的研究成果。本书的出版受广东省高水平理工科大学专项建设资金、广东省社会科学研究基地"创新与经济转型开放研究中心"的资助。

目 录

第一章 概 论

一、研究背景及问题提出

（一）研究背景

十九大报告指出，我国社会主要矛盾已经转化为人民日益增长的美好生活需要和不平衡不充分的发展之间的矛盾，要解决这个矛盾，经济发展必须要走高质量发展道路。目前我国主要农产品已经由"总量紧平衡、品种间调剂"到"总量平衡、丰年有余"，甚至出现结构性过剩，农业产出台阶式上升或保持稳定成为常态。但在消费者主权时代，实现农业经济高质量发展，更好地适应消费结构升级需求，需要从追求高产量到谋求高质量转变，提高农产品品质，这需要加强农业科技创新，转变农业增长方式。

新古典经济增长理论认为，技术进步是决定经济长期增长的内在动力，大量文献都已经验证了技术进步对经济增长的重要性（例如 Solow 索洛，1957；Arrow 阿罗，1962；Romer 罗默，1986；Lucas 卢卡斯，1988）。关于技术进步与农业经济发展关系的研究，最具有代表性的人物是西奥多·舒尔茨（T. W. Schultz）以及速水佑次郎和拉坦（Y. Hayami and V. W. Ruttan，2000），指出技术进步通过技术创新、技术推广促进农业经济增长。

农业经济发展的模式有粗放式和集约型两种类型。从经济增长理论来说，农业经济增长的来源有两个方面：一是生产要素投入的增加，二是农业科技带来的投入产出比的提高，即农业 GDP 增长率 = 因新增投入量产生的 GDP 增长率 + 因农业科研产生的 GDP 的增长率。前者是因农业资源投入要素增加导致的农业总产值增长率，与同期农业 GDP 增长率之比，即为农业要素投入贡献率。后者是因农业科技进步所导致的农业总产值增长率称为农业科技进步率，与同期农业 GDP 增长率之比，即为农业科技进步贡献率。农业科技进步一般指人们为了实现提高农产品产量、降低农产品生产成本、改善生态环境等而采用科学技术所取得的进展。农业科技进步贡献率本质是农业科研带来的技术进步提高了投入要素的生产效率（提高投入产出比）和降低了农产品的生产成本。

如果农业经济增长的来源主要来自劳动力、耕地、资本等农业生产要素投入数量增加所产生的贡献，则这种经济增长模式为粗放式经济增长模式，而且随着农业投入的物质要素如土地、水、能源等越来越稀缺，依靠在稀缺的土地上追加更多的要素投入最终会导致要素的边际报酬递减现象，显然这种农业经济增长模式是不可持续的。尤其是对于中国这样地少人多的发展中大国，这种粗放式农业经济增长模式更加不符合中国农业发展所面临的资源约束条件。这样，农业科技进步对农业经济增长的作用就显得更为突出和重要，依靠科技进步推进我国现代农业发展是必要的，也是必然的。农业经济增长主要依靠农业科技带来的生产要素投入产出比的提高，即全要素生产率的增长（Total Factor Productivity，简称TFP），对应的经济增长模式即为集约型经济增长模式。从世界农业现代化发展规律看，在资源和市场等多重约束下，一国的农业经济持续增长，必须依靠农业生产要素利用率的提升，坚持走集约型增长的发展道路，扩大TFP对经济增长的贡献份额。

从"六五"到"十二五"期间，我国农业科技进步贡献率不断提高，"十二五"期间的2015年已达到56%①，从趋势上来看，科技进步逐步取代资本等要素成为农业经济增长的第一要素，但与发达国家的70%—80%农业科技进步率相比，还存在不少差距。我国较低的农业技术贡献率也直接加大了我国在农业现代化水平上与其他发达国家或地区的差距。中国科学院现代化研究中心发布的《中国现代化报告2012农业现代化研究》显示，与美国、法国相比，我国农业劳动生产率分别相差90多倍、100多倍，甚至连巴西都不如；与英国、美国、德国、法国、日本、韩国相比，我国农业发展水平分别相差约150年、108年、86年、64年、60年、36年。与我国偏低的技术进步贡献率同时存在的另一种现象是我国农业技术领域的技术创新成果存量却不低。据统计，我国

---

① 张朝华：《农业技术进步与效率、影响因素及其作用机制：来自广东的证据》，厦门大学出版社2018年版。"一五"到"十二五"期间我国农业科技进步贡献率分别为18.82%、2.29%、15.36%、26.68%、34.84%、27.66%、34.28%、45.16%、48.00%、52.00%、56.00%。

每年农业科技成果有 6000 多项，但约有 2/3 停留在实验室或试验田里，全国农业科研成果的转化率仅为 40%—50%，且真正受我国农业经营主体欢迎和利用的科技成果大约仅为 10%，与发达国家 80% 的农业科研成果转化率相差甚远。

罗尔夫法（Rolf Fare）等（1994）指出，全要素生产率的提高可以通过技术进步和技术效率改进两个途径来实现。可见，科技进步贡献率是一个农业经济问题，不是一个单纯农业技术问题。技术进步是外延式的，即可能是更为先进的其他技术在农业技术中得到采用而导致农业技术进步，是整个生产前沿的外延（一定技术水平下能够实现的最大产出曲线）；而技术效率是内涵式的，是指向生产前沿的逼近，越逼近生产前沿技术效率越高，通俗地说，就是原有的农业技术并没有发生根本性的提高，而只是技术利用效率得到了提高而导致技术水平的提高。在一定的技术水平下，要提高全要素生产率，必须重视技术效率的改进。

此外，从微观经营主体角度，农业技术要转化为现实生产力，只有被农业经营主体采用才能达到提高农业技术效率的目的。农业科技推广架起了农业科技成果转化与农业经营主体之间的一座桥梁和纽带，它对提高农业技术普及率，促进农业生产要素合理配置至关重要。

因此，在推进我国农业科技创新、加快科技成果的推广和转化的宏伟事业中，在宏观领域，在既定技术进步情况下推进我国农业技术效率，以及从微观层面探索农业经营主体技术采纳的心理过程，提高技术应用的主动性对构建并完善我国合理高效的科技供给体系，提高农业科技贡献率，充分发挥农业科技对农业经济发展的支撑和引领作用均具有重要的现实意义，同时，这也是提高我国农业技术进步率研究的一个崭新的视角和有效的切入点。

（二）问题提出

广东是工业强省，也是农业大省、农业强省，有 2/3 的区域属南亚热带地区。

多年来，广东省委省政府高度重视农业高质量发展，出台了一系列强农、惠农政策，支持农业农村发展，促进了农业增效、农民增收、农村稳定。"十三五"以来，广东农业现代化取得了长足发展，成为现代农业大省，以占全国约 2% 的耕地，产出了约占全国 6% 的农业产值和 10% 的农业增加值。2018 年，广东现代农业综合实现程度为 38.87%，农业现代化综合评分排名第 8，位居全国上游。在我国农业现代化投入水平、产出水平、社会发展水平和农业可持续发展水平4个指标中，广东省农业现代化产出水平和社会发展水平优势较大，分别位于全国第4和第7位。

改革开放以来，广东省农业高质量发展方面走在全国前列，农业创新驱动发展得到扎实推进，推动广东农业快速发展的因素主要有政策、劳动力投入、物质资本投入、科技进步等要素。在农业生产要素价格和生产资料价格趋于上升、农业比较效益趋于下降情况下，农业科技对农业经济增长的成效显著。苏基才、蒋和平（1996）对广东农业技术进步贡献率测定，发现1990—1994年期间农业技术贡献率大致为41.74%—47.07%之间，平均为44.41%。罗广宁、廖巧霞、吴晓青、孙娟（2012）研究，2010年，广东农业科技贡献率达51%，远高于全国平均水平。"十二五"期间，广东农业科技进步贡献率更是高达62.7%。张朝华（2018）将1991-2014年分为五个阶段，发现广东农业科技进步贡献率不断提高，分别为47.84%、49.10%、51.81%、61.63%，尤其是"九五""十一五"时期，科技进步贡献率已经超越物质投入的增长率位居第一，成为农业总产值增长的主要因素。2018年，广东省农业科技贡献率高达68%，居全国第二位。表明广东农业已处于由传统农业向现代农业转型的关键时期，农业发展已进入主要依靠科技创新驱动的新阶段。但是，即使这样，广东农业科技贡献率与发达国家的70%—80%相比仍有很大差距。加快转变发展方式，切实将农业发展转移到依靠科技进步上来已成为广东农业发展的共识。

然而，广东农业科研与生产应用长期存在"两张皮"现象，农业经营主体和企业不健全的信息反馈机制和供需对接机制使得技术创新供需双方相对独立和分离，主要表现出重科研、轻应用，创新成果实用性和适用性不强。一方面，技术需求方囿于各种原因事前没有经过认真思考提出自己的需求，另一方面，技术供给方为了追求自己的社会荣誉与经济利益，会有意避开那些急需创新和改进，但耗时耗力、风险较大的自主创新项目，选择容易出成果的项目，这直接导致创新成果严重偏离生产实际的需要，农业主导产业必须的重大疫病防控、优质品种、养殖栽培技术集成模式缺乏突破性创新性科研成果。

显然，农业科技是为农业经营主体服务的，只创新不应用，或创新成果不是农民所需，或者科技成果市场化的时间过长，都会阻碍广东省科技进步率的稳步提升。同时，在需求侧方面也不是铁板一块，现阶段广东农业发展的经营主体存在着小规模的纯务农户、兼业农户、专业农户和家庭农场、农业产业化龙头企业、农民合作社等基本经济主体，不同类型经济主体有着显著的特征差异①。由于不同农业经营主体在规模、经济实力、收入来源等方面的差异，决定了不同农业经营主体对技术需求的显著差异。只有了解广东农业经营主体类型及科技需求，才能更好促进广东农业科技服务于农业经济主体。

综上所述，广东省农业高质量发展离不开技术进步的有效支撑，一方面应不断拓展技术前沿面，做好基础的原始创新，但这一过程较为漫长。另一方面，由于广东省地区差异明显，各地对现有技术的利用率不尽相同，找出薄弱环节和地区弥补技术应用的短板也是提高广东农业科技进步率的有效途径。为此，本书从新型农业经营主体技术需求出发，重点分析广东地区农业技术相对效率，找准木桶的短板和制约因素，进而扩大新型适用技术在广东大地的应用，支撑广东省农业快速、平衡、全面高质量发展，这就成为本书研究的主题。

二、研究目的和研究意义
（一）研究目的

基于以上讨论，本书尝试从广东新型农业经营主体科技需求视角，提出广东农业科技供给体系的优化建议，以期达到如下目的：

1. 从农业科技供给方角度，了解广东科技资源的情况，探明现阶段广东农

---

① 例如，小规模纯务农户的生产经营规模小，农业商品化程度和劳动生产率相对较低、增加收入主要靠农业生产以及政府补贴；兼业农户的基本特征是统筹农业和非农业领域的投入配置，收入增加不再局限于农业生产，非农产业成为收入增加的重要渠道；专业农户和家庭农场的基本特征是农业专业化、标准化、规模化、机械化生产水平显著高于小规模经营的纯务农户和兼业农户；农业产业化龙头企业包括具有资本密集、重视科技进步与创新、生产现代化水平高、创造的农业增加值大等基本特征；农民专业合作社是同类农产品的生产经营者或者同类农业生产经营服务的提供者、利用者，自愿联合、民主管理的互助性经济组织，以农民为主体或为主要服务对象，提供农业生产资料的购买，农产品的销售、加工、运输、储藏以及与农业生产经营有关的技术、信息等服务，农民专业合作社的盈余主要按照成员与合作社的交易量（额）的比例返还，因而农民专业合作社形成了民办、民有、民管、民受益的基本特点。

业科技资源的运行效率。本书利用广东历年的宏观统计数据，运用 DEA（Data Envelopment Analysis 缩写，数据包络分析）效率评价及随机前沿分析函数评价广东农业科技资源的运行效率及影响因素，为提出相应的改进或改进方案提供理论基础。

2. 从农业技术需求方角度，探析广东新型农业经营主体科技需求情况，对新型农业经营主体的科技选择行为及影响因素进行分析。本书利用微观调查数据，辨别不同类别的新型农业经营主体的技术采纳行为及影响因素，对新型农业经营主体对广东政府提供的农业科技服务的满意度及影响因素进行分析及评价，为合理有效地传递技术成果提供现实依据。

3. 提出优化或完善广东农业科技供给体系的若干建议。

（二）研究意义

1. 理论意义

按照发展经济学理论，技术选择与推广是小农户理性选择的结果，和小农户相比，新型农业经营主体生产经营规模较大，主动意识较强，新型农业经营主体的技术选择行为受哪些因素影响，影响程度如何，尤其是考察市场经济相对较成熟的广东新型农业经营主体，这有利于丰富发展经济学中的技术选择与扩散理论。

2. 实践意义

2021 年为"十四五"的开篇之年，从科技供给方角度，分析农业科技供给体系效率，这对于广东农业把握供给侧结构性改革这一主线，从生产端、供给侧把握未来广东农业科技创新及农技推广改革的重点和方向，提高广东农业技术竞争力及农业技术对经济增长的贡献率，加快实现广东农业现代化的步伐，具有战略指导作用。

从科技需求方视角，通过调研分析广东新型农业经营主体的技术需求，剖析新型农业经营主体技术采用行为的影响因素及对政府提供技术服务的满意度情况，最后提出优化广东新型农业经营主体科技供给体系的若干建议，这对于解决广东农业技术供求不平衡问题，加快广东农业科技供需关系在更高水平上实现新的平衡，促进广东农业增产、农民增收，保障广东省粮食安全都具有重要的现实指导意义。

三、国内外研究现状

（一）关于农业经营主体的研究

1. 国外农业经营主体演化及研究

一般而言，农业经营主体是指直接或间接从事农产品生产、加工、销售和服务的任何个人和组织。由于历史文化、资源禀赋、耕作制度、农业政策等方面的差异，在推进农业现代化进程中，为了适应国内环境和国际形势的变化，各国农业经营主体出现多样化。例如：美国的公司农场、法国的公司法人和农业团体、日本的法人化经营体和村落营农组织、韩国的法人化经营体等。这种经营主体多元化的趋势在土地规模受到限制的日本和韩国最为突出。农业经营组织形式和结构的变化，为提高各国农业竞争力注入了新的活力。由于国外现代农业经营主体在农业经济发展过程中自然形成，并没有经过特意的、过多的政策性培育。因此，国外学者对农业经营主体的有关研究并不多，主要集中在农业经营组织的研究方面。例如，克努森（Knutson）（1995）认为农业合作是现代农业发展的必经阶段。贝克等（Baker etal.）（2004）、比伊曼等（Bijiman etal.）（2005）等指出农业合作社为专业农户农业生产提供产前、产中、产后等服务。

我国学者周应恒等（2015）补充了国外学者对农业经营主体方面的研究不足，按照资源禀赋差异以美洲、欧洲、东亚三大区域中农业现代化先进国——美国、法国、日本为代表，分析了国际农业经营主体的演化趋势，指出由于各国资源禀赋条件、经济发展阶段的差异，世界各国的农业经营主体呈现很强的地域性特征。研究发现：第一，当前世界各国农业生产方式仍以家庭经营为主。第二，经营主体多元化发展趋势明显，家庭农场以外的，例如公司农场、法人团体等经营主体迅速发展，丰富了世界各国农业经营主体类型。第三，随着技术进步和国际竞争加剧，世界各国农业经营主体总量在迅速减少，耕地越来越向大规模农场集中，大型农场的生产能力和农业规模化经营程度提升，土地集约化的大规模经营成为美国和欧洲各国农业国际竞争力提升的源泉。这些研究发现对我国培育新型农业经营主体，加快农业现代化进程提供了借鉴意义。但从全球农业发展看，无论是日韩农业经营主体还是欧美发达国家家庭始终是农业生产经营的基础，家庭经营是全球农业经营最基本、最普遍的组织形式，具有强大的适应性。

2. 我国农业经营主体演化及研究

我国农业经营体系的演进大致可分为五个阶段。第一阶段，1978年党的十一届三中全会召开，普遍推行以家庭联产承包责任制为主要内容的农村经济体制改革，废除人民公社，到1983年底实行包干到户的农户占全部农户数量的98%。第二阶段，1991年《中共中央关于进一步加强农业和农村工作的决定》提出，把以家庭联产承包为主的责任制、统分结合的双层经营体制，作为我国乡村集体经济组织的一项基本制度长期稳定下来，并不断充实完善。第三阶段，1998年党的十五届三中全会通过的《中共中央关于农业和农村工作若干重大问题的决定》提出，要长期稳定以家庭承包经营为基础、统分结合的双层经营体制。家庭承包经营是集体经济组织内部的一个经营层次，是双层经营体制的基础，家庭经营具有广泛的适应性和旺盛的生命力，必须长期坚持。第四阶段，2008年党的十七届三中全会《中共中央关于推进农村改革发展若干重大问题的决定》提出，推进农业经营体制机制创新，加快农业经营方式转变。家庭经营要向采用先进科技和生产手段的方向转变，着力提高集约化水平；统一经营要向发展农户联合与合作，形成多元化、多层次、多形式经营服务体系的方向转变，着力提高组织化程度。第五阶段，2012年党的十八大报告和2013年党的十八届三中全会《中共中央关于全面深化改革若干重大问题的决定》提出，坚持和完善农村基本经营制度，构建集约化、专业化、组织化、社会化相结合的新型农业经营体系。坚持家庭经营在农业中的基础性地位，推进家庭经营、集体经营、合作经营、企业经营等共同发展的农业经营方式创新。

新型农业经营体系是指以家庭承包经营为基础，以新型农业经营主体为核心，以农业社会化服务和农村金融服务为支撑的立体式、复合型的现代农业经营体系。其中，新型农业经营主体（以下简称新农主体）是在家庭经营基础上发展起来的新的农业经营主体，指传统农户以外家庭承包经营户（如经营与服务性农户、半工半农型农户和非农农户等）、专业种养大户、家庭农场、农民合作社、农业企业经营、农业社会化服务和农村金融服务等个人和组织。我国农业的多形态特性和农产品的多类型特性必然决定了我国新型经营主体的多元化（黄祖辉、傅琳琳，2015）。我国地大物博，各地农业资源禀赋千差万别，农业产业基础高低不同，哪些地方适用什么经营形式，哪类组织形式具有生命力，要根据各地实际和不同农产品的生产经营特点，让经营主体自主选择。且张红宇（2018）指出今后相当长一段时期内，普通农户仍是中国农业生产经营的基础，普通农户和新型经营主体长期共存是人多地少国家农业发展的普遍规律。

目前，新型农业经营主体已成为推进我国农业农村现代化和乡村振兴的有生力量，近几年中央"一号文件"中都鼓励农村土地向新型农业经营主体流转，培育适合中国农业发展现状的经营体系，应长期坚持并鼓励发展壮大。2018 年中央经济工作会议明确提出，要重视培育家庭农场、农民合作社等新型农业经营主体。2019 年中央 1 号文件则提出，落实扶持小农户和现代农业发展有机衔接的政策，完善"农户 + 合作社""农户 + 公司"利益联结机制。推动新型农业经营主体高质量发展，对培育农业农村发展新动能，充分释放各类资源要素活力具有积极作用。2020 年 3 月农业农村部印发《新型农业经营主体和服务主体高质量发展规划（2020—2022 年）》，对推进农业供给侧结构性改革、构建农业农村发展新动能、促进小农业经营主体和现代农业发展有机衔接、助力乡村全面振兴具有十分重要的意义。"十四五"期间农业发展的主旋律仍是农业的转型和创新。党的十九大报告中明确提出"培育新型经营主体，构建新型农业经营体系"。习近平总书记强调，重农强农的调子不能变，要体制机制创新，优化农业产业体系、生产体系、经营体系，加快实现农业向提质增效、可持续发展转变，推进科技进步和农业供给侧结构性改革，进一步完善农业科技供给体系，提高农业技术效率及农业技术贡献率。这是站在战略和全局的高度，准确把握形势做出的科学论断和重大决策，为做好当前和今后一个时期农业农村经济工作指明了方向。

我国新型农业经营主体一经提出，即引起我国学者的高度关注，归纳起来，主要概括为以下几个方面，一是内涵与特点、趋势及制约因素的研究，如郭庆海（2013）、张照新等（2013）、张秀生等（2014）、陈晓华（2014）、张红宇（2015）等。二是培育路径及政策建议的研究。主要有两个视角，一种是基于发达国家（或地区）农业经营主体的发展路径视角，如张扬（2014）、丁冬、郑风田等（2014）、汪发元（2014）等。一种是基于我国农业经营主体实地调查视角，如孙新华（2013）、黄祖辉等（2010）、史一帆（2014）等。三是从具体某一类经营主体角度进行研究，例如家庭农场视角，张红宇（2018）指出粮食生产的过程中，要坚持构建基础是普通农户，骨干是家庭农场，中坚是农民合作社，引领是龙头企业的新型农业经营体系，同时要扶持并积极发挥农业社会化服务组织的支撑作用。

（二）关于农业经营主体技术选择行为研究

1. 技术采用行为研究

当前，国内外学者对于农户技术采用行为的研究基本上沿着理论探讨和实证研究两条路线进行。

理论探讨路线又形成两个基本的视角，一是从需求角度分析农户技术采用所呈现出的包括行为和心理在内的特征研究（杨大春，1990；查世煜，1994）；二是通过构建以效用和预期利润最大化为目标对农户农业技术采用动机和诱因的研究，认为农户采用新技术的决策取决于采用行为带来的效用大小和需承担的风险大小（林毅夫，1991；黄季焜，1994；汪三贵、刘晓展，1996），从而对技术采用行为做出定性的结论（卡斯韦尔 Caswell 和齐尔伯曼 Zilberman，1996）。

实证研究路线则是利用现实数据，运用定量分析手段找出影响农户技术采用的因素（巴尔滕韦克 Baltenweck 和施塔尔 Stall，2000；乔希 Joshi 和潘迪 Pandy，2006）。如巴克利 Barkley 和波特 Porter（1996）利用美国堪萨斯州的 9 个观测点从 1974 年至 1993 年的数据，找出了影响小麦品种选择的决定因素，即品种的生产特征和质量。国内研究大多采用实证研究路线进行农户技术需求意愿和农户技术采用影响因素的研究，在做这方面的研究时，有的围绕不同作物进行，如杂交水稻（林毅夫，1991）、杂交玉米品种（朱希刚、赵绪福，1995）、小麦新品种和蔬菜水果（孔祥智等，2004）等。由于具体的技术属性能解释技术采用率的 49%—87%（罗杰斯，2002），因而我国有些学者围绕具体的技术属性进行，如保护地生产技术（方松海、孔祥智 2005）、节水灌溉技术（刘红梅、王克强、黄智俊，2008；刘晓敏、王慧军，2010）、水稻 IPM 技术（喻永红、张巨勇，2009）、新品种和无公害生产技术（罗小锋、秦军，2010）等。

关于农户技术采用行为（或意愿）影响因素的研究，农户经济状况通常被认为与农户技术采用存在密切的相互决定性，但学者们的研究形成两种截然相反的结论：第一，家庭收入、经济状况较好的农户对技术采用的意愿更强。家庭收入较高意味着有更多的可能将多余的资金投入技术的扩大再生产当中，以获取更多的技术收益回报（何子文、李鹏玉，2006）。贫困农户由于面临的风险较高，即使遇到激励机制很吸引人的机会，由于受到诸多因素的约束，贫困农户也难以好好把握和利用这些新的经济机会（谢尔 Scherr，1995）。紫杉 Fujisaka 和萨伊斯 Sajise（1986）总结菲律宾山区发展经验得出结论，由于受制于山区农户长期以来的种植习惯、所获得的经济效益和社会效益，加上引进技术采用还需要一定的成本投入，因此限制了山区农户对于引进技术的采用。收入较高的农户，更愿意接受风险和更复杂的技术（巴茨等 Batz et al，1999；佛耐格尔 Fliegel 和基夫林 Kivlin，1966）。黄季焜等（1993）也认为，经济状况越好的农户越容易采用水稻新技术。欧文 Evrin（1982）发现，在他们的经验模型中收入与农户支付意愿及可持续农业技术采用之间有正相关关系，因为充裕的资金能保证生产者不受资金条件制约而采用可持续农业技术。而在贫困山区，经济条件较好的农户相对容易采用新技术，随着经济水平的提高，支付采用新技术成本的能力也越高，承担采用新技术风险的能力也越强，从而有利于新技术的采用（朱希刚、赵绪福，1995）。持相同或类似结论的还有方松海、孔祥智（2005）对西部三省区农户采纳保护地生产技术的研究，李艳华等（2009）对山东两个经济发展水平差异较大地区农业经营主体技术采用的研究，汪红梅、余振华（2009）基于社会资本视角对农户农业技术采用的分析，刘晓敏、王慧军（2010）对河北农户采用节水技术的研究等。第二，家庭收入、经济状况较好的农户对技术采用的意愿更弱。与前述研究所得出的结论不同，汪三贵、刘晓展（1996）提出，由于信息传播的不完善，中国贫困地区的农户在技术采用决策中主要是面临主观风险，即对技术内容和效果的不了解，家庭财产状况并没有对地膜玉米这类相对简单且成本不高的新技术的采用产生影响。孔祥智等（2004）分析西部地区农户农业技术采用受到的影响因素时，却得出经济状况差的农户采纳小麦新品种的可能性最大，经济状况中等的农户对小麦品种技术不敏感，但成为保护地生产技术采纳的主体，经济状况较好的农户既不使用新品种，对保护地生产技术也不感兴趣。产生这种技术选择差异的原因在于，技术采纳成本不同造成采纳门槛差异以及不同经济水平下农业经营主体技术采纳的机会成本差异，而不是朱希刚（1995）、黄季焜（1993）等人所认为的使用新技术的风险或不使用新技术带来的潜在损失的能力差异。陈玉萍、吴海涛（2010）对滇西南资源贫瘠地区农户的技术采用行为进行分析时也指出，以现金收入衡量的经济状况对农户技术采用决定和采用程度决定的影响非常少，不存在直接相关性，原因在于陆稻在当地主要作为口粮消费，与农户现金收入关系不密切。此外，罗小锋、秦军（2010）也得出农户年总收入对采用无公害生产技术的影响不显著的结论。

关于农户农业技术采用对其家庭收入的影响研究。学界也持有两种完全相反的观点，第一，农业技术采用促进了农户家庭收入的增加。从理论上看，良种、新的栽培与繁殖技术、新的病虫害防治技术，有利于提高农产品的产量或品质，从而达到为农户增收的目的；技术的使用增加了农产品的技术含量，降低了市场交易成本，提高了交易效率，扩大了市场范围，有利于农产品进入市场，享受技术带来的收益（曾凡慧，2005）。按照一般的推论，农药、化肥、机械、电力等技术的采用可以提高农业生产率，实现在较小的耕地面积上使用较少的劳动力投入确保农户的粮食自给，从而节省出土地与劳动力投入其他作物的种植或者其他家庭经济活动中，增加农户家庭的收入，同时通过农户生存所需的土地占用面积的大大减少，可以缓解对于土地的过度开发，促进环境的改善（陈玉萍、吴海涛，2010）。国内外的一些研究也表明，新技术的采用增加了农户的收入，特别是在自然条件恶劣和少数民族聚集的山区，农业技术的采用对农户贫困缓解及收入增加发挥着重要作用（彭德 Pender 和黑兹尔 Hazell，2000）。第二，农业技术采用降低了农户家庭收入。农业技术的采用也会导致农户家庭收入的下降，黄祖辉、钱锋燕（2003）的研究指出，对于中西部地区的农户来说，来自农业的收入比重在 60% 以上，在封闭的经济条件下（农业占国民经济份额很大，农产品消费以自给自足为主，贸易份额很低，国内市场价格主要由国内供求关系决定），技术进步导致产量增加，国内农产品价格出现下降，短期内由于技术进步所带来的收益逐渐被农产品价格下降所抵消，从而导致农业劳动者收入下降，技术的采用对农业经营主体收入没有实质性影响。但周衍平、陈会英（1998）指出，随着采用新技术的农户增加，导致市场价格下跌，因而未采用新技术的农户将处于亏损境地，后继者也被迫采用新技术，最终导致新技术带来的超额利润的消除。因此，技术的变化并不意味着降低所有农民的收入，只是降低了那些没有采用新技术农户的收入。

2. 技术采纳决策过程研究

农业经营主体作为一项新技术的最终接受者和采用者，关系到一项技术的应用效果。因此有关农业经营主体技术选择和采纳的实证研究受到国内外学者的广泛注意。微观层面农业技术采纳研究主要集中于两个方面：第一类是关于"是否采用"以及采用程度的研究，即采用者决策过程；第二类是有关"何时采用"以及采用速度的实证研究即为什么有的农业经营主体是新技术早期采用者，而有的农业经营主体是新技术后期采用者，即不同采用者的行为差异。

关于农业技术采用者的决策过程，罗杰斯认为创新决策过程包括五个阶段，即认识阶段、说服阶段、决策阶段、实施阶段和证实阶段，这五个阶段又受到一系列变量的影响。关于不同主体采用时间差异分析，大量实证研究表明采纳者按时间呈倒"U"型分布，接近正态曲线。将研究者根据系统内个体相对于其他成员采用创新早晚可将采用者分为创新者、早期采用者、早期大多数、后期大多数以及落后者。影响创新采纳者的特征变量包括社会经济状况、个性及价值观、沟通行为及方式。研究发现，在社会经济地位方面，早期接受者具有较高社会地位、受过较多正规教育；在个性变量方面，早期采纳者教条主义倾向较少、更能应付不确定性和风险等；在沟通行为方面，早期采纳者拥有更多大众媒体渠道、更广泛人际交往等。此外，贝尔和罗杰斯的研究还表明，不同类型采用者创新决策期也明显不同，较早采纳者比较晚采纳者创新决策期更短，在对美国依阿华州农业经营主体的调查中发现，创新者采纳除草剂创新决策时间为0.4年，早期采纳者为0.55年，落后者则长达4.65年。

关于农业经营主体技术采用及需求行为差异的研究，学者们还大量探讨了农业本身特质和农村经济环境对农业经营主体技术采用行为的影响。大多数学者认为由于受劳动力充裕、资本稀少、规模狭小、农民的文化水平和现代技术知识有限等方面的限制，传统农业中农业经营主体采用新技术就受到以下因素影响：不易获取有关技术信息，农民不愿意承担采用新技术风险和代价，缺乏适当替代技术，其他市场不利条件给农业经营主体采用新技术造成障碍等。由于这些不利因素影响，使得农业经营主体对技术需求不足，导致技术进步停滞。除农业本身特质对采用行为影响外，速水和拉坦针对农村经济环境对农业技术的产生与扩散影响提出了农业技术诱导理论，指出农业经营主体对农业技术需求是促进农业技术产生与扩散的主要原因，生产要素价格变动诱导产生了各种各样不同类型的技术，从生产成本角度考察了成本变动对农业经营主体技术采用行为的影响。

此外，学者们研究发现农业经营主体个性特征、技术诱导强度、地理条件、历史文化传统、成本收益比率、推广人员素质、农业技术本身适用性等因素都或多或少地影响农业经营主体接受农业技术行为。纵观各因素，经济方面因素对农业经营主体行为影响是最主要的。尤其是在市场经济条件下，农业经营主体已由一个单纯产品生产者转变成为一个具有一定自主决策权的独立商品生产者。

（三）关于农业技术效率研究

运用 DEA 方法对技术效率进行研究引起了国内外学者的广泛关注。在学界有代表性的研究主要有：真央和库（Mao. W. W 和 koo. W）（1997）利用基于 DEA 的马姆奎斯特（Malmquist）全生产率指数法估计了 1984—1993 年中国各省技术进步、技术效率和生产率增长。研究结果表明，中国大部分省的全要素生产率都有所上升，技术进步从 1984 年开始成为生产力提高的最重要因素，即使在技术落后的省份也表现为这样。尽管技术效率低下，却预示了生产力增长的潜力，通过继续扩大农村市场和提高农民教育程度是提高技术效率的有力途径。与 Mao. W. W 等相似，大卫·K·兰伯特（David K. Lambert）和艾略特·帕克（Elliott Parker）（1998）应用多产出的数据，对中国 27 个省 1979—1995 年的生产率进行了分析，结果发现：在整个样本中，全要素生产率年平均变化率为 1.8%，各省的年变化率在 7.3%（福建）和 -3.6%（内蒙古）之间。而影响技术效率的最主要因素是生产责任制，它使得技术前沿得以提高，乡村工业的发展则降低了农业生产率。李周、于法稳（2005）利用 DEA 方法分析了西部地区县域层面上农业生产的效率，认为西部地区农业生产技术的应用，对增强西部地区农业可持续性是有效的。方鸿（2010）利用 DEA 的非参数方法测度了 1988—2005 年中国各省份的农业生产技术效率。结果表明，东部地区的农业生产技术效率相对较高，中西部地区与东部地区之间有着显著的差距；从 20 世纪 90 年代中期开始，中部与西部地区的农业产出技术效率都呈下降趋势，与东部地区的差距逐渐拉大。常家芸、汪洋（2010）采用 DEA 的 CCR（规模报酬不变）模型与 BCC（规模报酬递减）模型对改革开放后的 30 年间中国农业科研投入的有效性进行了分析，结果表明，我国农业科研投入的技术效率总体上呈现出上升的趋势，但在不同的历史时期，农业科研投入的技术效率却是不同的。1976—1985 年，农业技术效率在 0.8 以下徘徊，而 1988—1997 年间则基本在 0.8 以上，1997 年以后又在 0.8 附近上下波动。

21 世纪以后，采用基于 Malmquist 生产率指数的数据包络分析对农业生产效率展开研究的学者逐渐增多。主要有：陈卫平（2006）运用了非参数的 Malmquist 生产率指数法，对 1990—2003 年期间中国农业全要素生产率及其构成的时序成长和空间分布特征做了论证。结果表明：1990—2003 年中国农业全要素生产率年均增长 2.59%，其中，农业技术进步指数年均增长 5.48%，而农业效率变化指数反而年均下降 2.78%。李谷成（2009）、周端明（2009）均运用基于 Malmquist 生产率指数的 DEA 分析测算了 1978—2005 年间的中国农业 TFP 的时序演进和空间分布的基本特征。周端明（2009）的研究结果为，1978—2005，中国农业 TFP 年均增长率 3.3%，其中，农业技术进步年均增长率 1.7%，农业技术效率年均增长率 1.6%。而李谷成（2009）将 TFP 进一步分解为技术进步、纯技术效率变化和规模效率变化三部分，得出 TFP 的增长主要由农业技术前沿技术进步贡献，技术效率状况改善的贡献有限的结论。

（四）文献评述

以上国内外学者的研究涉及农业经营主体技术选择、农业科技供给体系等方面，内容广泛，成果丰富。但现有研究存在以下问题：第一，以单一类型农业经营主体（即普通农户）为研究对象居多，对于新型农业经营主体技术需求研究较少；第二，单独研究现实农业技术需求，或单独从农业科技供给角度研究较多，而将二者结合起来共同研究，探求农业科技供求平衡的研究较少。由于供求两张皮问题的长期存在，因而，提出的对策建议比较片面，有时难以落到实处。第三，对农业技术投入必要性研究较多，对农业科技资源投入质量和效率的研究较少。

鉴于此，本书借鉴已有的研究成果，围绕新型农业经营主体的科技需求展开，不仅从宏观层面对广东农业科技资源供给及科技推广效率进行评价，而且从微观层面调查研究新型农业经营主体的科技需求状况及技术选择行为，深入剖析广东农业科技供给方效率影响因素，需求方技术选择行为的影响因素，以及新型农业经营主体对政府技术服务满意度的情况，最后提出优化从新型农业经营主体视角的广东现代农业科技供给体系的若干政策建议。这对于搭建广东高效的农业科技服务体系，完善相关政策制定，提高广东农业科技资源配置效率，满足新型农业经营主体的技术需求，提高广东农业技术贡献率，促进农业供给侧结构性改革，加快建设农业现代化都有重要的指导意义。

四、研究内容及研究方法

（一）研究内容

本书研究内容主要包括以下八个部分：

1. 概论，即本书的第一章。首先论述本书的研究背景、研究目的与意义；其次对国内外的有关研究文献进行概括、归纳；最后，介绍本书的研究思路、主要内容、研究方法，以及本研究创新点及不足之处。

2. 基本理论及农业科技供给体系相关文献综述，即本书的第二章。介绍与本书研究相关的基本理论，包括新经济增长理论、熊彼特的创新理论、农业技术选择行为理论等。界定农业科技供给体系的内涵、动力模式、供给系统构成及主要子系统研究现状等。

3. 现实观照，即本书的第三章。首先，介绍广东农业可持续发展的主要问题，梳理目前广东农业科技总供给概况及存在问题。

4. 科技供给效率评价，即本书的第四章。在有关文献研究基础上，构建广东农业科技投入—产出评价指标体系，收集广东21地市的宏观层面的面板数据，采用DEA、SFA等效率分析方法对广东农业科技资源运行总效率进行评价，并进一步分析影响运行效率的影响因素及影响程度，为完善广东新型农业经营主体的科技供给体系及政策调控机制提供依据。

5. 科技需求分析——样本情况分析，即本书第五、第六章。新型农业经营主体角度的科技需求分析，本书通过专门针对新型农业经营主体的问卷调查及问卷分析来实现。分析逻辑是：借鉴文献研究成果，针对新型农业经营主体生产经营情况、科技采用情况、科技需求数量、需求内容、需求类型、需求诉求情况，设置调查问卷；考虑本书研究对象为新型农业经营主体，选择合适被调查对象，组织发放、收集和整理调查问卷，并对调查问卷进行多角度、多层次分析。由于调查问卷内容较多，项目组将样本情况分析内容进行拆分，即包括第五、第六章内容。第五章首先介绍问卷调查方案设计情况，包括调研目的、问卷结构、抽样方案选择、调查方法及资料的收集和处理，其次，介绍被调查对象的基本情况，最后，介绍与农业科技需求有关的被调查对象的生产经营情况。第六章经营主体农业技术服务获得、认知和需求情况，分析新型农业经营主体技术需求（选择）的差异性和结构性特点。

6. 需求定量分析，即第七章、第八章内容。第七章，对被调查对象进行技术运用及效益情况分析。考察技术选择与盈利的关系，度量技术采用前后经济效益的变化，分析技术应用的经济效果。第八章，新型农业经营主体农业科技需求影响因素分析。通过对大量调查数据之间的交叉分析，筛选出影响新型农业经营主体技术需求行为的各类变量，构建农业经营主体新技术选择行为的"认知 —— 需求 —— 持续需求"的技术需求选择行为三阶段分析模型，借助 Logistic 回归、泊松回归等分析方法，对各类影响因素影响程度进行计量并按重要性排序。

7. 政府技术服务满意度分析，即本书的第九章。鉴于农业技术供给与需求在品种、数量、价格和成本上的复杂性，很难用客观数据进行量化分析，本书用政府技术服务满意度主观指标来间接测量基于需求的技术供给效果情况，即通过政府技术服务满意度来搭建分析农业技术供给与需求之间桥梁和纽带等，分析广东农业科技供给与需求均衡状态。从新型农业经营主体角度，通过调查问卷，考察新型农业经营主体对政府提供的农业技术服务的满意程度；在有关政府满意度文献研究基础上，通过构建计量模型，分析影响农业经营主体对政府提供的技术服务满意度的影响因素及影响程度。

8. 优化建议。即本书的第十章。从政府科技支持体系供给角度，提出优化广东科研体系、完善农技推广体系、提高基本教育质量等建议；基于总需求视角的强化分类培训、拓展推广渠道等建议；具体针对新农业经营主体不同经营属性的建议；不同经济区域的建议；经营主体所在行政村层面的建议等。

本书的基本分析框架如图1-2所示：

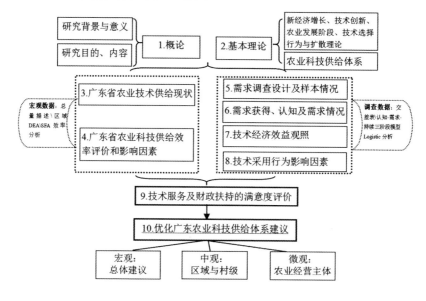

图1-2 本书的组织和框架图

（二）研究方法

1. 问卷调查方法

问卷调查法作为社会科学研究的一种最基本的方法，能在较短的时间内获得较大规模的样本，但由于被调查者对问卷内容理解有异、填写问卷的态度可能较为敷衍，故一般说来所获得数据较为粗糙。为避免这些问题，本书在调查员的选择、培训与管理上做了较为严格的要求：在调查员的选择上，尽量选择那些语言表达和思维能力等整体素质较强的高年级本科学生，同时按照地域范围进行分组，并在正式调查出发前往目的地之前对他们进行室内培训与户外培训，室内培训主要对调查的目的进行介绍，同时对调查问卷的每一项内容进行逐项的解释说明。为了让调查员尽快熟悉调查内容，在出发之前，还组织调查员对家庭周边的农业经营主体进行实地模拟调查。正式调查开始后，每个晚上抽一定时间通过微信群、QQ群组内集中或全员集中交流当天调查的心得，就调查中所碰到的困难与问题进行协商，同时要求组员或调查组组长对每份调查问卷进行检查，对于有问题的问卷，由调查员当事人以电话与对方取得联系加以核实或改进。

2. 统计分析方法

统计分析分为描述统计以及在描述性统计的基础上所进行的推断统计。描述统计分析方法主要通过比较直观的统计曲线图、统计表来进行反映，推断统计是在描述性统计的基础上推断事物变化的趋势以及形成这种现状的可能原因的推断。本研究对广东农业科技的宏观投入分析、对农业经营主体技术需求情况等主要通过统计表与统计曲线来进行描述性统计，之后对趋势与事务表象形成的原因进行可能性推断统计。

3. 计量模型分析方法

计量模型分析方法是本研究广泛采用的一种分析方法。在农业技术进步率与农业技术效率的测量上，本书抛弃传统的新古典经济增长理论中的索洛余值法对经济增长进行分解，将无法解释的余量作为技术进步对经济增长贡献的测算方法，将采用当前经济学对技术进步分析当中所广泛使用的边界生产函数法，而对边界生产函数的估计则采用基于 A/A 生产率指数的数据包络分析（DEA）方法，通过模型对农业技术进步率、技术效率、规模效率与全要素生产率进行估计，同时，对农业技术效率的影响因素分析则主要采用超越对数生产函数（SFA 是 stochastic frontier analysis 的缩写）模型，对农业经营主体农业技术需求的影响因素则采用多元 Logistic 回归、泊松回归模型进行分析。以上进行的计量分析，本书采用 DEAP2.1 软件、Frontier4.1 软件、Stata15.0 软件进行分析。

4. 比较研究方法

比较研究也是社会科学研究中的一种经常使用且受研究者欢迎的方法，这种方法通过对两个或两个以上的对象进行比较，以便直观地发现它们之间的相似性与差异。本书对广东省四个不同农业生态区、21 个地级市农业技术效率与农业投入要素弹性进行比较，以发现各区域、各地市在这些方面所表现出来的特征。此外，对不同区域、不同性别、不同家庭人口、不同年龄组、不同文化程度、不同收入状况、不同生产规模、不同身体状况等经营主体在农业技术需求、农业教育与培训需求方面的差异也进行了比较。

总之，以上研究方法，概括起来就是宏观分析与微观分析相结合、定性分析与定量分析相结合，从广东科技资源的供给效率与技术需求这根主线来进行总体刻画。

五、可能创新及不足

（一）可能创新

一是在研究方法上，从新型农业经营认知对农业科技需求的接受过程入手，设计"技术认知—技术需求—需求强度"三个相互联系的因变量影响因素计量模型，为深入把握新型农业经营主体科技需求的内在机理提供了新的视角。

二是在对策方面，从宏观的制度与机制，微观农业经营主体的需求和中观的区域地理差异视角给出优化建议，弥补单一宏观与微观研究的片面性，提高新型农业经营主体科技供给的精准性和适切性。

（二）研究不足

第一，限于时间和精力，关于广东省农业技术支撑体系在全国省市之间的排名与相对位置，以及相应的国际技术支撑经验，本文没有涉及，缺乏横向视野。同样，目前粤港澳大湾区建设如火如荼，香港和澳门虽然农业发展薄弱，但教育和科技发达，原始科技创新方面优势明显，但本书也没有进行深入比较研究。

第二，关于制度与机制的研究，只是归纳和总结前人的成果，没有进行直接材料和数据的分析。未来可就影响广东省农业科技发展的重点制度或政策，以某一观测期为时间窗口，进行制度经济学或博弈论演化分析，或对于政策效果进行分析。

第二章 基本理论及农业技术供给体系

一、基本理论

（一）新经济增长理论

20 世纪 80 年代中期，罗默、卢卡斯提出的"新经济增长理论"将经济增长源泉内生化。新古典增长模型下"劳动力"的定义延伸到人力资本投资，也就是说人力不仅包括劳动力数量以及平均技术水平，还包括劳动力的受教育水平、培训后生产技能、熟练程度、合作能力等，提出经济增长依靠外部力量是不行的，需要依靠自身的科技发展来推动的观点。

卢卡斯认为，发展中国家必须通过提高自身的科技能力，学习国外先进技术来发展经济。农业经营主体要通过一边工作一边学习，积累人力资本和新知识，也就是不离开农业生产岗位，聘请专家、技术人员在现场指导他们如何操作新技术，而经营主体在农业生产中仔细观察询问并积累经验，加速农业经济发展。卢卡斯的新经济增长理论提醒我们，引进国外先进技术只是暂时之策，只有走独立自主，自力更生，自主创新的科技之路、发展之路，才是社会主义农业发展的正路，我国农业才有希望。

（二）技术创新理论

与经济增长理论密切相关的是技术对经济增长的贡献测量。"技术"原来仅泛指某个人的基本技能或专业技艺，随着生产科学的深入发展，技术涵盖面逐渐扩大。科学的进步离不开理论技术的推动，推动理论技术发展的强大动力必然是人文社会科学技术。人文社会科学中，马克思核心经济理论是"科学技术是生产力"。他明确指出科学信息技术的快速发展必然能够引领人类社会和国民经济的快速发展。1912 年，美国学者熊彼特首次提出"创新理论"。他认为创新是经济增长的活力，创造出新的价值，通过"建立一种新的生产函数"在生产中引入一种从来没有过的"组合"发挥作用。这些创新既有技术创新也有制度创新，所涉及的范围包括新产品、新的生产方法、新的市场、原料新的供应来源和新的组织管理五个方面的创新。熊彼特认为制度创新比技术创新更重要，制度创新是解决技术创新的重要环节，两者密切合作，缺一不可。熊彼特对创新理论的主要贡献是创造性的论述了创新和经济周期的关系、创新与经济均衡的关系和企业家对于创新的作用。他认为，创新不仅属于技术范畴，而是属于经济范畴，它既包括技术的发明，也包括通过发明引入到生产经营过程中，形成了一种新的生产能力。熊彼特的创新理论是后来学者们创新研究的理论基础。由于科技供给现代农业是理论研究的一个重要分支，也是农业所有要素的"源头活水"。所以，熊彼特的创新理论是本书的重要理论基础。

后来，弗里曼进一步拓展熊彼特的观点，提出国家创新理论，将国家创新系统定义为由公共部门和私人部门中各种机构组成的网络，这些机构的活动和相互影响促进了新技术的开发、引进、改进和扩散，强调了创新中的网络特性和相互影响。同时，他认为政府的科技政策对技术创新起重要作用，提出政府的主要职责是通过科技创新政策来构建一个完整的创新生态，以此来最大限度地集聚国内外优质资源，形成持续创新的能力和成果。

（三）农业发展阶段理论

作为国民经济基础，农业发展具有阶段性，经济学家梅勒、韦茨、速水佑次郎等对农业发展的主要阶段进行了划分，并归纳各阶段特征。

表2-1 农业发展的主要阶段及特征

代表人物	国家	时间	主要阶段	阶段特征
梅勒	美国	1966	传统农业阶段	技术停滞、生产的增长主要靠传统投入
			低资本技术农业阶段	技术稳定发展、资本使用量减少
			高资本技术农业阶段	技术高度发展，资本集约使用
韦茨	美国	1971	维持生存农业阶段	自给自足
			混合农业阶段	多种经营和增加收入
			现代化商品农业阶段	专业化生产
速水佑次郎	日本	1988	前一发展阶段	增加生产和市场粮食供给
			后一发展阶段	着重解决农村贫困

结合我国农业发展的历史和趋势，我国学者从一般意义上将农业发展分为原始农业、传统农业和现代农业三个阶段，从经营方式改变的角度将农业发展划分为粗放式经营和集约型经营两个阶段。该理论分别阐述了农业发展不同阶段的农业生产资源条件、农业技术条件、农产品市场需求条件以及农业发展目标等变化特征，这有利于分析农业产业结构演进的阶段特征，并思考农业发展的阶段特征与农业发展关系。

（四）农业技术选择行为与扩散理论

西奥多·舒尔茨（1966）的经典著作《改造传统农业》中将农业划分为三种类型：一是传统型。这是一种技术状况停滞不前、基本维持简单再生产的小农经济，农业生产方式长期不变，生产要素的供给与需求处于长期均衡。二是现代型。农业经营主体使用现代农业生产要素，只要新生产要素有利可图，它的出现和被采用之间的时间间隔就很短。三是过渡型。舒尔茨指出，改造传统农业、实现农业现代化，关键因素是使用新技术，这包括两层意思，一是从供给者视角寻找新的生产要素，二是从需求者视角还寻找传统农业经营主体能够接受的新的生产方式。舒尔茨对新生产要素供给者和需求者的作用和行为进行了分析。第一，供给者在改造传统农业中起着至关重要的作用，他们是发现、生产并推广新要素，并使传统农业经营主体能够得到并使用这些要素的那些人和机构。通过有效的非营利机构，落后国家可以引进外国资本和外国技术，然后鼓励营利企业去有效地推广和分配新要素。也就是说，为了供给新的农业生产要素，就需要政府或其他非营利企业研究出适应于本国条件的生产要素，并通过农技推广站等机构推广出去。第二，从需求方面来看，要使经营主体接受新生产要素，一方面必须使这些要素真正有利可图，这取决于新生产要素的"价格和产量"，也取决于"租佃制度"。另一方面必须要向经营主体提供有关新生产要素的信息，并使他们学会使用。这需要对经营主体进行人力资本投资，舒尔茨认为，资本不仅包括作为生产资料的物，而且还包括作为劳动力的人。所以，引进新生产要素，不仅要引进物的因素，还要引进具有现代科学知识，能运用新生产要素的人。这样，就要对经营主体进行人力资本投资，包括教育、在职培训以及提高健康水平，其中教育最为重要。

此外，对于经营主体选择何种先进程度的技术，1976年，英国生态学家舒马赫在其"中间技术"的基础上提出"适用技术"概念，它能够适合一定社会和自然环境的具体条件。在新形势下，适用技术的内涵应是开放双向度适用技术，即指适应于本国或本地区的内外部环境，能与当地的经济、社会、环境系统相互协调、相互适应、相互促进，在互动中实现最佳综合效益的技术系统。因此，与非适用技术相比，适用技术具如下特点：即适应当地的自然资源，有利于维护生态平衡；投资小、易掌握、易推广，产品有市场；能与当地的文化变迁互为补充、相融；能与当地的教育形成良性循环；有利于促进整个技术体系的发展；有利于产业结构优化，形成技术与经济发展良性循环。上述特点是相互制约、相互促进的，适用技术正是为了寻求最佳的"结合点"。适用技术可能是先进的，也可能是非先进的，它包括从原始到先进的整个技术过程。以"适用"为原则选择的技术可能不利于推动科学技术发展，导致长期落后于先进技术水平。为了克服这一问题，有学者提出应尽量选择既先进又适用的技术，即所谓的"先进适用技术"。

二、农业科技供给体系

（一）概念内涵

"体系"是由各种相互联系的相关事物组成的集合。陈立辉（2012）对科技供给体系的作用机理进行了分析，认为它是一个由科技资源的有效投入，通过科技组织的高效及合理运作，科研成果转化，形成符合经济和社会可持续发展需要的科技产品的一个多元有机系统。一般认为，科技供给体系是以满足经济社会发展需要的科技产品，有相互联系的事物形成的一个有机系统。主要包括：投入的科技资源、参与的科技组织、提供的科技成果与服务。其中，科技资源是科技供给体系的物质基础，包括直接或间接与科学和技术活动有关的人财物等。科技组织是科技供给体系的主体和主要参与者，主要包括政府部门、研究机构和大学、企业和社会组织等。科技成果是科技供给体系的产出，包括理论、论文、专利、科技装备，等等，科技服务则是科技成果与外界沟通的"桥梁或媒介"。邱向军从生态环境保护的角度，认为农业科技供给体系必须要符合农业可持续发展思想。贾钢涛（2010）从科学发展的要求出发，认为科技供给体系的本质其实就是一揽子科技政策或科学技术。它旨在通过科技和劳动者素质的提高，彻底实现农业生产的发展和资源的节约。贾岷江（2011）从系统论的观点进行研究，认为科技供给体系是社会经济系统的子系统，两者是从属和服务被服务关系。

在科技供给体系内涵基础上，结合新型农业经营主体的特点，本文认为新型农业经营主体科技供给体系主要是指以农业科技创新为前提，将科研成果在新型农业经营主体培育过程中推广，以达到农业科技成果的应用。其核心是用科技供给支撑新型农业经营主体发展，有效提升新型农业经营主体发展的层级和水平。其具体内涵可以从以下方面理解：第一，新型农业经营主体科技供给体系是一个较为复杂、动态和开放的系统，要求必须要有一个完善的运行机制，合理配置要素资源。第二，该体系的根本目标是促进农业科技成果的不断进步与创新，敦促新型农业经营主体采用先进技术、使用现代化农业技术装备、运用现代化管理方法进行专业化生产。第三，该体系具有主体多元性，包括政府、高校、科研院所、新型农业经营主体和中介服务机构等，且各个主体扮演的角色和承担的功能均有所不同，各有侧重。

（二）动力模式

经历多年的发展和沉淀，发达国家在农业科技供给体系方面取得了较大成绩，积累了丰富的经验，也形成了不同模式。研究这些模式及其特征，有助于我们深刻理解农业科技供给体系的实质内涵，准确把握基本经验和内在规律，为设计构建广东新型农业经营主体科技供给体系提供实践借鉴。

1. 市场导向型：拉力

市场导向型是新型农业经营主体科技供给体系的拉力机制。它是以市场需求为导向，以效益最大化为目标，通过市场在资源配置中的决定性作用来引导新型农业经营主体发展。这种体系能充分发挥市场需求的导向作用，具有市场自发组织的优点。但目前，我国农村经济中小农经济的特点仍较为突出，新型农业经营主体仍处于发展中的初级阶段，抵御市场风险的能力还相对比较弱，尚不具备或不完全具备参与完全竞争的素质和能力。因此，这种体系不能完全适合我国国情，操作过程中需政府的宏观调控和强力引导。

2. 政府主导型：推力

政府主导型是新型农业经营主体科技供给体系的推力机制，是新型农业经营主体科技创新传播、扩散与提升的核心力量。政府在其中承担主要核心功能，农业科技活动多为公益性质。这种体系主要采用行政强力推广方式进行，它在传统计划经济时期曾发挥过重要作用，但随着我国市场经济的发展和逐步完善，难以再适应新型农业经营主体发展的现实需要，甚至成为新型农业经营主体深入发展的瓶颈。

3. 合力型："政府+市场"双轨制

有为政府加有效市场的双轨制型是经营主体科技供给体系的耦合机制。这种体系充分发挥了"看得见的手"政府和"看不见的手"市场在农业经营主体科技供给中的特定功能，它不仅重视政府在其中的引导和监督功能，同时又充分发挥了市场在科技供给中的资源配置作用，以合理调配农业科技在新型农业经营主体各主体间的有效运用。需要注意的是，农业科技应依据市场的不同需求采取相应的运行方式，依靠不同的科技组织进行推广。既要避免国家宏观经济政策的限制影响，又要防止过度干预，忽视市场机制作用的有效发挥。只有这样，才能提高农业科技成果的转化率，强化农业科技对经营主体发展的支撑作用。

（三）供给系统构成

1. 研究现状

我国"三农"问题突出，长期以来，党中央和国务院一直强调科技供给体系在解决现代农业问题中的重要作用。关于农业科技如何支撑现代农业发展的有关内容，也引起了国内学者长期而深入的研究。贾可等（2017）、姚思玲（2016）、夏正元等（2016）认为人才是农业科技创新的主体，科技创新是驱动现代农业发展的核心力量，科技供给农业的主攻任务是加大创新资源整合投入力度，建设我国现代农业科技供给体系，应在若干重点产业、重点领域和重点环节取得突破。谯薇（2012）认为农业科技供给体系是一个以农业科技创新为核心的有机系统，该系统目的是合理配置农业知识、技术、人员、资金等资源要素，加快农业科技成果转化。贾钢涛（2010）指出我国农业科技供给体系的内容，包括农业科技投入体系、农业研究开发体系、农业科技推广和服务体系、农民教育培训体系，刘会想等（2012）则认为我国农业科技供给体系包括农业科研创新体系、农技推广服务体系、农业科技成果转化与产业化体系、人才支撑体系、科技保障体系等。杨伟兰（2007）等分析了我国农业科技供给体系在新农村建设中的作用，分析了影响我国农业科技供给体系完善的几个因素，主要包括提高村民素质、增加农业产值、改善农村生态环境等。付娆（2014）、刘辉等（2013）研究了制约我国科技供给现代农业的因素，主要是科技创新机制不健全、农业高新技术储备不足、产业关键技术待突破、科技创新人才少以及科技成果转化效率低等。

马佳和俞菊生（2009）以上海为例，深入研究了上海现代农业科技创新体系的内涵、构建、实现途径及其制度保障等方面内容，对加快构建上海农业科技创新体系有较强指导意义。张想平（2009）在分析甘肃垦区农业科研推广体系的现状及存在问题基础上，认为建立现代农业产业技术体系，应当先建立科研创新与示范推广平台，完善与现代农业相适应的农业科技推广体系。陈泉江（2009）分析了我国现代农业发展的六大制约因素，提出了应加快我国现代农业制度创新的建议。王福军等（2010）以中国农业大学为研究对象，提出了在加强体系组织、经费管理和为岗位科学家提供工作支持及保障等方面的具体对策和措施。

2. 供给系统构成

根据上述概念，新农主体科技供给体系由农业科技投入系统、农业科技创新系统、农业科技推广系统、农业科技服务系统、科技合作系统和农业科技激励六大系统构成。其中，（1）农业科技投入系统主要指农业技术支撑体系的物质保障系统。（2）农业科技创新系统主要指科技和人才支撑系统。（3）农业科技推广系统指农业技术支撑体系的媒介系统，起着将科研信息传播给农业生产和经营者的作用。（4）农业科技服务系统农业技术支撑体系中科技成果的输送系统，起着将农业科技产品与技术提供给有需要人的作用。（5）农业科技合作系统是农业技术支撑体系中科技成果的转化与应用系统，起着将科研成果转化的作用。（6）农业科技激励系统是农业技术支撑体系的动力系统，起着为农业科技投入与创新、农业科技推广、服务与合作提供物质或精神激励的作用。六大系统功能对比如表2-2所示。

表2-2 农业科技供给体系六大系统功能对比

子系统	主体	对象	方式	目的
投入系统	国家和各级政府组织，科研院校及农业科技企业等	农业科技推广部门、农业合作组织及农户等，内容是人、财、物力	资金投入、财政补贴、低息或无息贷款、科技示范、组织动员、人力调配	为农业科技研发、成果转化、应用、推广与服务提供资源保障
创新系统	农业科研院所、大中专院校、农业科技企业研发部门	农业科技人才，内容是科研成果	农业科技体制改革、农业科技成果研发及人才培养	为农业技术支撑体系提供智力资源
推广系统	政府科技推广机构、科研机构与大中专院校、科技企业、专业合作社与专业人士	各类农业生产者与经营者。内容是科研信息和成果	包括上门宣传、现场指导、集中培训、成果展示等	提高经营者的科技兴农意识及素质，以促进农业科技成果的应用
服务系统	政府科技服务部门、农业科研专业机构与人士、专业合作组织、农业科技服务企业等	服务客体是各类农业生产者与经营者。内容是科研信息和成果	包括科技咨询、研发支持、技术培训、现场指导、疑难问题解答、科普讲座等	通过公益性服务和市场服务相结合，帮助农户掌握农业科技信息提高农业经营效益
合作系统	包括农业科技研发和服务机构、农业生产经营者	合作客体是科学研究项目、农业科技产品与技术	合作方式包括科技研发、良种培育、技术转让、信息咨询等	合作目的是促进农业科技成果的转化与应用。
激励系统	主体是各级政府	激励客体是既包括农业科技研发组织，也包括农业科技推广、服务组织与个人，还包括直接从事农业者	激励方式既包括物质奖励，也包括非物质奖励，还包括政策扶持与配套措施支持等	推动各类主体加大科技投入，研发与创新，推广与服务，从而实现促进科技进步的目标

　　六大系统之间的关系是：投入系统、创新系统和推广系统是主体系统，激励系统、合作系统和服务系统是保障辅助系统，发挥着可持续发展和锦上添花的作用。一般而言，激励系统对应投入系统，合作系统辅助创新系统，而服务系统支持推广系统。每个系统均涉多元主体，形成一个立体的科技供给网络。

如图 2-1。

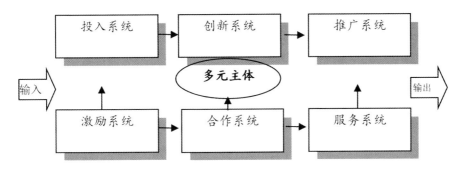

图2-1 新型农业经营主体科技供给体系六大子系统

（四）供给子系统效率研究现状

1. 投入系统研究现状

国家级农业科研机构作为我国公益性农业科研的重要力量，承担国家层面的基础性、应用性研究，是国家科技创新体系的重要组成部分，具有显著的公共性、基础性和社会性，政府投入的强度直接关系到这些公益性科研机构运行经费的保障水平和科技创新能力，理应是我国农业科研政府投入的重点。范静（2008）、高启杰（2009）以 2007 年的数据为例，对国家级农业科研机构的财政资金投入规模、结构变动以及投入中存在的问题进行了分析，并给出了优化财政资金投入结构的政策建议。张晓泉等（2011）对国家级农业科研机构 2006—2008 年的政府投入总量、结构以及 3 类不同机构的差异化进行了研究。刘振虎等（2010）对国家级农业科研单位修购专项经费投入情况进行了分析。侯向娟等（2012）运用国家级农业科研机构 2006—2008 年的财政拨款数据，具体分析了国家级农业科研单位保障经费的投入现状和实际需求现状。农业科研机构科学事业费基本支出投入情况课题组（2006）对国家级农业科研机构科学事业费基本支出状况进行了研究。毛世平等（2013）选择 1997—2009 年的中国农业科研机构为研究样本，分析了其科技投入的现状、特点与规律，与国家整体的科研投入情况进行了横向比较。黄敬前、郑庆昌（2013）运用微观经济学中的效用理论研究了我国农业 R&D（是 Research and Development 的缩写，研究与开发）投入和农业技术推广投入的合理比例以及农业基础研究、应用研究和试验发展投入的合理比例,发现我国农业 R&D 活动投入结构比较合理,农业 R&D 投入与农业技术推广投入日趋合理,但这种资金配置的合理性,是建立在低水平投入的基础上。李金祥(2014)等对国家级农业科研机构政府的投入缺口进行了分析,认为无论是在总投入、基本支出财政拨款,还是项目支出财政拨款与研究经费的投入上,都存在较大缺口。

2. 投入效率研究现状

关于农业科研投资经济收益的研究。从最初格里切斯(Grillches)(1958)研究美国杂交玉米开始,用科研投资回报率来反映农业科研对经济的影响的研究非常多,特别是在 20 世纪 70 年代后,这方面的研究发展迅速,研究范围不断扩大,研究方法不断改进,各种研究报告得出的结论差异较大,从非常高到甚至为负,但平均范围为 40%—60%(奥尔斯顿等 Alston et al.,2000;埃文森 Evenson,2001)。樊胜根(2000)认为,20 世纪八九十年代我国农业产出的快速增长可以归结为 1979 年开始的农业科研投资制度和市场化改革,并测算中国农业科研的投资回报率,结果表明农业科研的总体经济收益大约相当于 1997 年农业产值的 1/3(但在 1975 年只占产值的 5%),我国农业科研投资回报率从 36% 到 90% 不等,比当前的商业利息(名义 10% 左右)高得多,而且还发现农业科研的回报率随着时间的推移而呈上升趋势。黄季焜等(2003)用中国政策模拟模型(CAPSiM 模型)模拟各种情况下的农业科研投资回报率,得出中国农业科研投资的内部收益率为 56%—60%。李锐(2004)应用了参数一非参数混合的方法,测算了 1976—2002 年中国农业科研投资效益,得出农业科研投资内部收益率约为 30%。赵芝俊等(2006)运用 CD(柯布道格拉斯生产函数,又称"C-D 生产函数")函数的扩展式测算 1994—2003 年我国农业科研投资边际内部利润率的值,10 年的平均边际收益率为 76.22%。另外,学者们还研究了科研项目的收益。樊胜根等(2005)分别研究了水稻和小麦的研究收益,研究结果表明,水稻品种改良研究极大地提高了中国与印度的水稻产量,他还利用水稻品种的使用面积和单产数据测算了过去 20 年中国和印度水稻品种改良研究的总收益,水稻科研的收益占水稻产值的比例,得出在中国为 14%—19%,在印度为 15%—23%;小麦品种改良研究极大地提高了中国小麦的产量,1982—1998 年,小麦品种改良研究带来的收益占小麦生产总值的 10%—30%，收益是研究总支出的 6.6 倍。张社梅（2007）运用经济剩余法分析了中国黄河流域和长江流域棉区的转基因棉花的科研投资回报率，发现转基因棉花科研投资回报率为 60.57%，高出常规棉花近 25%。姚延婷等（2014）研究了环境友好农业技术创新与农业经济增长之间的长期动态关系，结果表明：在整体上，环境友好农业技术创新每增加 1%，引起农业经济增长增加 0.375%，而环境友好技术推广程度每增加 1%，则引起农业经济增长增加 0.542%；在短期内，环境友好农业技术创新在滞后 2 期与滞后 3 期才缓慢地显现出对农业经济增长的促进作用，具有滞后性；在长期内，环境友好农业技术创新和技术创新推广程度对经济增长的推进作用是缓慢且长期有效的，而农业经济增长是环境友好农业技术创新持续的动力，对技术创新的推广起到先强后弱的促进作用。

黄季焜、胡瑞法（1998）对我国农业科技投入做了较系统和深入的研究。研究的范围涉及中国农业科研投资的总量分析、中国农业科研投资效益及其利益分配、中国农业科技投资体制与模式的现状及国际比较等诸多方面。研究表明，我国农业科技投资不足的问题相当严重，按不变价计算，政府对农业科技投入的财政拨款，在"七五""八五"期间平均增长率为负数。从 1985 年开始的 10 年间，我国农业科研单位项目人均经费呈逐年下降的趋势，农业科研单位的科学事业费也严重不足，农业科研投入的减少已经影响到农业科研成果的数量和质量。他们的研究还表明，我国农业科技投资强度长期低于国际水平，以 1996 年投入强度计算，不到发达国家的 1/10，差不多只有 30 个最低收入国家政府对农业科研投资强度的简单平均数的一半。从农业科技体制来看，我国农业科研体系存在条块分割、结构重叠，研究力量分散、科研项目低层次重复，科研、应用、推广和农业经营主体的技术需求相脱节，农业科技队伍不稳定等诸多方面的问题。

3. 推广系统研究现状

如果说农业技术创新增加了农业增产的可能，农业技术推广应用则是挖掘了农业增产的潜力。基德（Kidd）、拉默斯（Lamers）和菲卡雷利（Ficarelli）认为，不论采用哪种形式的农技推广模式，关键是要保证经营主体能够获得他们需要的农业技术。学者们将世界各国的农业科技推广模式归纳为政府主导型、市场主导型和综合型三种模式。其典型国家代表及具体构成内容是：第一种以荷兰为代表的、以农民组织占主导地位的农业科技推广模式，其推广体系主要由国家、地方、农民合办、三种农协组织（包括天主教、基督教和皇家农会）四个方面的推广力量构成。第二种以日本为代表的、由政府和农业经营主体来共同分担推广责任的模式；其推广体系由全国农协组织、县级农协、基层农协三部分组成。第三种是以美国为代表的、由政府和大学相结合共同推广的模式。到目前为止，美国各地已建立了大量农学院、州级农业试验站以及县级农业技术推广站，并通过各级试验站和推广站等反馈信息，及时完善农业技术推广体系。埃弗·罗杰斯阐述了美国农业技术推广机制的成功经验。

我国学者王济民等（2009）、王利清（2013）将我国现有的农业科技推广体系的推广模式分为四种类型，即推广机构主导型、政府科技项目带动型、市场导向型和第三方指导型，四种类型又可细分14种模式。并指出我国农业科技推广的出路应该从农业经营主体需求出发，以农业合作社为依托，构建"自下而上"的推广模式。何得桂（2013）通过分析"农林科大模式"的做法、成效，认为要提升基层农技推广服务能力必须创新农业科技推广模式。苏会荣等（2017）、邬德林等（2017）通过调查发现我国农业科技推广模式仍然存在管理体制不顺（"条块结合，以块为主"）、投入保障不足、基层农技推广组织松散和人员素质不高等困境，提出须理顺管理体制、加大政府的支持和投入来构建主体多元化的农业科技推广体系。旷宗仁等（2013）认为要去除我国现有农业科技推广体系的弊端，关键是要彻底改变推广传播的理念、体制、方法、内容。

但是，里韦拉（Rivera）发现欧洲的公共推广体系在大规模缩减。马尔维奇尼（Malvicini）实证研究发现菲律宾的农业推广权力下放，能在一定程度上提高农业推广服务的相关性与响应度，但要求农业科技研究具有分散性和参与性，且需要打破传统的自上而下的推广方式。卡亨（Kahan）认为高附加值的产品或经济作物成为农业生产追求的趋势，农民需要在知识和技术方面的更新，从而要求农业推广在内容上、方式上、甚至体制上进行改变，以适应现代农业发展的要求。目前在北美和西欧，给农业经营主体提供技术服务支持的，主要是私营企业高素质的农业推广专家以及生产农资的企业。东欧国家中波兰和匈牙利仍以公共农业推广体系为主。欧洲其他英联邦国家和独联体国家正在走私营化推广体系改革的道路。总的趋势是，农民一般是不愿意通过付费获取农业技术推广服务，除非与农资的销售或其他市场化的营销服务或技术服务捆绑在一起（沃德班克World Bank 2006, 里维拉Rivera和亚历克斯Alex 2004）。信息技术带来的革命以及分权战略的实施，使世界各国家的农业科技推广受到了挑战，农业推广体系多元化、多层次化成为趋势。罗斯本（Roseboom）和麦克马洪（McMahon）等分析了拉丁美洲农业研究和推广体系改革中的一些现象，例如私有化、权力下放、多元化推广，以及大量非政府组织、大学以及农民专业合作组织推广等，这对于推动发展中国家的农业科技推广体系的改革都有借鉴意义。

中华人民共和国成立以来，我国逐渐建立了较为一条较为完备的"自上而下"的、"政府命令式"的、从省、市、县、乡到村一级的农技推广体系，探索出很多较有成效的农技推广模式。我国政府也长期通过增加支出加大农业技术推广的力度。然而，由于农技资源有限性、服务对象分散性和需求异质性，农业技术供应和推广的有效性遭到理论界和农技需求者的质疑。尤其是在面对小型农业经营主体（即农户）时的问题并没有得到太大改善。新技术扩散缓慢在中国农业生产中普遍存在。为此，我国农技推广体系开启了20世纪90年代初以来"断奶"式改革，以及2006年的自生自灭式体制改革，多次冲击了我国农业技术推广体系，尤其是乡镇农业技术推广机构，一些地方的乡镇农业技术推广机构已名存实亡。但由于我国农业经营主体不断分化，农业经营环境悄然改变，农业经营组织形式和结构的变化，我国农技推广体系的时代滞后性凸显，投入不足、体制不顺的弊端仍长期存在。不健全的农业技术推广体系带来的后果，从技术需求方角度来看，多元化的农业经营主体选择个性化技术需求的渠道越来越窄，接受农业新技术越来越难，农业技术需求长期得不到满足。从技术供给方角度，则降低了我国有效农业技术供给率。农业科技有效供给和有效需求失衡的状况严重阻碍了我国农业技术进步加快农业现代化进程，已成为制约乡村振兴战略实施的"瓶颈问题"。

一个高效且完善的农技推广体系，理论上，内格尔（Nagel, U. J）等通过对单一的以政府部门为基础的推广体制的研究，发现推广组织中的等级和官僚主义，以及技术推广服务者的经济、社会心理和技术等原因，使推广工作无法实现其最大潜能。因此，阿布拉姆布鲁姆（Abramham Blum）认为，国家层面必须有一个研究和推广密切合作的协调机制，地区层面则应考虑如何使研究成果更适应当地农业经营主体的需要。加里（Gary）认为，不管是基于经济的还是社会的原因，都需要对农业科技推广活动进行公共财政资助，一些农业技术信息的传递、培训活动应始终在公共部门的职责范围之内。关于农业科技推广体系决策模型的研究，大卫（David）（2012）等认为建设农业科技推广体系，关键要创新，应构建科学清晰的决策模型，分析模型的各个变量因子，整合体系内部的信息资源，实现农业科技推广体系的合理化、科学化。卡尼（Carney）（1995）指出适应农业发展的需要的农业科技推广体系，还需解决好农业推广机构某些职能的角色定位问题。

此外，国内学者柏振忠（2009）通过比较分析美国的产学研结合型、法国的链条式环保型、英国的政府引导型和德国的信息化生态型农业科技（或创新）发展模式的优势和劣势，提出了促进我国现代农业科技发展和创新的政策建议，对完善我国农业科技推广体系有一定指导意义。

4. 推广效率研究现状

黄季焜、胡瑞法（2000）对中国农业技术推广投资进行了研究。研究发现，农业技术推广经费总量增长较快，但人均经费严重不足。农业技术推广的经费被推广人员数量的增加所抵消。由于农业技术推广投资的减少，农业技术推广人员的收入低于其他行业，导致农业技术推广人员工作时间减少，不安心本职工作，农业技术推广的速度下降。也有研究者在大量实际调查的基础上，通过计量经济模型的实证分析，发现我国基层农技推广体系难以发挥其公益性技术推广职能；政府投入虽然近年来有明显提高，但总量仍然严重不足；不同体制下政府投入的效果显著不同（智华勇、黄季焜、张德亮，2007）。在地方层面，有研究者对甘肃省的农业科技投入进行了分析，发现2006—2010年甘肃省农业科技投入额每年都有增加，呈逐年增长态势，但是各年的增长率呈现上下波动情况，没有形成良好的持续增长趋势。省级农业科技项目投入结构不尽科学合理，基础与应用研究类项目投入比重太小，不能给省农业科技发展和创新提供充足的储备（樊红梅、田愉、张晓娟，2012）。黄敬前、郑庆言（2013）用协整理论与方法，分析我国农业科技投入与农业科技进步之间长期的均衡关系，认为我国农业科技投入促进了农业科技进步，其中农业技术推广投入的作用较 R&D 投入的作用明显；同时，农业技术推广投入对农业 R&D 投入具有拉动作用，但是农业科技进步并未推动农业科技投入的增加。因此，促进基层农技推广体系的管理体制改有助于提高投入的效果。石晶、肖海峰（2014）通过协整分析法、误差修正模型、脉冲响应函数研究了农业技术推广投资对农业经济增长的长期均衡关系与短期动态关系，结果显示农业技术推广投资对农业经济增长的长期影响弹性是 0.654，短期影响弹性 0.169，表明长期的农业技术推广投资战略对促进农业经济增长更为有效。

第三章 广东农业发展基本特征、科技供给概况

人民群众日益增长的美好生活需要和城乡居民消费结构的转型升级，推动了广东农业由增产导向向提质导向转变，促使全省农业产业兴旺，农民增收。2019年，广东农林牧渔业总产值7175.89亿元，其中，狭义农业、林业、牧业、渔业、农林牧渔服务业占全省农林牧渔总产值比例分别是49.195%、5.692%、19.567%、21.249%、4.296%，20年来年均增长率分别7.870%、8.070%、10.657%、6.170%、7.536%、8.334%（见表3-1）。

表3-1 广东省2000—2019年农林牧渔业总产值情况（单位：亿元）

年份	合计	农业	林业	牧业	渔业	农林牧渔服务业
2000	1701.18	807.94	59.64	450.18	383.42	—
2001	1722.35	817.95	56.78	457.56	390.06	—
2002	1781.06	841.77	57.09	465.91	416.29	—
2003	1908.66	851.72	55.72	482.83	432.74	85.65
2004	2154.79	959.97	61.72	571.09	466.45	95.56
2005	2447.57	1109.18	66.25	638.61	523.79	109.74
2006	2536.27	1235.4	67.6	623.34	519.03	90.9
2007	2810.45	1268.7	116.96	781.97	540.58	102.24
2008	3276.02	1398.82	125.23	983.84	650.23	117.89
2009	3301.86	1442.4	139.95	939.67	657.65	122.18
2010	3697.18	1668.66	180.2	978.33	737.01	132.97
2011	4301.86	1910.21	213.71	1193.73	835.41	148.8
2012	4550.29	2060.91	228.75	1189.8	908.12	162.71
2013	4802.01	2229.64	256.99	1168.73	968.42	178.23
2014	5053.72	2357.16	289.66	1145.87	1068	193.03
2015	5303.63	2490.2	308.72	1195.97	1102.12	206.62
2016	5817.55	2763.79	330.04	1318.89	1179.15	225.68
2017	5969.87	2889.97	356.14	1202.3	1276.11	245.34
2018	6318.12	3089.57	390.62	1184.72	1383.81	269.39
2019	7175.89	3530.21	408.48	1404.13	1524.78	308.30
2019年占比	100%	49.195%	5.692%	19.567%	21.249%	4.296%
年均增长率	7.870%	8.070%	10.657%	6.170%	7.536%	8.334%

数据来源：2020年《广东统计年鉴》、《广东农村统计年鉴》

近年来，广东推进质量兴农、绿色兴农、品牌强农工程建设，成效显著。截至 2019 年，拓展化肥农药负增长、废弃农作物资源化综合利用成果，畜禽粪污综合利用率达 82.4%，规模养殖场、大型规模养殖场粪污处理设施装备配套率分别达 94.9%、100%；推动水产绿色养殖，加大渔业资源养护，创建省级以上水产健康养殖示范场 271 家，新增建设 3 个国家级海洋牧场示范区；创建8 个国家级、46 个省级特色农产品优势区，培育农产品区域公用品牌 316 个（其中国家级6个），认定建设"三品一标"农产品3571 个，认定名牌农产品1520 个，打造了一批广东农业"金字招牌"，80% 以上的地市与京东、阿里巴巴、苏宁等知名电商达成战略合作，近85% 的县建立起大宗农产品电子商务交易平台，培育了一批本土农村电商骨干企业①，广东农业高质量发展已走在全国前列。创建国家质量安全县（市）14 个，蔬菜、水果、畜禽产品和水产品国家例行监测合格率分别达到 99.6%、97.3%、99.7%、96.9%，位居全国前列。2019 年广东农村居民人均可支配收入 18818 元，城乡居民收入比缩小至 2.56:1。

改革开放四十多年来，推动广东农业发展的要素主要有政策、劳动力和物质投入、科技进步等几方面，随着农业生产要素和生产资料价格趋于上升，农业比较收益趋于下降，保持农业稳定发展的难度越来越大，后劲越来越缺乏。

一、广东农业可持续发展的问题

（一）粮食缺口大，优质农产品供给不足

1. 耕地数量不足，粮食缺口大

广东耕地资源历来紧缺，耕地面积逐年下降，目前人均耕地不足 0.4 亩，不到全国人均耕地水平的 1/3。截至 2019 年低，全省土地面积 1797.25 万公顷，其中耕地 259.41 万公顷，比 1994 年的 232.473 万公顷，减少 26.937 万公顷，

---

① 据统计，2019年广东有"淘宝村"798个、"淘宝镇"155个。目前全省在淘宝平台上注册的农产品卖家多达9.5万家，位列全国第一，农产品电子商务交易额超百亿元。全省各县（区）具有网上农产品交易功能网站172个，涌现出华南农产品交易网、广东农产品交易网等功能各异的农村电商平台。数据显示，近两年农产品网络零售交易额年均增速30%以上。全省电商交易总额、网络零售额都稳居全国第一名，是我国国内首个举办"广货网上行"的省份。

年均减少 0.436%。这直接导致历年来农作物播种面积、粮食产量的不断下降，到 2019 年全省农作物播种面积 435.956 万公顷，其中粮食播种面积 216.172 万公顷，全省粮食产量 1240.80 万吨（见表 3-2）。作为全国第一人口大省，也是我国内陆第一缺粮大省，粮食承载的消费人口超过 1 亿，2018 年粮食消费量约 5400 万吨（同比增长 3.1%），从外省采购和进口粮食合计约 4100 万吨，自给率仅 22%，外向依存度高达 60% 以上。粮食缺口主要是饲料用粮（饲料用粮约 2900 万吨，占全省粮食消费量的 53.7%，同比增长 3%）、工业及食品副食业用粮（工业及种子用粮约 600 万吨，同比增长 5%）、外来人口口粮和 25% 左右的本省户籍人口口粮（口粮消费约 1900 万吨，同比增长 1.8%）。缺口粮食约 80% 由外省购入、20% 依靠进口，粮食外向依存度高、市场调运压力大。

表3-2 1990—2019年广东农作物播种面积、粮食播种面积、粮食产量情况

（单位：万公顷，万吨）

年份	农作物播种面积	粮食播种面积	粮食产量
1990	567.156	388.137	1896.29
1995	530.480	336.816	1803.33
2000	515.690	309.989	1822.33
2005	481.537	278.650	1394.97
2010	426.277	238.633	1249.15
2015	419.455	219.330	1211.66
2017	422.751	216.973	1208.56
2018	427.936	215.104	1193.49
2019	435.956	216.172	1240.80

2. 供给结构不均衡，优质供给不足

当前，广东农产品供应充足，水产品年产量 800 万吨左右，多年位居全国第二；园林水果面积 98.233 万公顷，2018 年总产量 1547.8 万吨，许多品种产量名列全国前茅，荔枝、龙眼、香蕉、菠萝生产量均居全国第一，水果外销量大，出口 50 万吨左右，多年位居全国第三。但部分农产品供给总量有缺口，供给结构不均衡。

第一，肉类供应结构低于全国水平，猪肉自给率低。2018 年广东省肉类

总产量 449.90 万吨，其中猪肉 281.52 万吨，占 62.6%，禽肉 153.25 万吨，占 34.1%，牛肉和羊肉产量分别为 4.07 吨和 1.97 万吨，所占肉类总产量比例分别为 0.9% 和 0.44%，与全国平均水平相比，肉类供应的人均占有量差距较大，供给缺口较大。以猪肉生产为例，广东是生猪生产和消费大省，每年消费猪肉 400 多万吨，年生猪需求量 6000 万头左右，但年出栏生猪 3700 万头左右（折合供应猪肉 280 万吨），生猪自给率仅为 60% 左右，每年需从外省调入生猪 2500 万头左右，是国内生猪调入量最大的省份。

第二，禽蛋供需缺口较大。广东是家禽生产和消费大省，也是港澳地区禽畜食产品的最主要供应省份。家禽基本满足需求，年出栏家禽 11 亿只左右，多年全国排名第二，其中黄羽肉鸡、水禽、肉鸽等产量全国排名第一，出栏量分别为 7 亿只、2.7 亿只和 1 亿多只。但广东禽蛋产量 31.8 万吨左右，消费量超过 100 万吨，需求量超过 200 万吨，供需缺口约为 160 万吨。

第三，蔬菜供应结构性失衡。广东是全国蔬菜生产和消费大省，常年菜地面积有 660 万亩。2018 年蔬菜种植面积 127.224 万公顷，亩产 1745 千克，总产量 3330.24 万吨，较 2017 年分别增长 3.67%、1.10% 和 4.81%，总量足够供应本省并部分北运及出口港澳和东南亚等地区和国家，但因季节性供需不平衡导致菜价起伏，且由于区域间种植结构趋同、产期集中，出现季节性、结构性供求失衡。

第四，高质量、高附加值的农产品供给相对不足。尽管历年来供农产品抽检合格率基本稳定在 97% 以上，但由于影响广东农产品质量安全的深层次问题还没有根本解决，比如农药残留、非法添加、制假售假、环境污染等问题在部分地区、部分品种上还比较突出，导致广东农产品低质化、同质化情况普遍，"大路货"多，优质、高档产品少，精细化、个性化、差异化农产品供给不够，与人们追求优质安全农产品的期待不平衡，与城乡居民消费结构快速升级的要求不相适应。据广东省农业厅估算，每年优质果蔬、肉类的结构性缺口分别超过 400 万吨和 200 万吨。

（二）发展方式粗放，科技贡献率低

1. 发展方式粗放，农业面源污染严重

广东农村大部分地区仍属于传统农业区，农业生产方式落后，技术水平

低，农业面源污染严重。据统计，广东省农药、化肥施用强度分别居全国第 1
位和第 2 位。2018 年广东农田化肥总施用量折纯为 231.32 万吨，农药总施用
量 9.37 万吨，化肥和农药平均单位面积施用量远高于全国平均水平，约是美
国的 8 倍，大大超出了发达国家设置的安全上限。农业面源污染导致地力下降，
土壤酸化趋势加剧，全省质量相对较好、灌溉设施完善的高产田只占耕地总面
积的 24.8%，中低产田占耕地总面积的比重高达到 75.2%。另外，广东农业基
础设施相对落后，2018 年全省灌溉总面积 207.047 万公顷，农田有效灌溉面积
177.521 万公顷，节水灌溉面积 41.822 万公顷，农田灌溉水有效利用系数低于
全国水平。严重的农业污染面加之落后的农业基础设施，导致广东农业生产效
益偏低。2018 年劳均农业增加值 2.49 万元，居全国第 15 位，低于江苏（4.81
万元）、浙江（3.79 万元）及全国平均水平（2.87 万元）；稻谷单产 384.5 千
克／亩，居全国第 27 位，低于全国平均水平（459.4 千克／亩），更低于澳大
利亚（728 千克／亩）、美国（565.8 千克／亩）等发达国家水平。这表明广东
农业资源合理利用和生态环境保护机制或缺失或不健全，需要加快完善绿色发
展系统性制度体系，建立科学的政策考评体系以及激励机制。

2. 生产效率不高，科技贡献率低

从宏观层面的投入产出效率来看，据日本大西晓生等（2013）采用数据包
络分析统计，广东省平均农业生产效率为 0.64，在全国排名第 16 位，平均农
业用水效率 0.45，在全国排名第 24 位。杨震宇（2014）采用数据包络分析软
件对广东及全国 12 个主要农业大省的农业生产效率进行比较研究，结果表明，
广东农业综合生产效率值为 0.813，排名第 11 位，落后于浙江 1.405、江苏
1.332、黑龙江 1.145、湖北 1.090、四川 1.082、湖南 1.038、山东 0.906、吉
林 0.903、江西 0.871、河北 0.853，其中纯技术效率值为 0.906，与 13 个省份
的平均值 0.908 接近；规模效率值为 0.898，收益状况递减，与其他省份相比
处于较低的位置。这反映出广东农业生产发展方式粗放，投入要素规模偏大，
土地利用程度不高的现象。

（三）经营主体多元化，新农主体实力不强

通过科研机构、农业高校与新型农业经营主体开展产业联结、合作的多
元化方式培育新型农业经营主体，广东新型农业经营主体已呈现多元化态势。

2016 年，广东农业经营户共有 896.74 万户（其中 15.88 万规模农业经营户），农业经营单位 8.08 万个（比 2006 年增长 262.3%），其中，以农业生产经营或服务为主的农民合作社有 2.99 万个，提高了农业的组织化程度（见表 3-3）。农业经营单位的生产经营人员 37.06 万人，其中，珠三角 13.34 万人、东翼 3.72 万人、西翼 7.99 万人，山区 12.01 万人。

表3-3 2016年广东农业经营主体数量（单位：万户，个）

类别	全省	珠三角	东翼	西翼	山区
农业经营户	896.74	205.86	171.65	253.62	265.62
规模农业经营户	15.88	7.15	1.50	4.22	3.01
农业经营单位	80809	24950	6169	17745	31945
农民合作社	29977	7390	2014	7578	12995

注：农民合作社是以农业生产经营或服务为主的农民合作社。

1. 经营主体数量不多

到 2018 年，广东农业龙头企业达 4260 家，其中，国家级农业龙头企业达到 68 家，省级龙头企业达到 1009 家（省重点龙头企业 915 家）。省级总数低于山东省、河南省、浙江省、四川省和江苏省，国家级低于山东（89 家）和江苏（61 家）；广东农民专业合作社 4.7 万家，仅占全国总数（190 多万家）的 2.1%，与山东（约 15 万家）、江苏、山西、浙江、河南、河北、辽宁、安徽（7 万多家）等省相比差距大；家庭农场 1.72 万家，仅占全国总数（87.7 万家）的 1.1%，明显低于安徽（8 万多家）、山东（7.2 万多家）、河南（3.5 万多家）、浙江（约 3 万家）、四川（2.8 万多家）等省份。全省新型职业农民增至 74 万余人，各类新型农业经营主体带动 635 万农户户均增收 3500 元，并与多家省部级科研机构、高校开展多种形式的科技服务与科技合作，带动了 450 万农户"抱团"经营，提升了小农生产竞争力，促进农业适度规模经营面积占比 29.2%，畜禽养殖规模化率 63%，高出全国水平 7 个百分点。

2. 规模偏小、产业化程度不高

广东新型农业经营主体发展实力较弱，主要表现在规模化、组织化、产业化程度及科技含量不高等方面。就农业龙头企业而言，广东农业龙头企业规模不大，行业领军型龙头企业少，全省 4260 家农业龙头企业，年销售收入超百亿元的龙头企业只有 2 家，超 50 亿元的 6 家，超 10 亿元的 40 家，与山东（分别为 12 家、27 家、131 家），浙江（分别为 2 家、3 家、388 家）的差距明显，年销售收入 1 亿元以上的农业龙头企业 467 家，远少于河南（3833 家）、山东（2703 家）、江苏（1434 家）、四川（778 家）、浙江（665 家）等省。全省农业龙头企业年总销售收入 3478 亿元，远低于山东（15580 亿元）、江苏（12083 亿元）、河南（10506 亿元）、四川（5811 亿元）和浙江（3499 亿元）。市县级龙头企业 50% 左右的年销售收入不到 2000 万元。

就农民专业合作社而言，广东农民专业合作社规模普遍偏小，农业社会化服务组织薄弱，有病虫害统防统治服务组织 310 个、农机合作社 1019 家，而浙江分别达到 1000 家、1047 家。且据统计，广东约有 1/3 的合作社经济状况较差。由于普遍规模较小，服务层次也偏低，运行管理不够规范，许多农民合作组织、家庭农场没有正式注册登记，内部管理机制不完善，经营者对本组织的运行宗旨、机构设置、职责划分等没有清晰的认识，管理者与社员之间的权责没有明确的界定，没有落实民主管理制度，没有制定并严格执行财务管理制度，利益分配制度不健全，成员内部之间利益联结不紧密，缺乏有效的监管。

3. 经营主体素质不高

随着广东教育事业发展和农村地区义务教育的普及，农业经营主体受教育程度和文化水平有了较大的提高。

农业普查结果显示，2016 年，全省从事农林牧副渔业的 1543 万农业经营主体中平均受教育程度初中占比为 55.3%，高中或中专占比为 10.3%，大专及以上的占比为 1.1%，比 2006 年分别提高 5.3 个、4.8 个、0.9 个百分点。在经济欠发达的东西两翼和粤北山区的部分县市，因缺乏新型农民科技培训工程、科技入户工程、农村富余劳动力转移培训阳光工程、基层农技推广体系改革建设示范县等有关培训项目带动，99% 的农业经营主体没有接受过教育培训。

在规模农业经营户中，初中及以上的占比 70% 以上，远高于全省平均农业生产经营主体的对应占比（见图 3-1）。但有知识、懂经营、会管理、年纪轻的经营主体相对较少，数据表明，广东农村的实用人才占农村劳动力的比重仅为

1.6%，受过中等及以上的农村职业教育比例不足 4%，且年龄结构普遍"高龄化"，对新品种、新技术和先进管理模式的接受能力较差。此外，基层服务的技术人员数量也不多，农业专业技术人员仅占农业从业人员的 0.49%，科技人才结构不合理、人才配置不合理、人才及人才队伍建设管理制度滞后等不利于新型农业经营主体的快速发展。

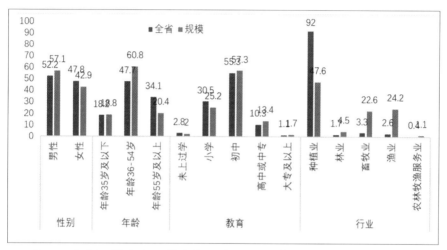

图 3-1 广东规模农业经营户与全省平均经营人员比较（单位：%）

二、广东农业科技供给概况

（一）农业科技贡献率不断提高，科技成效显著

改革开放以来，推动广东农业快速发展的因素主要有政策、劳动力投入、物质资本投入、科技进步等要素。在农业生产要素价格和生产资料价格趋于上升、农业比较效益趋于下降的情况下，农业科技对农业经济增长的成效显著。虽然"八五""十五""十二五"与整个统计时期广东农业总产值的增长主要源于物质投入，所占份额分别达到了 77.92%、57.54%、65.81% 与 84.26%，科技进步处于第二位次，科技进步贡献率所占份额分别是 47.84%、51.81%、61.63% 与 50.6%，但科技进步贡献率在不断提高，"九五""十一五"时期，科技进步贡献率已经超越物质投入的增长率位居第一，成为农业总产值增长的主要因素（见表 3-4）。到 2018 年，广东省农业科技贡献率高达 68%，居全国第二位。表明广东农业已处于由传统农业向现代农业转型的关键时期，农业发展已进入主

要依靠科技创新驱动的新阶段。

表3-4 1990—2014年广东农业各指标贡献率

阶段划分	农业GDP	物质资本贡献率	劳动力贡献率	耕地面积贡献率	农业科技贡献率
1991—1995	100	77.92	−16.51	−9.24	47.84
1996—2000	100	44.43	8.32	−1.91	49.10
2001—2005	100	57.54	−4.84	−4.53	51.81
2006—2010	100	35.11	0.23	12.11	52.49
2011—2014	100	65.81	−3.71	5.25	61.63
1990—2014	100	84.26	−2.78	−7.01	50.60

数据来源：张朝华．农业技术进步与效率、影响因素及其作用机制：来自广东的证据[M]．福建：厦门大学出版社，2018年1月。

（二）农业科技投入力度加大，产出速度增长较快

近年来，广东每年在农业领域产学研的科技投入超过2亿元。从广东农业科研课题投入来看，2000—2019年农业科研课题数从980个增加2286个，年均增长4.56%；科研课题投入人员从每年2002人增加2787个，年均增长1.76%；课题投入经费13033万元增加68810.2万元，年均增长9.15%。从广东农业科研课题产出来看，2000—2019年科学论文从1043篇增加1862篇，年均增长3.10%；其中，国外发表论文16篇增加到605篇，年均增长21.07%（见表3-5）。

表3-5 2000—2019年广东省农业科研课题投入与产出情况

项目	科技活动课题数	课题投入人员	课题投入经费	科学论文	国外发表	科技著作
单位	个	人/年	万元	篇	篇	种
2000	980	2002	13033	1043	16	53
2005	1046	2168	12890	973	21	50
2008	1427	2579	24105	1204	56	27
2009	1327	2397	24105	1222	42	25
2010	1406	2526	27494	1353	70	29
2011	1302	2425	31371	1183	104	28
2012	1376	2541	35841	1224	88	19
2013	1508	2933	38924	1482	229	36
2014	1392	2657	37564	1505	317	38
2015	1688	2631	50350	1519	339	41
2016	1813	2636	56237	1680	365	49
2017	1918	2780	56224	1681	393	44
2018	1631	2390	42623.5	1383	308	43
2019	2286	2787	68810.2	1862	605	32
年均增长率	4.56%	1.76%	9.15%	3.10%	21.07%	-2.62%

数据来源：2001年–2020年《广东农村统计年鉴》

（三）创新团队、创新人才引进力度加大，培养制度强化

广东农业创新驱动发展扎实推进。2019年广州国家现代农业科创中心实现突破性进展，岭南农业重点实验室启动建设，打造了51个省级现代农业产业技术体系创新团队，构建了以市场为导向的农业科技孵化与创新"围点搭环"模式。新增2项国家畜禽良种联合攻关项目，创建我国首个现代农业畜禽种业产业园，省农作物种质资源库（圃）、DNA库、资源鉴评平台建设基本完成，新增选育推广优质绿色农作物新品种127个。先行构建5G智慧农业试验区，建立数字农业特派员机制，益农信息社覆盖80%以上行政村，"农技宝"用户覆盖率达98.3%。取得这些成果离不开高层次创新人才、创新团队。

广东历来注重创新人才和团队的引进与培养，不断强化农业科技人才培养机制。据统计，全省有涉农领域两院院士5人，"南粤百杰培养工程"8人，引

进国际领军人才 2 人、紧缺拔尖人才 4 人。在全国率先组建了基本覆盖全省涉农科研教学、企业、协会的省级农业科技创新联盟，建立了 20 个省级现代农业产业技术创新团队，整合优势资源开展重大科研攻关和技术模式创新，中国农业科技华南创新中心成为国内一流的农业科技创新中心，畜禽育种国家重点实验室是我国畜禽育种领域唯一的国家重点实验室。在全国省级农业科研机构综合实力前 50 名中，广东占了 10 名。

同时，积极推进基层农业技术推广体系建设和科研成果转化应用。目前广东从事农业科技的人才超过 3 万人，其中约 1/10 从事农业科研活动，9/10 从事农业科技推广服务。在"三农"人才培养体系建设方面，实施了"扬帆计划"和"全民技能提升储备计划"等，开展各类职业技能培训 1121 万人次，培育新型职业农业经营主体 1.7 万人。

此外，为构建面对新型农业经营主体的科技服务体系，拓宽广东农业科技服务的广度和深度。2010 年和 2016 年，广东省先后两次出台有关科技特派员制度的实施意见，创新农业科技特派员选派机制。"十二五"期间，全省共选派个人农村科技特派员和"三区"人才 12273 名，农村科技特派员团队 209 个，法人农村科技特派员 254 个，成立农村科技特派员工作站 1121 个，与农民建立利益共同体 477 个，开展试验示范和技术培训 7660 次，开展基层科技服务近 4 万次，接受基层科技服务的企业有 6845 个，推广农业科技成果、新品种、新技术、新工艺 1622 个，推广先进农业和农村适用技术 3904 项，成功推广和转化了一批先进实用的农业技术成果。

（四）农业技术装备应用广泛，劳动生产率提高

现代农业技术装备的广泛应用改善了农业生产条件，减少了农业从业人员，大幅提高了广东农业劳动生产率。1980—2019 年，从农业机械化作业情况看，全省农机总动力从 596 万千瓦增加到 2455.79 万千瓦，年均增长率为 3.697%。全省农机化总体情况是总机耕面积 3724.21 千公顷，机播面积 404.32 千公顷，机电灌溉面积 1789.28 千公顷，机械植保面积 1542.77 千公顷，机收面积 1825.78 千公顷。主要农作物农机化作业情况是水稻机耕面积 1763.45 千公顷，水稻机械种植面积 382.55 千公顷，水稻机收面积 1651.77 千公顷，玉米机耕面积 94.47 千公顷，大豆机耕面积 23.15 千公顷，花生机耕面积 255.71 公顷。

根据 2019 年水稻播种面积 179.367 万公顷计算，2019 年全省水稻耕种收综合机械化水平达 70.58%，高于 2018 年的 68%。与此相对应，1980—2019 年全省农村用电量从 125496 万千瓦时增长到 14480376 万千瓦时（见表 3-6）。

表3-6 广东农业机械化、农村用电量和化学化情况（1980—2019）

类别	农机总动力	化肥施用折纯量	农药施用量	农村用电量
单位	万千瓦时	万吨	万吨	万千瓦时
1980	596	77	12.21	125496
1985	853	102.67	7.27	266399
1990	1279	162.41	7.95	581030
1995	1670	195.71	8.05	1862658
2000	1764	176.2	8.47	4054461
2005	1782	204.62	8.5	7682272
2010	2253	233.42	9.1	10442606
2012	2414	245.38	11.4	11874983
2015	2696.8	238.17	9.23	13261980
2017	2410	237.93	9.46	14147748
2018	2429.94	231.32	9.37	14430988
2019	2455.79	225.79	8.75	14480376
年均增长率	3.697%	2.797%	-0.851%	12.947%

从农机化系统机构和人员情况看，2017 年全省农业化管理机构共有 1118 个，2923 人；农机化教育培训机构 46 个，331 人；农机化科研机构 3 个，147 人；农机化推广机构 102 个，535 人；农机化中介服务组织 16 个，306 人；2019 年农机化作业服务组织 2242 个，25434 人；农机户 1050738 个，1283200 人；农机维修厂及维修站点 7151 个，18449 人。总体上看，广东省农机化服务组织及人员情况中多项指标均有所减少，说明广东农机化组织及人员呈总体收缩状态，但机械化率水平在提高，表明全省农业机械化效率水平提升了，劳动力生产率提高了（见表 3-7、表 3-8）。

表3-7 2012年、2017年广东省农机化服务组织及人员情况（单位：个）

项目	单位	2012 年	2017 年
农机化管理机构	机构（个）	1084	1118
	人数（人）	3259	2923
	科技人员（人）	807	695
农机化教育培训机构	机构（个）	59	46
	人数（人）	457	331
	科技人员（人）	224	166
农机化科研机构	机构（个）	3	3
	人数（人）	207	147
	科技人员	158	124
农机化推广机构	机构（个）	109	102
	人数（人）	577	535
	科技人员（人）	270	255
农机化中介服务组织	机构（个）	11	16
	人数（人）	233	306

表3-8 2012、2017—2019年广东农机化户及从业人员数

项目	农机化作业服务组织		农机户		农机维修厂及维修点		乡村农机从业人员年末数
时间	机构（个）	人数（人）	机构（个）	人数（人）	机构（个）	人数（人）	人数（人）
2012	2091	18995	1054363	1366298	10910	27740	—
2017	2285	26591	1049011	1266521	7544	20066	—
2018	2246	25744	1062618	1292090	7405	19397	1033911
2019	2242	25434	1050738	1283200	7151	18449	1036957

注：2019年起广东农村统计年鉴关于农机化服务组织及人员统计口径发生变化。

（五）创新平台、科技示范园、示范基地成效显著

广东农业科技资源优势日益加强，农业科技创新平台建设突破历史。截至2016年，广东建有事业单位性质的农林科研机构149家，拥有农业类高等院校5所，共有6个学科进入ESI（基本科学指标数据库）前1%，5个二级学科入选

国家重点学科，8个学科入选第九轮广东省攀峰重点学科。全省建成涉农国家级重点实验室1个、国家专业实验室1个、国家工程技术研究中心4个、农业部区域性重点实验室15个、科学观测站9个、农业种质资源圃22个、教育部重点实验室4个、教育部工程研究中心3个。建成省级重点实验室43个、省级企业重点实验室7个、省公共实验室8个，农业科研机构161个、农业技术推广机构4331个，省级农业科技创新联盟加盟成员单位334家。高校产学研示范基地12个，省级工程技术研究开发中心10多家。105家省级以上农业龙头企业建立了技术创新中心。建立了深圳华大基因、中国农业科学院深圳农业基因组研究所等一流的种业创新研发机构和一批国家级作物品种改良分中心。2018年启动创建广州国家现代农业产业科技创新中心，建立省级现代农业产业科技创新及转化平台127个；成立了荔枝、茶叶、丝苗米和花卉等产业联盟，创建4个国家级特色农产品优势区，全省特色作物产值占种植业产值的70%以上，渔业特色养殖占50%以上，特色种养业走在全国前列。

全省科技创新示范园、示范基地成效显著。目前，全省共建立了国家级的10个现代农业示范园区、6个农业科技园区、4个农业科技创新与集成示范基地，省级的12个农业科技园区，2个现代农业示范园区，覆盖全省粤东西北和珠三角各区域主要农业产业区。通过示范园区精密的产学研合作，园区龙头企业经常的科技下乡活动，组织大批省级农业专家到市、县、乡镇进行科普宣传和现场指导，为全省20多万户农业经营主体直接提供各类农业科技服务。到2019年11月，广东粤东西北76个县（区、市）全部实现了"五位一体"示范基地全覆盖。通过全覆盖的示范基地，省农科院、华南农业大学等科研院校的专家教授联合开展关键技术攻关，提高了广东农业科技服务水平。

（六）农技推广体系、推广网络不断完善

为解决农技推广"最后一公里"问题，按照国家以及广东省政府的工作部署，广东已形成由多个主体同时参与的多元化农技推广体系。一是农业主管部门所属的农业事业单位，如省农技推广总站、省畜牧技术推广总站、省水产养殖技术总站、省耕地肥料总站及其下属的地市县各级组织。在省、市、县、乡4级分别建立了种植业、渔业、林业、畜牧兽医、农机、综合站等各类农业科技推广机构；二是由科研教学单位，主要通过产学研项目、校企合作、院地合作（成立地方分院）、团队及个人书为农业农村提供技术服务；三是市场化服务组织，是典型的市场化营利性组织，包括农资生产公司、农资经销商、农业科技公司，等等，形成"推销+技术指导"相结合的农技推广模式；四是农业乡土人士，是由基层政府选拔的具有技术经验的农业经营主体技术员和科技示范农户。

多元化的推广体系搭建起了一张三层次的农技推广网络。第一层次是：由省内各级农业技术推广单位、各农业高等院校以及农业科研组织等单位组成的农技服务体系；第二层次是：由各地区各级政府组织协调的、由专业户、农户参加的专业合作组织和农业专业技术协会；第三层次是：由各种涉农企业等农业产业化组织、农业科技示范园区、农业科技成果示范基地开展的农业技术推广服务活动。

三层次的推广网络网罗了一支高效率、高素质的农技推广队伍。这支农技推广队伍，每年在各地区组织推广活动，示范农业新技术，发放农业科普资料60万份，培训将近40万人次的农民与农村基层技术人员。数据显示，2013年以来，广东省共有17个县（市、区）为新型职业农民培育示范县，培育了1万多名新型职业农民。据统计，目前全省共有农技推广机构2737个，农技推广人员17206人，累计遴选推广应用农业主导品种380个，先进种养技术115项。

高素质推广队伍创新了两条较完善的农技推广运行模式。第一条是：以"专家组+技术指导员+示范户+辐射带动户"为渠道，在农业经营主体中广泛推行农业新技术，并帮助示范户成为村里的种养能手和致富带头人。第二条是：以大学为依托，以"高等院校+企业+基地+合作社+科技示范户+农户"为渠道，通过专家服务、企业带动、基地展示、科技示范、科技培训和技术指导，促进农业科技推广观念更新，激发农业科技推广人员工作热情，提高农技推广工作效率。

三、广东农业科技供给问题

（一）科技创新投入不足，结构不平衡

1. 经费投入不足

研究经费是农业科技开展的基础。FAO（联合国粮食与农业组织）在其

1982年《粮食及农业状况》的报告中指出：80年代中期世界各国农业科研投资占农业总产值的比重平均值约为1%，发达国家一般为2%，北美国家高达3%。我国农业科研投资强度远低于非农业部门，是世界上农业投资比重比较低的国家。数据显示，我国农业科研投入占GDP的比重仅为0.4%左右，仅相当于世界平均水平的1/3。1998—2019年，广东农业科研和技术开发机构经费支出总额占农业GDP的比重，最高时也仅为0.77%，虽高于我国平均水平，但和世界平均水平相比，差距明显（见图3-2）。

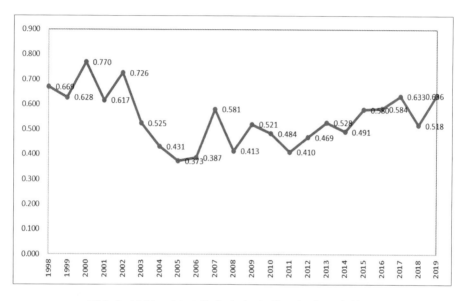

图3-2 1998—2019年广东农业科研投资强度情况

2. 投入结构不平衡

世界农业发达国家在研究、推广、生产各环节的投资比例一般在1:10:100左右，我国在后面两环节的投入远远低于发达国家，而且普遍出现三个环节相互脱节现象，直接削弱了农业科技整体的工作效率。即使是主要在研究环节的投入结构也存在以下问题。

一是广东农业科研的主体集中在政府事业科研单位，经费来源渠道单一，主要靠政府财政拨款（见图3-3），这些科研活动往往与市场需求脱节，运行机制、分配机制、激励机制也僵化落后，难以适应广东农业转型的现实需要。相比而言，企业科技创新可以更加符合市场实际需要，在管理和创新激励方面也更灵活。

二是结构上，农业科研投入经费中直接投入科研的比重太低。农业科研经费主要有事业费和科研费两大部分。现实是我国农业科研单位的事业费支出大幅度增加，而我国人均科研经费仅约 2.3 万元，远低于美国、韩国的 80 万、48 万元，广东情况也类似。政府在科技投入方面还带有急功近利的色彩，偏重于产中环节的"短、小、快"的农业应用型研究，导致农业基础性研究、公益性技术研究相对薄弱，资金支持不稳定。

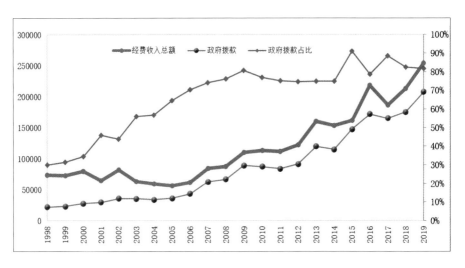

图3-3 1998—2019年广东农业科研投入情况

3. 科研机构、科研人员投入不足

1998—2019 年，广东农业科研和技术开发机构数、职工人数均出现不同程度下降，年均增长率分别为 -1.725%、-1.533%，从事科技活动人员数量几乎不变，尽管经费收入从 73633 万元增长到 253409.3 万元，不考虑物价变动的影响，年均增长 6.062%（见表 3-9）。

表3-9 2000—2019年广东农业科研和技术开发机构基本情况（单位：人，万元）

年份	机构数	职工人数	从事科技活动人员	经费收入总额	政府拨款	其他收入	经费支出总额
1998	98	6408	3763	73633	22068	29545	66567
1999	95	6000	3369	73025	23015	36607	63360
2000	94	6179	3149	80061	27640	37091	75919
2001	90	5846	3040	64647	29633	26384	60972
2002	83	5495	3058	81636	35776	29687	73726
2003	76	4745	2712	62962	35205	15459	56346
2004	75	4615	2650	59191	33606	14668	52560
2005	73	4577	2731	56023	36105	14029	52078
2006	73	4375	2779	61436	43277	13211	57773
2007	74	4679	2937	84364	62488	17201	96616
2008	72	4577	3048	87502	66707	14112	79414
2009	71	4477	3026	110253	88916	21337	101368
2010	74	4737	3040	113262	87151	26111	106554
2011	74	4680	3026	111675	83770	27905	104660
2012	71	4654	3101	122042	91091	30951	127249
2013	77	5269	3541	160079	119740	40339	151912
2014	74	4969	3438	153145	114807	38338	149259
2015	76	4983	3502	161821.6	147126	48234	184867
2016	76	4781	3611	218144	171715.8	50978	204384
2017	76	4760	3651	186499.3	164986.1	60318	228659
2018	73	4289	3432	212921.7	175375	31201.5	198783.3
2019	68	4633	3955	253409.3	207241	43923.4	276617.8
年均增长率	-1.725%	-1.533%	0.237%	6.062%	11.255%	1.906%	7.018%

注：1. 关于政府拨款，由于2014年前后的统计口径不一致，2015—2019年政府拨款用科技活动收入替代。

2. 1997年之前广东农村统计年鉴中关于"农业科研和技术推广活动基本情况"统计口径不一致，所以没有列示。

2012—2019年广东省农村专业技术协会由1676个下降到799个，专业协会会员人数由126029人下降至71875人，农村科普示范基地690个下降为554个。科普示范街道（乡镇）由204个下降至145个。科普示范社区从740个增加到1341个，增长35.54%。科普示范（户）20727个减少到821个（见表3-10）。

表3-10 广东省农村科普活动开展情况（单位：个）

年度	农村专业技术协会个数	专业协会会员数（人）	农村科普示范基地	科普示范街道（乡镇）	科普示范社区	科普示范（户）
2012	1676	126029	690	204	740	20727
2013	1374	118460	742	223	992	21034
2014	1390	122865	800	221	1130	21273
2015	1,359	128,443	837	220	1,265	21,565
2016	1364	134654	1066	224	1362	21429
2017	1010	109356	641	181	1003	3573
2018	963	108492	644	184	1449	3398
2019	799	71875	554	145	1341	821

（二）资源配置不合理，运行效率低下

农业科技活动所需要的主要条件是科技资源，包括科学研究和技术创新的所有生产要素。从社会再生产的角度看，农业科技资源不仅包括投入到科学研究和技术创新过程中的财力、人力、物力和知识信息等资源，还包括科学研究和科技成果。但总体上看，广东农业科技资源配置不合理，运行效率低下，导致农业科技的贡献率、转化率低于发达国家。主要表现在：

一是各农业相关部门、学科领域和产业间科技资源配置不合理。主要表现科技资源偏重于种植业、生物技术方面的研究，忽视农业工程技术、信息技术和环境生物技术等领域的研究；科技资源偏重于应用研究，忽视长期性的基础研究和公益性研究；高水平科研人才主要集聚在重点高校和国家级科研院所，而多数与地方联系最紧密的地方农科所则严重缺乏。

二是各生产环节科技资源配置不合理。据调查，近年来，广东农业科技资源尽管有向农产品采后处理、精深加工及质量安全检测与监控等产后增值环节转移的趋势，但目前仍主要集中在农业产中的育种环节上，产中的病虫害防治、机械设备，产后的处理与加工等环节所占比重仍很小。

三是各区域间农业科技资源配置不合理。在广东科技资源配置方式上，行政手段依然占据重要地位。同一地区间由于经济、环境和文化等差异，将导致科研力量和技术推广人才的数量与质量存在严重不平衡。

（三）创新意识不强、创新能力偏低

适应现代农业发展的需要，现代农业要求农业技术创新要向产前、产中及产后的各个生产环节、食品质量与安全、生物质能源开发、生态环境保护等多个方面拓展。适应这一要求，农业技术创新应由原先实现单一的增产、增收，向利用最少的投入与最低的消耗，获得最大的经济效益和社会效益方向转变。有关部门对农业科技人才队伍（尤其是领军人才和优秀创新团队）的建设重要性和认知不足，人才计划投入不足。加之，有些方面的研究起步较晚，科技创新供需脱节，技术创新的方向和重点不明确、不突出，难以适应现代农业发展需要，还远不能发挥科技对现代农业的支撑和引领作用。

一是创新意识不强。由于技术创新投入多、回报慢、风险大，容易产生"搭便车"现象，而广东涉农企业经济实力较弱，难以支撑吸收高素质科研人才和开展相关技术创新研究的费用，加之，企业普遍存在着"科研由政府出资，由院所开展"的惯性思维，导致了广东涉农企业普遍缺乏自主创新意识，不愿意投入人、财、物开展技术创新活动。

二是创新能力偏低。在技术创新模式上，广东大部分农业科学研究始终停留在"跟踪式""模仿式"和"转化式"三种模式，结果是：长期以来，我国农业科学研究的共性问题，如重大原始性创新成果和产业发展关键技术成果供给匮乏。

（四）创新成果转化和关键技术推广不畅

虽然广东农业技术推广体系建设取得了一定的成效，但与广东现代农业发展以及广东改革与建设总体目标的要求还有一定距离。据统计，全国参与农技推广人员占农业经营主体总数的 0.053% 左右，与发达国家相差很大。推广度仅约 25%，推广经费不足农业总产值的 0.2%，而发达国家已接近 1.0%。农技推广领域推广人员和推广经费匮乏，推广力度不够，导致成果转化和关键技术推广不畅。

第一，推广体制不顺。现行广东农业科技推广体制以政府驱动为主，其特

点是农业科技成果由农业科研部门研制，由农业主管行政部门推广，通过政府行政指令，强制性地组织农业基层单位实施。这种政府驱动模式下的推广模式，已严重制约着广东农业科技成果的转化效率，影响广东农业科学技术创新体系的建立和现代农业的发展。

第二，推广机构基础条件薄弱。随着广东现代农业的发展和基层农业技术推广体系改革的推进，基层农技推广体系基础设施简陋、推广手段相对落后，必要的办公设备缺乏等不适应现代农业发展的问题显现出来，影响了服务功能的发挥。据初步统计，广东基层农业推广站缺少相关仪器设备的达40%。受经费制约，各推广中心（站）设备配置陈旧，硬件设施差，推广渠道狭窄，推广手段单一，推广群体单一化。不少地区推广农技的主要渠道依然是报纸、杂志、黑板报、开办学习班等狭窄的、传播时间滞后的旧渠道，准确、即时又方便的网络推广渠道利用仍然不充分。推广手段仍以"示范基地＋农户"为主，忽视科技人员和公司、企业、社会经济组织等因子的作用，"公司＋农户""科技人员＋农户""科技人员＋公司＋农户"等模式仍较少。

第三，推广机构人员素质不高。农业技术推广人员是农业技术推广的关键因素。但目前，广东农业技术推广人员少，且综合素质低。与发达国家的农业技术推广人员与农业人口的1∶100的比值还有很大差距。而且，在东西两翼和粤北山区的乡镇农业技术推广机构，普遍还存在技术人员老龄化、技术技能不能满足当地农业发展需要的问题。数据表明，农业技术人员以50岁以上为主，中青年偏少。此外，农业技术和推广人员教育培训还需加强。统计显示，农技人员3年内参加过培训的人数不足50%，即平均每年只有不到16%的农技人员才有培训机会。大多数农业技术和推广人员参加的技能培训时间为1个星期左右，每年低于5%的农技人员接受3个月以上的培训。

（五）科研和应用相脱节，创新适用性不强

广东农业科研与生产应用长期存在"两张皮"现象，农业经营主体和企业不健全的信息反馈机制和供需对接机制使得技术创新供需双方相对独立和分离，主要表现出重科研、轻应用，创新成果实用性和适用性不强。一方面，技术需求方事前没有经过认真思考提出了自己的需求，另一方面，技术供给方为了追求自己的社会荣誉与经济利益，会有意避开那些急需创新和改进，但耗时

耗力、风险较大的自主创新项目，选择容易出成果的项目（例如发文章），这直接导致创新成果严重偏离生产实际的需要，农业主导产业必须的重大疫病防控、优质品种、养殖栽培技术集成模式缺乏突破性创新性科研成果。据统计，我国每年全国农业科研成果的转化率仅为40%—50%，且真正受经营主体欢迎和利用的科技成果大约仅为10%。

四、本章结论

本章运用历年来广东农业发展、农业科技方面的统计数据，对广东农业发展基本特征进行归纳，对广东农业科技取得的成效、存在问题即制度原因进行总结及分析。

1. 广东农业可持续发展出现以下问题：粮食供给缺口较大，优质农产品短缺；农业发展方式粗放，农业科技贡献率低，农业生产效率不高；农业经营主体出现多元化现象，但新农主体数量不多，整体实力不强。

2. 广东农业科技取得初步成效，表现在：农业科技贡献率不断提高，科技成效显著；农业科技投入力度加大，产出速度增长较快；创新团队、创新人才引进力度较大，培养制度强化；农业技术装备应用广泛，劳动生产率提高；创新平台、科技示范园、示范基地成效显著；农技推广体系、推广网络不断完善等。

3. 广东农业科技供给问题表现在科技创新经费投入不足，投入结构不平衡，科研机构和科研人员投入不足；资源配置不合理，运行效率低下；创新意识不强，创新能力偏低；创新成果转化和关键技术推广不畅；科研和应用相脱节，创新适用性不强等。

第四章 广东农业科技供给效率评价及影响因素分析

农业技术对农业生产及发展起着十分关键的作用。要将先进的农业科技成果应用到实际的农业生产经营活动中去，首先，必须保证农业技术供给的数量和质量满足农业生产经营的需要，其次，必须保证从农业技术供给方到技术需求方的技术传播途径有效，即搭建农业技术从供给端到需求端的有效扩散渠道。这二者相互依存，高度配合。前者，作为我国农业技术的生产供给系统，如科研单位、农业院校等，研发多少数量的农业新技术，快慢程度如何，依赖于与该项技术密切相关的政策投入强度以及社会服务体系的完善。后者，作为我国农业技术需求方，多数是从农业技术传播渠道获得农业技术，在农业技术供给数量和质量一定情况下，技术传播的绩效与渠道资源多寡、国家传播政策和技术扩散系统有着密切的关系。

关于农业技术效率方面的研究，大致可以归为两派，一派是从农业技术供给方角度进行研究。有学者提出在农业技术研究和农业技术推广服务方面，国家和科研机构等应大力加强各个部门之间的合作与交流，通过非营利服务把农业服务技术向市场转移（克洛茨－英格拉姆 Klotz-Ingram，1999）。有学者系统分析了农业技术产出单位（例如科研机构等）的质量和数量的关键影响因素，比如，我国学者毛世平、杨艳丽、林青宁（2019）从国家宏观政策导向角度，在对改革开放以来（1978—2015 年）国家层面出台的农业科技创新政策进行分类和量化的基础上，实证分析了农业科技政策对我国农业科研机构科技创新产出的影响效果。研究发现，从政策效果上看，农业科技创新政策强度显著提高了农业科研机构的技术性收入和专利申请量，科技成果转化目标力度与人才激励措施力度显著提高了农业科研机构的技术性收入和专利申请量。

一派是从农业技术需求方 —— 农业经营主体的角度进行研究。指出即使农业技术供给数量和质量、农业技术传播渠道（即农业技术推广体系）完善，但现实中，当前在我国不少农村地方，农业新科技成果的普及仍遇到较大困难，农业经营主体仍有可能不接受并使用。普遍原因如下：一是青壮年集体外出务工，农村只剩下老年人和小孩，人口年龄结构、知识结构严重不合理影响新技术接受程度；二是当前我国施行的家庭承包经营的局限性，一家一户小规模的生产经营，导致单个家庭难以承受农业科技成果的推广费用，农业技术供给和需求出现部分失衡状态（吴千署，2018）。在以上研究基础上，学者们指出，随着农业技术推广难度逐渐增加，农业技术服务要求个人专业素质越来越高，要实现农业技术供给和需求均衡，农业技术社会化服务的关键是人力资源和教育发展（库茨 Coutts，1994）。

此外，学者们还将农业技术服务从高到低归纳为四个层次，其中，最低层次是农业技术转移到农业经营主体，并进一步指出要提高技术服务组织的能力，应对各层次技术服务组织建立评价体系，以提高技术服务效率。要解决最低层次的问题，即解决农业技术从供给到需求"最后一公里"问题，W S Yu 等（2017）指出需要依靠农业科技信息服务、USB 盘"zixuntong"，集成电话咨询、互动视频、短信咨询、QQ 群、在线客户服务等五大咨询渠道。

本部分首先采用定量分析方法，对广东农业技术效率进行评价，其次从宏观层面，对影响广东农业技术效率的因素进行分析。

一、文献综述

（一）技术效率评价方法

技术效率为既定投入下产出可增加的能力，或在既定产出下投入可减少的能力。反映某个生产决策单元在投入因素不变的情况下，实际产出与最大产出的距离。对于技术效率的研究，始于科普曼斯（Koopmans）（1951）、德布勒（Debreu）（1951）、谢泼德（Shephard）（1953）。Koopmans 将技术效率定义为"一个可行的投入产出向量称为是技术有效的，如果在不减少其他产出（或增加其他投入）的情况下，技术上不可能增加任何产出（会减少任何投入）"。技术有效的所有投入产出向量的集合构成生产前沿面。Koopmans 的技术效率认为技术有效的生产单位一定在生产可能集的边界上，但是，生产可能集边界上的点不一定是技术有效的。因为单个生产单位有可能处在规模报酬递减或者递增阶段，因此，单个生产单位的无效率除了自身的投入产出的无效率之外，还有可能是由于自身的规模因素引起的无效率。Debreu、Shephard 给出了描述多投入 —— 多产出生产技术效率的模型化方法，即用距离函数测量生产单位与生产前沿面的距离，沿着产出增大方向（Debreu 产出有效）或投入减少方向（Shephard 投入有效）。

对于技术效率的测量方法，法雷尔（Farrell）（1957）脱离了平均生产函数而将技术进步的概念与边界生产函数联系起来，给出了第一个方便的技术效率测量方法，体现了最优与非最优的对比，达到最佳生产状态的经济主体的生产行为点分布在边界上，而其他只能分布在生产函数内部，这种方法较之索洛的方法更加贴近现实，也开创了技术效率分析的新框架，但也存在诸多不足。之后，技术效率的分析又取得了新进展，即采用包括确定性参数边界生产函数与确定性统计边界生产函数的确定性边界函数的分析方法，认为生产行为偏离生产边界的唯一原因是技术效率损失。但确定性边界生产函数只是回答了效率能不能得到提高，却没有回答资源使用效率通过什么样的途径以及怎样提高的问题（毛世平，1998）。之后，艾格纳（Aigner）和楚（Chu）（1968）、福森德（Forsund）和詹森（Jansen）（1977）、福森德（Forsund）和哈尔马森（Hjalmarsson）（1979）通过构造的前沿面为参数进行了修正，但该方法不能处理多输出的生产过程。

在技术效率应用研究中，有着里程碑式意义的是美国安格（D. J. Ainger）和比利时米尤森（W. Meeusen）等人在 1977 年分别提出的随机边界生产函数及后来估计方法的发展，他们的最大贡献在于将索洛的新古典生产函数和确定边界生产函数结合起来，认为技术进步是随机因素与技术效率损失综合作用结果。这一方法起初用于估计截面数据，后来扩展到 Panel 数据，若加入时间趋势变量，就可考察生产边界的变化。巴特思（Battese）和科利（Coelli）（1995）在其论文中，用 $TE=E(Y*|V,X)E(Y*|V=0,X)$ 对这种估计方法进行了介绍。式中：TE 代表技术效率，E 表示数学期望。利用 $TE=\alpha+\Sigma\beta W+e$ 就可分析影响技术效率的因素，式中，α 和 β 是待估计参数，e 为随机扰动项，W 为各种可能影响技术效率的社会经济因素和生产技术因素。Battese 和 Coelli 的论文作为技术效率研究的重要进展，其最大贡献在于提出技术效率本身由他因素系统决定的假设，并对同时估计边界生产函数本身和技术效率的决定因素时的统计性质做了论证。

在经济学中，对于边界生产函数的估计，除了上述提及的参数方法（包括计量经济学方法与随机边界法）之外，另一种就是非参数方法。目前，在经济学中，生产前沿分析方法是常用度量技术效率的方法。生产前沿方法既包括上述提及的参数分析方法（包括计量经济学方法与随机边界法）和非参数分析方法，包括 Malmquist 生产率指数法和数据包络分析法（Data Envelopment Analysis，简称 DEA），该方法得到的 DEA 有效为真正的技术有效（科普曼斯 Koopmans），是一种测算具有相同类型投入和产出的若干部门相对效率的有效方法。前者以随机前沿分析（SFA）为代表，后者以数据包络分析（DEA）为代表。两种方法各有优缺点，前者通过具体生产函数来度量技术效率，考虑随机因素对误差的影响，并能对相关假设进行统计性检验，缺点是在假定前沿面之前就确定了具体的函数形式，且受生产函数因变量局限，产出衡量指标单一。后者通过线性规划方法来度量技术效率，不需要事先已知生产函数的具体形式，能较好地处理多投入多产出问题，能克服前者的缺点。为弥补上述二类技术效率分析方法的缺点，正确评价和衡量广东农业技术效率，本部分分别采用以上两种方法，对广东不同区域不同地市农业科技效率进行评价和比较，并对技术效率的主要影响因素进行分析，这对广东农业部门出台或改进农业科技供给政策，提高农业技术效率有较强现实指导意义。

（二）农业技术效率文献综述

运用参数方法（以超越对数生产函数为主）对我国农业技术效率进行研究的典型文献可以归纳为以下两个视角。一是从微观视角，以粮食生产为例，直接考察粮食生产过程中的农业技术效率及技术损失的影响因素。典型研究成果有：张海鑫、杨刚桥（2012）通过对安徽丘陵地区粮食作物种植农户的问卷调查，运用超越对数随机前沿函数，重点分析了耕地细碎化对安徽丘陵地区粮食生产技术效率损失的影响，指出土地质量影响农业产出，耕地细碎化不利于技术效率的提高。曾雅婷、李宾、吕亚荣（2018）基于省级面板数据，采用超越对数随机前沿函数，测度了我国粮食生产效率及主要影响因素，结果表明人均地区生产总值、第一产业增加值占比、粮食生产机械化率、户均农地规模、平原面积占比等因素均对我国粮食生产技术效率有显著正向影响。屈小博（2019）运用超越对数随机前沿生产函数，以陕西果农为例，分析不同经营规模果农的生产技术效率及影响因素，结果表明教育和技术培训等人力资本投资、科技信息对果农的生产技术效率有显著的正效应，非农经营、转包耕地和信用可得性等因素有显著负效应。

二是从宏观视角，研究我国农业技术效率及影响因素，典型研究成果有：刘佳、余国新（2014）运用我国 31 省市的 2000—2011 年的面板数据，采用对数型柯布－道格拉斯生产函数的随机前沿分析（SFA）模型，实证分析了地方财政支农支出和地区差异对我国农业技术效率的影响程度、我国农业技术效率的变化以及东、中、西部地区的农业技术效率的差异。

运用非参数方法（以 DEA 为主）对我国农业技术效率进行研究，典型文献有：高鸣、宋洪远（2014）依据 1978—2012 年我国 32 个省级面板数据，运用 DEA-Moran's I-Theil Index 模型，测算了我国各省区的粮食生产技术效率，指出农业科技贡献率的提升提高了我国粮食生产技术效率，不仅各省区粮食生产技术效率存在空间自相关关系，而且粮食生产功能区的粮食生产技术效率也存在较大差异。吴方卫等（2000）利用基于 DEA 的 Malmquist 全要素生产率指数法进行生产率分析，结果发现：在中国，农业技术效率总体上呈现出下降的趋势，技术效率从 1980 年的 0.909 下降到 1995 年的 0.868，下降了 4% 以上。此外，技术效率也呈现出东中西部的梯级差异，1980—1995 年，东中西部的平均技术效率分别为 0.99、0.84 和 0.71。陈卫平（2006）利用 Malmquist 指数法，分析了中国农业生产率增长，技术进步与效率变化。周端明（2009）运用 Malmquist 指数，测算了 1978—2005 年中国农业全要素生产率及差异性。方福前、张艳丽（2010）基于 1991—2008 年 Malmquist 指数方法，探讨了中国农业全要素生产率增长差异的原因。韩晓燕、翟印礼（2009）基于 DEA 的 Malmquist 生产率指数法，评价了 1981—2005 年间全国和各省农业生产率对农业增长的贡献，研究结果表明，我国农业生产率在总体上升的趋势中表现出阶段性特征，进一步上升面临着一定的困难。一个重要的障碍就是除 1992—1996 年这一时期外，农业技术效率基本表现为下降的趋势。研究的另一个重要发现就是我国农业技术进步和生产效率存在明显的地区差异，尤其是区域差异，出现了以北京、上海为代表的发达城市农业和东、中、西部四个典型地区，而且其差异具有不断扩大的特征。张海波、刘颖（2011）使用 Malmquist 指数，对我国粮食主产省的全要素生产率进行测算，将全要素生产率进一步分解为规模效率、纯技术效率和技术进步。金怀玉、管利荣（2013）采用非参数的 DEA—Malmquist 指数，对中国农业全要素生产率的变动情况及影响因素进行了分析。高帆（2015）利用 DEA—Malmquist 指数，分析了 1992—2012 年我国 31 个省份农业全要素生产率的演变趋势及影响因素。尹朝静等（2016）采用 DEA—Malmquist 生产率指数，测算了 1998—2011 年中国 30 个省份农业全要素生产率，并系统考察了中国农业全要素生产率的地区差距及增长分布的动态演进。

关于农业技术效率影响因素的研究，学者们从不同角度展开实证分析。例如，五特斯（Wouterse）（2010）、汪小勤和姜涛（2009）、李成友等（2014）、王琛等（2015）分别考察了农村信贷支持、政府公共投入、农业资本投资等经济因素对农业技术效率产生的作用。克拉萨查特（Krasachat）（2008）、谭等（Tan et al.）（2010）、李宗璋和李定安（2012）、黄祖辉等（2014）等则分析了自然条件、土地规模、交通基础设施、土地细碎化程度等因素对农业技术效率的影响。张宁和陆文聪（2006）运用随机前沿技术分析我国劳动力素质对农业技术效率的影响，结果证实了提高劳动力智力素质确能促进农业技术效率的提升。

农业技术推广是农业技术传递到农业经营主体的桥梁，能快速将农业科技成果转化现实生产力，提高农业生产效率。美国是最早进行农业科技推广的国家。萨利（Sally）等（2004）通过实地调查研究，发现农业科技推广活动有利于加速农业科技成果的转化，有利于提高农业生产效率，帮助农业经营主体获取更多的经济效益。李等（Lee L.F）（2010）运用计量经济学研究了农业科技的推广传播问题，认为决定农业改革发展水平和推广实效高低的重点和关键因素是农业科技的应用程度。因此，学者们还开展了和农业技术效率几乎可以画等号的研究（二者关系见图 4-1），即对农技推广（或服务）效率的有关研究，通过研究农技推广效率来间接考察我国农业技术效率。文献普遍认为，农技推广服务效率是指农技推广政策实施过程中，农业生产单位运用现有农业技术推广平台或渠道所能达到的最大产出能力，能综合反映现有农业技术的普及和应用程度。定性研究方法的典型代表，如邵法焕（2005）指出农技推广绩效应根据不同的推广体制及评价对象，从推广能力、推广水平、推广效率、推广效果、推广的可持续性等方面，采用定性和定量分析方法进行评价。王永强、朱玉春

（2009）在前人研究基础上，考虑了影响农业技术扩散源和技术采用者之间关系的因素，系统全面地分析了影响农业技术扩散的障碍因素。定量研究的典型代表，宏观层面有：王甲云（2013）从技术效率角度，采用数据包络方法（DEA）测算得出我国农技推广效率稳步提升的结论，并采用结构方程模型分析了影响我国农技推广服务效率的因素。微观层面有：罗伟华（2012）用数据包络方法（DEA 模型），对四川省德阳市的微观调查数据进行实证研究，指出四川省乡镇农技推广机构资源配置效率总体不高，并用 Tobit 模型从推广人员、农户、经费三方面分析了影响因素。

学者们还对我国农业技术推广效率影响因素进行了研究，从农技推广人员角度进行间接研究，李冬梅（2009）、赵肖柯（2012）、郑红维（2011）等从农技需求方——农户角度，通过调查研究，认为农技推广的经费保障制度、人员管理制度、工作设计制度、农技需求者自身素质、经营规模等，通过直接影响农技推广人员的推广效率进而影响农技推广的效率。王建明（2011）、李忠云（2011）、廖西元（2012）专门对农业技术推广人员进行了调查研究，发现现行农业技术推广管理体制、运行机制影响农技员的工作积极性及胜任能力，进而影响农技推广绩效。从农业经营主体角度进行间接分析，柳（Liu）（2013）；布兰德福德等（Brandford et al）（2015）认为农户风险厌恶偏好对农户技术采纳率行为有抑制作用，最终导致农业技术扩散缓慢。

关于广东农业技术效率或技术推广效率等方面的研究。郑品、温思美等（2008）则利用改进的农业经济增长 DEA 分解核算框架，对 1993—2004 年东各地农业增长及效率进行分解测算，得出广东农业 GDP 增长主要源于要素投入的产出效应，全省农业全要素增长率累积增长 54.7%，珠三角地区为 105.28%，粤东地区为 20.85%，粤西地区为 66.35%，粤北地区为 8.35%，全省及各地区农业全要素增长总体上主要依靠技术进步。齐力、邓保国（2011）结合现实情况，分析了广东农户对农业信息化服务的各种诉求和期望，指出粤北及东西两翼的农户经营规模小，文化水平低，再加上农业技术服务模式问题，造成了农业技术传递效率不高的现状。何新安、熊启泉（2009）基于 1992—2005 年有关数据，得出以下结论：从总体上看，广东农业生产纯技术效率和规模效率不断下降，特别是东西两翼和山区尤为明显。从地区差异上看，珠三角地区、东西两翼和山区的纯技术效率梯级差异显著，并随时间的推移而悬殊。在规模效率方面，珠三角与东西两翼、山区间差异明显，东西两翼和山区水平相差不大。从差异一致性来看，珠三角和山区各市间的技术效率变动差异在其所在地区中大部分较为一致，东西两翼地区各市间的差异分化比较严重，呈现出介于发达与落后地区之间的特征差异。而各地区内规模效率的差异则表现出无明显的一致性，在各地区内的地市中均存在不同程度的差异分化。余建斌、董运来（2010）采用随机前沿方法（SFA），测算了广东农业企业的技术效率，分析了企业之间技术效率的差异。研究结果显示：农业企业的技术效率总体水平较低，平均技术效率仅为 0.65，企业之间技术效率的差异明显。企业的规模和地理位置是造成农业企业技术效率差异的主要原因，因为企业的创新资源配置不当，增加创新投入、改善人力资本结构没有促进农业企业技术效率显著提高。

上述研究为本部分提供了很好的分析框架，本部分也主要采用 Malmquist 生产率指数的 DEA 分析方法、随机前沿分析（SFA）分析方法对广东全省以及各区域 2005—2018 年的农业技术效率进行分析并对现有文献进行扩展。与前述学者不同的是，除了将时间拓展到 2018 年以关注农业技术效率的最新情况外，本部分着重研究了不同时期广东省不同区域（珠三角、粤东、粤西与粤北）的农业技术效率水平及其变化趋势，并就广东农业技术效率水平差异的决定因素进行计量分析，同时，借助随机前沿分析模型这个纽带，求得广东及各区域农业要素的贡献率，将农业要素投入贡献率与农业科技进步贡献率进行对比，找出当前与今后广东农业经济增长的新增长点，这样的分析结果对广东省乃至中国政府制定有效的农业科技政策有着重要的借鉴意义。

二、农业技术效率与农业技术推广服务效率关系

文献中，关于农业技术效率及农业技术推广效率的测量，关键问题是需要界定农业技术或农业技术推广的投入和产出各要素。农业科技投入是"指一个国家或地区一定时期内每年用于农业科学研究和技术推广的总支出"。这里界定的农业是包含农、林、牧、渔的大农业概念。从目前的我国农业投入状况来看，纵向上有中央财政投入、各级地方财政投入；横向上则有银行贷款、企业和个人投入及各个科研院所和科技推广、普及以及单位的创收收入等多种途径。

经过调查发现，当一笔资金投入到农业时，在很多时候很难界定是用于农业科研，还是用于农业科技推广、普及或者用于与科技密切相关的基础设施建设。从投入产出角度，在其他投入要素一定情况下，农业技术推广程度越广，农业产出能力越强。即农业技术效率也可以用来测算和间接评价农业技术推广服务的效率（见图4-1）。因此，在本部分的以下分析中，农业技术效率等同于农业技术推广效率，并没有将二者严格加以区分。

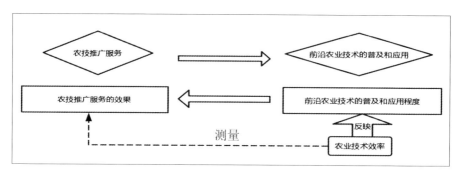

图4-1 技术效率角度的农业技术推广效率测量

三、变量选择及描述性分析

一般来说，由于农业经营过程的影响因素复杂，农业生产能力难以通过准确的农业生产函数来表达。借鉴文献研究成果，本书围绕农业生产过程中可数量化、可货币化的投入要素、产出要素（见表4-1），去测算广东农业技术效率。

表4-1 广东农业技术效率评价指标体系

一级指标	二级指标	可观测的量化指标
产出要素指标	农业总产值	农林牧渔总产值（亿元）
	农业增加值	第一产业增加值（亿元）
投入要素指标	人力投入	第一产业从业人数（万人）
	土地投入	农作物（包括粮食作物、经济作物、其他作物）播种面积（公顷）
	财力投入	农林水财政预算支出（亿元）
	技术投入	农林牧渔业物质消耗，包括化肥折纯量（吨）、农药施用量（吨）、农业机械总动力（千瓦时）三项

以上观察变量数据分别来自历年《广东统计年鉴（2006—2019)》《广东农村统计年鉴（2006—2019)》《广东农业普查资料（最新版)》《广东科技统计年鉴（2006—2019)》《广东各地市统计年鉴（2006—2019)》《2015年全国农业系统国有单位人事劳动统计资料汇编》等。选取时间跨度为2005—2018年，对于个别年份由于缺乏统计，本部分采取灰色预算的方法进行预测估计。为剔除通货膨胀对选取的有关指标影响，本部分以2005年为基期，对农林牧渔总产值指标和农林水财政预算支出指标进行了折算。该部分所需具体统计数据见附录一。

用Stata15.0对以上变量进行描述性统计分析，情况如表4-2所示。

表4-2 变量的描述性统计分析情况

变量	观测值	均值	标准差	最小值	最大值
农林牧渔总产值	294	212.6613	157.3482	12.91563	844.7243
第一产业增加值	294	124.2247	97.26184	5.7579	533.61
第一产业从业人数	294	69.70497	49.00653	.1125	210.8603
农作物总播种面积	294	3299684	2285371	72358	1.01e+07
农林水财政预算支出	294	20.30636	16.6666	2.0777	85.6899
化肥施用量	294	112405.5	103515.3	3449	507661
农药施用量	294	4951.269	3797.145	88	18226
农业机械总动力	294	106.8652	84.75128	1.6786	479.2941

四、基于 DEA 模型的广东农业技术效率评价

（一）广东 21 地市农业技术效率的静态分析

利用Stata15.0统计软件，采用基于投入导向进行分析，静态分析2010年、2018年广东各市农业综合技术效率、纯技术效率、规模效率情况，见表4-3。

表4-3 2010年、2018年广东21地市农业技术效率

区域	综合效率		纯技术效率		规模效率		规模报酬	
年份	2010	2018	2010	2018	2010	2018	2010	2018
广州	0.795	0.814	1.000	1.000	0.795	0.814	递增	递减
深圳	1.000	1.000	1.000	1.000	1.000	1.000	不变	不变
珠海	1.000	1.000	1.000	1.000	1.000	1.000	不变	不变
汕头	1.000	1.000	1.000	1.000	1.000	1.000	不变	不变
佛山	1.000	1.000	1.000	1.000	1.000	1.000	不变	不变
韶关	0.645	0.441	0.715	0.444	0.902	0.993	递增	递增
河源	0.672	0.539	0.684	0.631	0.984	0.854	递增	递增
梅州	0.623	0.597	0.653	0.640	0.953	0.934	递增	递减
惠州	0.668	0.689	0.703	0.703	0.949	0.979	递增	递减
汕尾	0.734	0.557	0.911	0.595	0.805	0.936	递增	递增
东莞	0.657	0.673	1.000	1.000	0.657	0.673	递增	递增
中山	0.769	0.808	0.879	1.000	0.874	0.808	递增	递增
江门	0.763	0.728	0.771	0.756	0.990	0.962	递增	递增
阳江	1.000	0.920	1.000	0.952	1.000	0.967	不变	递减
湛江	0.784	0.693	1.000	1.000	0.784	0.693	递减	递减
茂名	1.000	1.000	1.000	1.000	1.000	1.000	不变	不变
肇庆	0.844	0.862	0.884	1.000	0.955	0.862	递减	递减
清远	0.633	0.741	0.633	0.794	1.000	0.933	递减	递减
潮州	0.895	0.746	1.000	1.000	0.895	0.746	递增	递增
揭阳	0.979	0.812	0.989	0.860	0.990	0.944	递增	递减
云浮	0.928	0.674	1.000	0.731	0.928	0.922	递增	递增
平均值	0.828	0.776	0.896	0.862	0.927	0.906	—	—

从表4-3可知，经过对2018年广东农业科技投入与产出的软件测算，广东农业科技投入的平均综合效率、平均纯技术效率和平均规模效率均小于1，分别为0.776、0.862和0.906，均小于2010年的相对应的值，分别下降4.2%、3.4%和2.1%。将综合效率分解为纯技术效率与规模效率，纯技术效率下降的幅度大于规模效率提升的幅度。

数据包络分析方法所测算出来的是相对效率，即运用内部的标杆所衡量出来的效率，从技术层面上分析，导致广东21市技术效率整体平均值非效率的

原因，可从以下两方面来分析：一是，在2018年度，广东21市中除深圳、珠海、汕头、佛山和茂名5个地市农业科技投入运行处于有效率状态外，其余16地市均处于DEA非效率状态，即综合效率值小于1，这是直接导致广东全省农业科技投入运行平均效率不高（0.776）的主要原因；二是，尽管广东整体经济运行状态处于全国领先水平，但省内不同地市间的农业科技资源分布差异较大，各市之间农业科技实力的不平衡程度差距较大，这个差距会在数据包络分析中表现出来，那些在前沿面上的地市科技投入的运行效率较高，而处于前沿面下的农业科技投入的运行效率就会很低，导致全省农业科技投入的整体相对效率均值只有0.776。当然，导致广东21市农业科技运行效率高低的具体原因，还需要从其他角度进行分析才能得出更加科学的结论。

从2018年广东21个地市的综合效率值来看，综合效率有效的有：深圳、珠海、汕头、佛山和茂名5个，仅占所有21地市的23.81%，即只有以上5个地市的农业科技资源的投入产出规模为广东所有地市中相对最优的"生产前沿面"上，其余16地市相对处于无效率状态。且与2010年相比，有效地市个数并没有增加，而无效地市的综合效率值反而下降了。

从2018年综合效率分解的结果来看，纯技术有效与规模有效的分别为11个、5个，分别占全省地市数量的52.38%、23.81%。纯技术有效率但由于规模非效率导致综合技术非效率的地区有广州、东莞、中山、湛江、肇庆、潮州，如表4-4。

表4-4 2018年广东21地市农业技术纯技术有效而规模非有效地区

区域	综合效率	纯技术效率	规模效率	规模报酬
广州	0.814	1.000	0.814	递减
东莞	0.673	1.000	0.673	递增
中山	0.808	1.000	0.808	递增
湛江	0.693	1.000	0.693	递减
肇庆	0.862	1.000	0.862	递减
潮州	0.746	1.000	0.746	递增

表4-4表明，6个地市的纯技术有效但规模非有效而导致综合技术非有效的启示是，提高他们的农业科技资源的投入效率，需重视科技资源投入的规模

与布局，而不应该过多关注投入的技术性利用效率方面。农业科技资源所处的规模报酬阶段，决定了该地市是扩大规模还是缩减规模来提高农业科技资源的投入效率。广州、湛江、肇庆处于规模报酬递减阶段，因此要提高该3个区域的规模效率就应该减少农业科技的投入规模，与此相反，东莞、中山、潮州处于规模报酬递增阶段，则可以通过增加投入规模来实现规模经济。但规模经济是一个动态过程，随着投入的变动而发生相应变化，应注意适时调整。

韶关、河源、梅州、惠州、汕尾、江门、阳江、清远、揭阳、云浮11个区域的农业科技投入综合效率非有效都是由于纯技术效率和规模效率都小于1所致，因此，要提高他们的综合效率就需要从投入的农林水财政支出、从业人员数量、农业投入物化资源（例如机械总动力、农药、化肥等）的投入方面调整冗余，同时从改革管理体制方面着手，同时根据所处的规模阶段进行规模大小的调节。

从2018年广东21地市农业科技投入运行的规模阶段来看（见表4-5），处于规模报酬递增阶段的有东莞、中山、潮州、韶关、河源、汕尾、江门、云浮8市，占比为38.1%，表明这8个地市可通过加大农业科技资源投入来提高规模效率。和2010年的13个处于规模报酬递增阶段的地区而言有所下降，反映经过8年的发展，广东不同地区农业科技资源投入运行规模越来越接近比较适度的状态。处于规模报酬递减阶段的也有8个，分别是广州、湛江、肇庆、梅州、惠州、阳江、清远、揭阳，表明要提高这8个地市的综合效率，应适当减少农业科技资源的投入规模。处于规模报酬不变的有5个地市，分别是深圳、珠海、汕头、佛山、茂名。

表4-5 2018年广东21地市农业技术投入运行效率规模阶段

规模阶段	地区	比重
递增	东莞、中山、潮州、韶关、河源、汕尾、江门、云浮	38.1%
递减	广州、湛江、肇庆、梅州、惠州、阳江、清远、揭阳	38.1%
不变	深圳、珠海、汕头、佛山、茂名	23.81%

（二）广东农业技术效率的动态分析

全要素生产率是科学技术进步和配置效率提高的综合体现。农业科技资源投入的全要素生产率是指在不同的时期，农业科技投入资源的运行效率由于科技政策变化、科技体制改革等外部因素和农业科技机构自身的综合影响扩大提高的综合效率。前者称为技术进步变动率，具体是指由于科技体制改革等外部因素的变动所引起全部农业科技资源从第 t 期到 t+1 期的整体效率的提高程度。后者称为技术效率变动率，反映的是在规模报酬不变且要素自由处置的条件下的相对效率变化情况，测度的是一个地区农业科技资源投入偏离生产前沿（在一定投入的情况下获得最大科研产出的能力）的距离，是实际观测到的产出与最大产出之间的比值，大多数情况下是小于 1。技术效率变动率又可进一步分解为纯技术效率变动率和规模效率变动率。纯技术效率变动率是指不考虑科技体制改革及管理创新带来的技术进步率的变动，仅考察各种农业科技资源合理组合配置能力的变动。规模效率变动则反映农业科技资源从第 t 期到 t+1 期在既定科研投入情况下，产出变动的规模大小情况。为了较清晰地获取广东农业科技资源运行效率及各年运行效率变动状况。运用 Stata15.0 统计软件，对广东 21 地市农业科技资源 2005—2018 年的全要素生产率指数、技术进步指数、技术效率变化指数、纯技术效率指数、规模效率变动指数进行了测算。具体结果见表：广东农业科技资源投入平均全要素生产率及其分解（2005—2018）、广东 21 地市农技推广服务平均全要素生产率及其分解（2005—2018）、广东分区域农业科技投入平均全要素生产率及其分解（2005—2018）。

首先，广东全要素生产率变动的时间特征

2005—2018 年广东平均农业科技投入全要素生产率 Malmquist 指数及其分解结果显示 2005—2018 年 14 年间，广东省农业科技资源投入的全要素生产率 (TFP) 大多呈现增长趋势，平均增长率为 4.7%，但不同年份全要素生产率波动也比较明显。最大值为 1.208，最小值为 0.885。将 2005—2018 年广东 21 地市 Malmquist 全要素生产率进一步分解为技术进步和技术效率，可发现，全要素生产率的 4.7% 增长幅度主要来源于 2005—2018 年的技术进步增长率（2005—2018 年技术进步增长率为 4.5%），同期技术效率增长率仅为 0.3%。

表4-6　广东农业科技资源投入全省平均全要素生产率及其分解（2005—2018年）

时间	全要素生产率	技术效率	技术进步	纯技术效率	规模效率
2005—2006	0.974	0.991	0.981	1.000	0.993
2006—2007	1.083	1.026	1.064	1.038	1.014
2007—2008	1.154	1.033	1.118	1.029	1.004
2008—2009	0.943	0.998	0.947	0.966	1.016
2009—2010	1.095	1.018	1.085	1.013	1.010
2010—2011	1.165	1.056	1.089	1.052	0.995
2011—2012	0.999	0.935	1.071	0.957	0.979
2012—2013	1.017	0.974	1.044	0.999	0.990
2013—2014	1.038	0.946	1.101	0.952	0.993
2014—2015	0.885	1.005	0.877	0.966	1.028
2015—2016	1.208	1.104	1.091	1.123	0.979
2016—2017	1.057	1.021	1.038	1.021	1.016
2017—2018	0.998	0.928	1.078	0.937	0.994
平均值	1.047	1.003	1.045	1.004	1.001

其次，广东21地市全要素生产率的横向比较

2005—2018年广东21地市全要素生产率的横向比较（见表4-7），全要素生产率大于等于1的地市有19个，仅有湛江和云浮2个地市的全要素生产率小于1。技术进步率大于等于1的地市有20个，仅有湛江的技术进步率小于1。表明从广东省整体的农业科技资源投入效率上看，科技体制改革等政策性方面的外部因素对农业科技资源投入效率的影响不大。技术效率大于等于1的地市有15个，小于1的地市有6个。纯技术效率大于等于1的地市有16个，小于1的地市有5个。规模效率大于1的地市有15个，小于1的地市有6个。

表4-7 广东21地市农业技术平均全要素生产率及其分解（2005—2018）

区域	全要素生产率	技术效率	技术进步	纯技术效率	规模效率
广州	1.044	0.988	1.058	1.000	0.987
深圳	1.011	1.000	1.011	1.000	1.000
珠海	1.136	1.000	1.136	1.000	1.000
汕头	1.049	1.011	1.040	1.005	1.006
佛山	1.058	1.000	1.058	1.000	1.000
韶关	1.047	1.015	1.027	1.009	1.014
河源	1.005	0.981	1.023	1.027	1.000
梅州	1.024	1.010	1.015	0.990	1.013
惠州	1.011	1.000	1.011	1.000	1.001
汕尾	1.085	1.005	1.081	0.992	1.020
东莞	1.090	0.983	1.115	1.002	0.984
中山	1.095	1.008	1.095	1.015	0.998
江门	1.013	1.004	1.013	1.003	1.001
阳江	1.019	1.003	1.018	0.997	1.006
湛江	0.974	1.059	0.939	1.061	1.059
茂名	1.028	1.000	1.028	1.000	1.000
肇庆	1.038	1.006	1.035	1.008	1.008
清远	1.184	1.083	1.046	1.027	1.016
潮州	1.045	0.991	1.057	1.014	0.947
揭阳	1.037	0.989	1.047	0.990	0.998
云浮	0.986	0.977	1.013	0.981	0.998
平均值	1.047	1.005	1.041	1.006	1.003

广东分区域农业科技投入平均全要素生产率平均增长2.9%，几乎全部来自技术进步的贡献，技术效率的贡献几乎为0。全要素生产率中增长较快的区域是珠三角地区，年均增长率为5.2%，其次是东翼、西翼分别增长3.5%和3.4%。技术进步最快的区域是珠三角地区，增长5.2%。从全要素生产率来看，仅西翼地区的全要素生产率小于1，原因是技术进步的贡献较低，可通过提高技术进步贡献来提高西翼地区的全要素生产率。此外，北部山区可通过增加科技资源投入规模来提高技术效率。

表4-8 广东分区域农业科技投入平均全要素生产率及其分解（2005—2018）

区域	全要素生产率	技术效率	技术进步	纯技术效率	规模效率
珠三角	1.052	1.000	1.052	1.000	1.000
东翼	1.035	1.000	1.035	1.000	1.000
西翼	0.994	1.000	0.994	1.000	1.000
山区	1.034	0.999	1.035	1.002	0.997
平均值	1.029	1.000	1.029	1.000	0.999

根据 Malmquist 生产率指数的细分结果，不仅可以分析各地市、各区域运行效率的变动状况，还有助于分析提升农业科技资源运行效率的途径。根据农业科学研究与开发机构 M 的大小，我们将各地市、各区域运行效率划分为 4 种类型，即低效型（M<0.90）、徘徊型（0.90<M<1.00）、低增长型（1.00<M<1.10）和高增长型（M>1.10），详见表4-9。

表4-9 广东21地市农业科技资源配置效率评价

类型	低效型 M<0.90	徘徊型 0.90<M<1.0	低增长型 1.00<M<1.10	高增长型 M>1.10
各地市	—	湛江、云浮	广州、深圳、汕头、佛山、韶关、河源、梅州、惠州、汕尾、东莞、中山、江门、阳江、茂名、肇庆、潮州、揭阳	珠海、清远
区域	—	西翼	珠三角、东翼、山区	

从测算结果来看，广东21地市农业科技资源运行效率没有低效型的，大多处于低增长型。从2005—2018年平均M指数来看，有广州、深圳、汕头、佛山、韶关、河源、梅州、惠州、汕尾、东莞、中山、江门、阳江、茂名、肇庆、潮州、揭阳17个地市的指数1.00＜M＜1.10，属于低增长型，数量占全部地市总数的80.95%。处于高增长型的只有珠海和清远。针对农业科技资源的运行状态，应制定区别的管理措施，才能从根本上全面提高广东全省农业科技资源运行效率。

（三）结论及建议

运用 DEA 方法测算 2018 年广东各地市农业科技资源投入的整体效率、纯技术效率和规模效率，并分析规模报酬情况。第一，广东农业科技投入资源综合效率不高，DEA 非效率的地区为 76.19%。第二，纯技术非效率是影响综合效率的主要方面。21 地市中，纯技术有效率但规模非效率导致整体技术非效率的地区有广州、东莞、中山、湛江、肇庆、潮州，提升这 5 个地区的综合效率需要采取针对性的措施。第三，广东农业科技资源投入运行处于规模报酬递增及递减的地区所占比例都为 38.1%，这意味着大多数地区可以通过改变科研投入规模来提高规模效率。

利用广东 21 地市农业科技资源投入产出 2005—2018 年的面板数据，运用 Malmquist 指数，测算了 2005—2018 年 14 年间 3 类农业科技投入资源的全要素生产率指数及 4 个分解指数，分别是全省平均年份、21 地市 14 年的平均数及分区域。得出以下结论：第一，从全省来看，广东农业科技资源全要素生产率呈增长趋势，年均增长 4.7%。其中，技术进步是广东省农业科技资源投入全要素生产率增长的主要力量，年平均增幅贡献为 4.3%，技术效率对全要素生产率的贡献仅为 0.4%，技术效率的贡献中纯技术效率贡献大于规模效率的贡献。第二，从 21 地市的测算结果来看，14 年间 21 地市的全要素生产率总体呈现上升趋势，平均增幅为 4.7%，其中，19 个地市全要素生产率大于或等于 1，仅有 2 个地市的全要素生产率小于 1。技术进步率的提升是绝大多数地市全要素生产率增长的主要原因，技术效率的作用相对较小。第三，从分区域指数来看，四大区域全要素生产率年平均增长 2.9%，其中，技术进步率起主导作用，技术效率的贡献微弱。第四，依据 M 值将科研机构运行效率分为低效型、徘徊型、低增长型和高增长型 4 种类型。从实际测算的结果来看，大多地市农业科技资源的运行效率处于低增长型，要进一步提高全省农业科技资源运行效率，有必要进行针对性的改革以便优化农业科技资源运行效率。

总之，DEA 效率估计较准确地测度了广东农业技术推广的效率水平，可能地挖掘了提高广东农业科技资源运行效率的潜力。

五、基于 SFA 的广东农业技术效率评价及影响因素分析

前文的 DEA 计量结果表明，无论是从全省角度，还是从区域角度做计量，除个别时期个别地区处于技术效率前沿外，绝大多数时期绝大多数地市都处于技术效率改进与技术效率缺乏的困境，这直接妨碍了广东农业全要素生产率的增长和提高。Schultz(1964) 认为，新技术的不断创新与采用，这是区分传统农业与现代农业的一个标准，广东要建设现代农业，实现农业的持续与稳定发展，有赖于农业技术效率的提高，而要提高农业技术效率，最为关键的在于寻找制约农业技术效率进一步提高的因素，在此基础上，通过政策的疏导，解除这些制约因素。

（一）理论分析和模型构建

本部分运用随机前沿分析（stochastic frontier analysis，SFA）方法测度广东农业生产的技术效率。目前，SFA 方法已成为测算技术效率的最常用的主流方法之一，此方法最早由艾格纳（Aigner）、洛弗尔（Lovell）和施密特（Schmidt）、米森（Meeusen）和范登布罗克（Van Den Broeck）在 1977 年提出，经过福森德（Forsund）、皮特（Pitt）、施密特（Schmidt）、鲍尔（Bauer）、巴特斯（Battese）等学者改进而成。借鉴该模型分析农业生产技术效率时，首先要构造农业生产函数，确定农业生产前沿面，然后计算农业经营主体农业生产利用效率与生产前沿面的差距，此差距即反映了现有技术水平下生产技术效率的损失大小。生产前沿面的位置取决于现有条件下的农业技术水平。未知效率前沿的估计可分为参数法和非参数法两大类。非参数法无需估计农业经营主体的生产函数，但需要大量的个体样本数据作为支撑，对算法要求较高。参数法则可以估计生产函数中各变量对生产过程的影响，还可以估计外生因子对于技术效率的影响。借鉴 Cobb-Douglas（柯布－道格拉斯）生产函数基础，采用形式比较灵活、可近似反映任何生产技术的超越对数（Translog）生产函数，模型的基本形式如下：

$$Y_{it} = f(X_{it}; \beta) \exp(V_{it} - U_{it}) \tag{4-1}$$

取对数，可得：

$$ln Y_{it} = ln f(X_{it}; \beta) + (V_{it} - U_{it}) \tag{4-2}$$

公式（4-1）（4-2）中 Y_{it} 代表第 t 时期 i 个生产区域总产出，$f(X_{it};\beta)$ 表示生产函数，它代表了第 t 时期 i 个生产区域现有技术条件下的前沿产出水平，X_{it} 代表第 t 时期 i 个生产区域各投入要素的投入量，β 为待估参数；V 和 U 组成模型的误差项。V_{it} 为随机误差项，服从独立同分布的正态随机变量，反映第 t 时期地理因素、气候、自然灾害、统计误差等不可控因素可能对总产出带来的影响，这种影响的方向是不确定的，即为双边误差项，设均值为 0，方差为 σ_v^2，即 $V_{it} \sim N(0, \sigma_v^2)$；$U_{it}$ 为管理误差项，指第 t 时期影响第 i 个生产单位的随机变量，反映本产出与样生产可能性边界的距离。生产中只有完全无管理误差、技术水平达到最优（U_{it}=0）的情况下，产出才会在前沿面上。受到生产者努力程度、管理者的水平、技术有效性等诸多因素的影响，现实生产中普遍存在技术损失的情况，因此 U_{it} 服从均值为 u_i，方差为 σ_u^2 的截尾正态（即半正态）分布，$U_{it} \sim N(u_i, \sigma_{it}^2)$，管理误差均值为 u_i，并以此反映技术效率损失。

基于回归得到的前沿生产函数，在既定的技术水平和要素投入条件下，可以计算出每一个样本的生产技术效率（TE），即实际产出与前沿面表示的最大产出的比值，以及效率损失，即函数 u_i，并可由此分析影响效率损失的因素，其中：

$$TE_{it} = \frac{E(Y_{it}|u_{it}, X_{it})}{E(Y_{it}|u_{it}=0, X_{it})} = \exp(-U_{it}) \tag{4-3}$$

（4-3）式右边分式的分子为所研究区域的实际总产出，分母为既定投入条件下最大可能的产出，TE_{it} 为两者的比值，在 0 到 1 之间。TE_{it} 越接近 1，技术效率越高，技术损失越低；越接近 0，技术效率越低，技术效率损失越高。

$$u_{it} = \sum_{k=1}^{n} \delta_{kt} Z_{kit} + \varpi_{it} \tag{4-4}$$

（4-4）式中 U_{it} 为（4-3）式中测算出的每个研究区域的技术损失值，反映所研究区域既定投入条件下的实际生产水平与最优技术水平的差距；Z_{kit} 表示影响生产技术损失值的第 k 项因素；δ_{kt} 为待估参数，反映变量 Z_{kit} 对技术损失的影响，当 δ_{kt} 为负时表明该变量对技术效率有正向影响，为正时则表明有负向影响；ω_{it} 为服从极值分布的随机变量。

TE_{it} 和 μ_{it} 二者之间的关系是，当 μ_{it}=0 时，TE_{it}=1，处于技术有效状

态，表明第 t 时期第 i 个生产单位的生产点位于生产前沿面上。当 $\mu_{it}>0$ 时，$0<TE_{it}<1$，处于技术无效率状态，表明第 t 时期第 i 个生产单位的生产点在生产前沿面之下。

在具体的回归分析中，早期学者采用"两步法"：第一步，先估计随机前沿生产函数，计算出样本的技术效率；第二步，根据回归得出的效率值，选择影响技术效率的变量进行回归，确定各个因素对技术效率的影响方向和大小。但由于方程中包含技术效率因素和随机扰动因素两个不可观测变量，误差项并不满足最小二乘法的经典假设，从统计角度看，利用"两步法"估计技术得到的参数是低效的和有偏的。为了解决这一问题，本部分采用巴特斯（Battese）和科利（Coelli）提出的参数替代法，用两个参数 $\sigma^2=\sigma_v^2+\sigma_u^2$ 和 $\gamma=\sigma_u^2\,|\,(\sigma_v^2+\sigma_u^2)$ 替代观察误差的方差 σ_v^2 和技术效率的方差 σ_u^2。γ 表示随机误差项中技术无效率所占的比率，为待估参数，在 0 与 1 之间，当 γ 越接近于 1 时，说明模型的误差项主要来源于技术非效率 U，然后，利用非线性估计技术得到所有参数的最大似然估计量，实现对随机前沿生产函数和技术损失影响因素同时进行估计。当 γ 越接近于 0 时，说明模型误差项主要由外部影响因素和统计数据误差构成；当 $\gamma=0$ 时，模型误差项为 v，说明不存在技术无效率的状态，此时用最小二乘法估计模型即可。

为提高模型的灵活性和包容性，更好地在生产函数中反映不同投入要素对产出的联合影响，本部分运用超越对数形式的随机前沿生产函数模型测度广东 21 市农业生产技术效率，根据理论模型（4-2）设定的具体模型如下：

$$
\begin{aligned}
1nY_{it}=&\beta_0+\beta_1 1nX_{1it}+\beta_2 1nX_{2it}+\beta_3 1nX_{3it}+\beta_4 1nX_{4it}\\
&+\frac{1}{2}\beta_5(1nX_{1it})^2+\frac{1}{2}\beta_6(1nX_{2it})^2+\frac{1}{2}\beta_7(1nX_{3it})^2+\frac{1}{2}\beta_8(1nX_{4it})^2\\
&+\beta_{11}1nX_{1it}1nX_{2it}+\beta_{12}1nX_{1it}1nX_{3it}+\beta_{13}1nX_{1it}1nX_{4it}\\
&+\beta_{21}1nX_{2it}1nX_{3it}+\beta_{22}1nX_{2it}1nX_{4it}\\
&+\beta_{31}1nX_{3it}1nX_{4it}+v_{it}-u_{it}
\end{aligned}
\tag{4-5}
$$

（4-5）式中 Y_{it} 为 i 地区第 t 年的农业总产值，包括农业、林业、牧业、渔业及服务业总产值之和，为了消除物价波动因素的影响，以数据起始时间作为基期，采用经过调整的农村居民消费价格指数对农业总产值进行了消胀处理

（以下人均GDP、农林水支出等变量与此相同的处理）。β_0-β_{41}等为待估参数；t代表年份；X_{1it}, X_{2it}, X_{3it}, X_{4it}为i地区第t年农业生产投入要素，分别为劳动力、土地、农资投入量等，其中，劳动力投入为特定区域在农业生产时投入的总人数，考虑数据获得性，用第一产业从业人数衡量。土地投入为考虑复种情况下的农作物总播种面积，包括粮食作物、经济作物和其他作物复种条件下的播种面积之和。农资投入分别为特定区域农业生产中化肥（用折纯量）、农药等农资投入。

根据理论模型（4-4）设定的技术损失影响因素具体模型如下：

$$u_{it} = \delta_0 + \delta_1 agdp_{it} + \delta_2 govoutput + \delta_3 firstprorate_{it} + \delta_4 mech_{it} + \delta_5 areala_{it} + \delta_6 daarea_{it}$$

$$(4-6)$$

（4-6）式中U_{it}为i地区在第t年农业生产中的技术损失值。δ_0-δ_6为待估参数，反映各变量对农业技术效率损失的影响程度。借鉴文献研究结果，农业技术效率损失影响因素分为外因和内因，外因主要是指影响农业生产的地区经济发展水平、政府投入力度和重视程度等，内因主要是指农业生产相关的技术条件、生产经营条件、自然条件等。借鉴文献研究成果，在具体变量的选取中，本部分选择了以下6类因素，以地区人均GDP、农业财政支出和地区农业经济在地区生产总值中的占比反映区域经济发展水平、政府投入强度及对农业经济的重视程度，以农业生产机械化水平反映农业生产技术条件，农地经营规模反映农业生产经营条件，受灾面积反映农业生产自然条件。具体解释如下：

地区经济发展水平以地区人均生产总值（agdp）来体现。通常地，农业生产中采用新技术、新产品都离不开资金的支持。一般来说，经济发展水平越高的地区越有能力改善生产技术，即地区经济发展水平越高，农业生产的技术效率越高。因此，预期人均地区生产总值对广东农业生产的技术损失产生负向影响。

农业财政支出以地方财政预算支出中农林水支出来体现。地方和国家财政用于农业的支出对我国农业科技研究、发展和推广起了最重要的作用。因此，国家财政在农业方面的支出在一定程度上是反映我国当前农业科技投入状况最具有总体性和可操作性的指标。一般地，预期地方财政中农林支出与农业科技资源投入效率正相关，对农业生产技术损失产生负向影响。

地区农业经济重视程度反映了农业经济在该地区的重要程度，以地区第一产业增加值占地区总产值的比重来衡量。通常当地农业产值占比越高，说明当地对农业重视程度也越高，越愿意积极改善农业生产技术效率，因此，预期地区农业经济重要程度会对农业生产技术损失产生负向影响。

机械化水平反映农业生产中机械化率的程度，以农业机械总动力（mech）来体现。农业机械能够实现对劳动力的有效替代、提高劳动力的工作效率，同时，提高农业机械化水平还有助于提高农业经营主体的科学文化素质，有助于农业技术在农业生产部门的推广。因此，预期农业机械总动力会对技术损失产生负向影响。

农地经营规模以地区劳均播种面积，即地区农作物总播种面积除以第一产业从业人员数来反映。劳均农地规模不仅反映农业经营主体的自身生产经营特征，还反映农业生产规模化水平。我国农业生产经营土地分散，小规模经营方式降低经营主体谋求农业新技术和迫切性，也增加农技推广服务的难度和成本，降低了农技推广效率，农地规模的增加有利于更好地应用农业机械等新技术提高农业生产效率。预期劳均播种面积会对农业技术效率损失产生负向影响。

受灾程度用农作物受灾面积来反应。我国地域辽阔、地形复杂，是世界上自然灾害最严重的少数几个国家之一，旱灾、洪涝灾害、风暴、冰冻、台风等频繁发生。普遍观点认为，自然灾害导致的农作物受灾，对我国农作物产量带来较明显的负面影响，终将影响农业技术效率。例如，王晓丽等（2008）通过自然灾害对吉林省粮食生产影响的实证分析，得出粮食总产量波动率和成灾率存在显著的负相关关系。庄道元等（2010）运用变截距双对数模型，把我国31个省市1979—2007年有关粮食生产的面板数据分成三个阶段，分析自然灾害对不同阶段粮食产量的影响，结果表明自然灾害对粮食产量的负面影响均较显著，但影响程度呈不断下降的趋势。因此，预期受灾面积会对农业技术效率损失产生正向影响。

此外，根据习惯性判断，本部分对上述指标的影响趋势进行相应的假设。表中"+"表示该变量与农技效率损失的可能性正相关，"－"表示负相关。

表4-10 变量与农业技术效率损失的预期关系

变量	变量定义	变量符号	单位	与技术效率损失的关系
地区经济发展水平	人均地区生产总值	agdp	亿元	−
农业财政支出	农林水支出	govoutput	亿元	
地区农业经济重视程度	第一产业增加值占地区生产总值的比重	firstprorate	%	
机械化水平	农业机械总动力	mech	万千瓦时	−
农地经营规模	劳均播种面积 = 农作物总播种面积 / 第一产业从业人员数	areala	万亩	
受灾面积	农作物受灾面积	daarea	公顷	+

（二）变量的描述性统计分析

运用Stata15.0对模型（4-5）（4-6）中的变量进行描述性统计分析，结果如表4-11，4-12。

表4-11 SFA模型（4-5）中变量的描述性统计分析

变量	观测值	均值	标准差	最小值	最大值
农林牧渔总产值	294	5.053268	.8700123	2.558439	6.73901
第一产业从业人数	294	3.761856	1.38266	-2.184802	5.351196
农作物总播种面积	294	14.59075	1.140571	11.18938	16.13084
化肥折纯量	294	11.15592	1.131522	8.14584	13.13757
农药施用量	294	8.148071	.9957177	4.477337	9.810604

表4-12 SFA模型（4-6）中变量的描述性统计分析

变量	观测值	均值	标准差	最小值	最大值
地区经济发展水平	294	46154.58	37147.07	7417	189568
农业财政支出	294	20.30636	16.6666	2.0777	85.6899
地区农业经济重视程度	294	10.7197	7.910315	.0350035	33.3
机械化水平	294	106.8652	84.75128	1.6786	479.2941
农地经营规模	294	62488.89	79978.48	19294.81	665987.8
受灾面积	294	52867.58	152219.5	0	2065550

（三）随机前沿生产函数估计结果分析

1. 超越对数随机前沿生产函数估计结果

根据上述研究方法和样本数据，运用 Frontier4.1 对上述模型（4-5）（4-6）进行极大似然估计，采用一步法，同时估计出农业生产投入产出随机前沿生产函数和技术效率的影响因素。估计结果分别见表4-13，4-16。

表4-13 农业生产投入产出随机前沿生产函数回归结果

自变量	参数	估计系数	标准差	t统计值
常数项	β_0	−22.521842***	6.5880269	−3.4186020
Lnx1（一产从业人数）	β_1	1.3059495	1.0999206	1.1873125
Lnx2（农作物总播种面积）	β_2	6.1791808***	1.6750719	3.6889049
Lnx3（化肥折纯量）	β_3	−3.5864753***	1.3325270	−2.6914842
Lnx4（农药用量）	β_4	−0.29560955	0.95580005	−0.30927969
Lnx1 的平方项	β_5	0.10063522	0.08423938	1.1946339
Lnx2 的平方项	β_6	−0.90374349***	0.23246701	−3.8876204
Lnx3 的平方项	β_7	−1.5699133***	0.17566544	−8.9369505
Lnx4 的平方项	β_8	−0.64166736***	0.12865969	−4.9873225
Lnx1Lnx2（人员×面积）	β_{11}	0.01275916	0.12717525	0.10032738
Lnx1Lnx3（人员×化肥）	β_{12}	−0.21369590**	0.094391807	−2.2639243
Lnx1Lnx4（人员×农药）	β_{13}	0.06752271	0.066932488	1.0088182
Lnx2Lnx3（面积×化肥）	β_{21}	0.93403857***	0.15770356	5.9227486
Lnx2Lnx4（面积×农药）	β_{22}	−0.43847680***	0.13383153	−3.2763340
Lnx3Lnx4（农药×化肥）	β_{31}	1.0643556***	0.15172384	7.0150850
sigma-squared		0.037966260***	0.00322271	11.780843
γ		0.89112082***	0.056217772	15.851230
Log likelihood function		97.037285		

注：符号 *、**、*** 分别表示在10%、5%、1% 水平下通过显著性检验。

根据表回归结果，γ 值为 0.8911，并且在 1% 水平下通过了显著性检验，表明复合误差项的变异有 89.11% 来自管理误差 U，随机误差 v 的变异仅占 10.89%，可见，进一步改进农业生产管理方法能够有效提高农业资源的投入效率。

2. 农业生产投入要素产出弹性比较分析

关于农业技术进步贡献率的测算，不少实际工作者与学者进行过研究。国内较为权威的是中国农科院农经所朱希刚（1997），最早使用 Solow 余值法进行科技进步贡献率测算。南京农业大学顾焕章、王培志（1994）利用确定性前沿生产函数对我国农业增长中农业技术进步贡献率进行了测算，结果表明，1972—1980 年，我国农业增长中农业技术进步贡献率为 27%，在 1978—1984 年这一份额上升至 35%，"七五"期间下降至不足 28%，相比较而言，"七五"期间较"六五"期间下降了 7 个百分点。1997 年初农业部下发《关于规范农业科技进步贡献率测算方法的通知》，将朱希刚所用的测算方法确定为计算农业技术进步贡献率的国家试行标准。

樊胜根、张林秀（2003）建立了联立方程系统模型用以测算中国的技术进步率；赵芝俊、袁开智（2009）利用 Translog 生产函数分解全要素增长率计算我国 1985—2005 年的狭义技术进步率。苏基才、蒋和平（1996）认为本质上农业技术进步是一个把知识形态生产力变成物质形态生产力，以不断增加社会财富的历史发展过程，并利用增长速度方程测算了 1990—1994 年广东农业技术进步贡献率，研究表明：1990—1994 年的农业技术贡献率介于 41.7% 和 47.1% 之间，平均为 44.41%。陈凯（2000）通过建立要素结构进化率函数和要素替代弹性函数对山西农业科技进步及贡献率进行了测定。

由于本研究采用的是超越对数生产函数，因此各要素投入的产出弹性并不能直接从上表的回归结果中看出，需进一步计算。将（4-5）式中对数形式的前沿生产函数对各投入要素 x 分别求导，可以得出 2005—2018 年广东农业生产中各投入要素产出弹性。

劳动投入要素产出弹性：

$$\eta_1 = \beta_1 + \beta_5 lnX_{1it} + \beta_{11} lnX_{2it} + \beta_{12} lnX_{3it} + \beta_{13} lnX_{4it} \tag{4-7}$$

耕地投入要素产出弹性：

$$\eta_2 = \beta_2 + \beta_6 lnX_{2it} + \beta_{11} lnX_{1it} + \beta_{21} lnX_{3it} + \beta_{22} lnX_{4it} \tag{4-8}$$

化肥（折纯量）投入产出弹性：

$$\eta_3 = \beta_3 + \beta_7 lnX_{3it} + \beta_{12} lnX_{1it} + \beta_{21} lnX_{2it} + \beta_{31} lnX_{4it} \tag{4-9}$$

农药投入产出弹性：

$$\eta_4 = \beta_4 + \beta_8 lnX_{4it} + \beta_{13} lnX_{1it} + \beta_{22} lnX_{2it} + \beta_{31} lnX_{3it} \tag{4-10}$$

根据表 4-13 中超越对数函数的回归结果及上述 4-7 至 4-10 产出弹性公式，

可分别计算出 2005—2018 年广东农业生产中各投入要素的产出弹性(变量弹性平均值)。进一步根据地区分组的统计结果,可以得出四个经济区域各投入要素产出弹性,见表 4-14。

表4-14 广东农业生产全要素生产率分解

全要素生产率分解	总样本	区域样本			
		珠三角	东翼	西翼	北部山区
劳动力投入弹性	0.037	0.042	0.089	-0.029	0.037
土地投入弹性	-0.111	0.110	-0.079	-0.230	-0.450
化肥投入弹性	0.397	0.358	0.380	0.192	0.611
农药投入弹性	0.206	0.123	0.173	0.494	0.175
样本量	294	126	56	42	70

从表 4-14 可知,总体上,2005—2018 年,除土地投入的弹性为负数以外,劳动力、化肥、农药对农业生产的贡献都为正数。其中,化肥投入对广东农业生产产出的贡献最大,化肥投入每增加 1%,广东农业总产值增加 0.397 个百分点,其次是农药贡献为 0.206,农药投入每增加 1%,农业总产值增加 0.206 个百分点。此外,结合上表 4-13 的农药和化肥对农业总产值的贡献系数情况来看,一次项均没有通过显著性检验,二次项均通过了 1% 水平下的显著性,且系数为负,也表明广东农药、化肥的物资投入对农业总产值的关系已出现倒 "U" 型的关系。说明在广东农业生产过程中化肥和农药这类资本投入已出现严重冗余。这表明广东农业生产仍处于以投入为主的 "粗放型" 发展阶段。但这种发展模式从长远来看是很难持续的,经验表明:近 30 年,我国为满足农业生产(尤其是粮食生产)的需要,已成为全球化肥、农药投入水平最高的地区之一,然而化肥、农药的过多使用,会造成土壤酸化,加剧环境污染,因此,通过无限制的增加化肥、农药施用量来增加农业产出是不现实的,必须加快广东农业产业结构转型的步伐,促进广东农业经济从 "粗放型" 型向 "集约型" 型转变。

和农药、化肥投入相比较,劳动力投入弹性为 0.037,几乎仅为化肥投入系数的十分之一,且系数为正,表明劳动力投入每增加 1%,农业总产值增加 0.037%。这表明广东农业生产中劳动力投入数量能显著促进农业总产值,和广东大量农村劳动力（尤其是年轻劳动力）向二、三产业转移，使各地市的农业劳动力逐年缩减的现实相吻合。

土地投入的弹性系数为负数，为 -0.111，表明总体来看，广东农业总播种面积每增加 1%，农业总产值减少 0.111 个百分点。结合表 3 的回归结果，土地投入一次项系数为正，二次项系数为负，且都通过了 1% 水平下的显著性检验，说明土地投入与广东农业产出呈倒"U"型关系。这表明在既定的农业技术水平下，农业土地投入并没有产生应有的产出水平。或者说既定的土地投入水平下，农业生产技术效率低下，广东农业产出水平与预期有偏差。可能原因，由于工业化、城镇化进程的加快推进，广东可耕地面积大幅度减少，数据显示，1990 年全省的耕地面积为 2528.84 千公顷，到了 2005 年却只有 2102.59 千公顷，下降 16.86%，耕地面积的急剧减少对广东农业经济增长造成了很大的制约。因此，在严格的耕地保护红线范围内，保护耕地，集约节约用地，依靠科技进步提高耕地产出效率是广东现代农业发展的必由之路。

从广东四个经济区域各生产要素对农业产出的弹性来看，珠三角地区四个要素的弹性系数均为正数，弹性系数从大到小依次排序是化肥、农药、土地、劳动力，表明珠三角地区四类要素投入对农业产出均产生正向影响。东翼地区和北部山区除土地投入弹性系数为负数外，其余均是正数，表明劳动力、化肥、农药正向影响这两个地区的农业产出。西翼地区劳动力投入和土地投入对农业产出的弹性系数为负数，表明这两类投入要素相对于现有的农业产出而言，出现冗余，负向影响农业产出。

从各区域劳动力投入弹性来看，除西翼地区为负（-0.029）外，其余区域均为正，系数最大区域为东翼，其次是珠三角地区。西翼地区劳动力的贡献率为负，一方面说明西翼地区存在劳动力数量上投入过度，另一方面说明农业劳动力质量上需提高，需要加强农业劳动力的教育与培训，提升农业劳动力的素质，从而促进农业科技成果的转化。

从各区域土地投入弹性来看，除珠三角地区为正（0.110）外，其余区域均为负，绝对值最大区域为北部山区，值为 -0.450，其次是西翼地区。

各区域化肥投入弹性系数均为正，由大到小依次是北部山区、东翼、珠三角、西翼。各区域农药投入弹性系数均为正，由大到小依次是西翼、北部山区、东翼、珠三角。

3. 农业生产技术效率地区差异比较分析

表4-15 农业生产技术效率地区差异比较分析

年份	总样本	区域			
		珠三角	东翼	西翼	北部山区
2005	0.302	0.375	0.196	0.309	0.252
2006	0.307	0.373	0.199	0.332	0.260
2007	0.303	0.370	0.194	0.352	0.241
2008	0.350	0.436	0.220	0.397	0.270
2009	0.347	0.422	0.226	0.408	0.274
2010	0.401	0.494	0.269	0.455	0.308
2011	0.466	0.577	0.313	0.510	0.363
2012	0.486	0.597	0.320	0.565	0.372
2013	0.523	0.647	0.335	0.585	0.412
2014	0.548	0.680	0.363	0.610	0.423
2015	0.594	0.745	0.383	0.651	0.458
2016	0.631	0.781	0.411	0.691	0.498
2017	0.658	0.822	0.417	0.743	0.504
2018	0.692	0.861	0.444	0.781	0.532
总均值	0.472	0.584	0.307	0.528	0.369
样本量	294	126	56	42	70

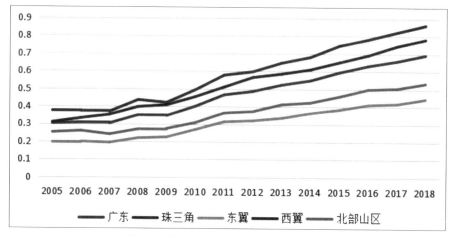

图4-2 广东及四区域技术效率趋势

从图 4-2、表 4-15 中我们可以得出以下几点结论：一是，总体上看，2005—2018 年广东农业技术效率均值偏低，仅为 0.472，但从趋势上看，在逐年上升，已从 2005 年的 0.302 提升值 2018 年的 0.692。二是，从四个经济区域的农业技术效率来看，2005—2018 年四个经济区域的农业技术效率均值分别为珠三角（0.584）、西翼（0.307）、北部山区（0.528）、东翼（0.369），但随着时间的变化在逐年提高。三是，从四个经济区域的技术效率值比较来看，2005—2018 年间珠三角的农业技术效率一直居于首位，其次是西翼，一直处于农业技术效率最低位的是东翼，其次是北部山区五市。可见广东不同经济区域农业生产技术效率存在差异，且与经济发展水平的差异相一致。

4. 农业生产技术损失影响因素分析

为研究引致农业生产技术效率地区差异背后的深层原因，本部分还分析了人均 GDP、农林水支出、第一产业增加值占 GDP 比重、农业机械总动力、劳均播种面积、受灾面积等六类条件因素对技术效率损失的影响，回归结果见表 4-16。

表4-16 影响技术效率各影响因素估计结果

自变量	参数	估计系数	标准差	t统计值
常数项	δ_0	1.979239***	0.075646719	26.164245
人均 GDP	δ_1	-0.163315×10^{-4}***	0.888992×10^{-6}	-18.370757
农林水支出	δ_2	-0.802157×10^{-2}***	0.129109×10^{-2}	-6.2130175
一产增加值占比	δ_3	-0.2509298×10^{-1}***	0.324533×10^{-2}	-7.7320233
机械总动力	δ_4	-0.117124×10^{-2}***	0.373339×10^{-3}	-3.1372013
劳均播种面积	δ_5	0.2025088×10^{-5}***	0.326158×10^{-6}	6.2089140
受灾面积	δ_6	0.52942367×10^{-7}	$0.96893610\times^{-7}$	0.54639692

注：符号 *、**、*** 分别表示在10%、5%、1%水平下通过显著性检验。

表 4-16 表明，总体上来看，除受灾面积没有通过显著性检验外，其余 5 个影响因素的回归系数都通过了 1% 水平下的显著性检验，表明人均 GDP、农林水支出、第一产业增加值占 GDP 比重、农业机械总动力、劳均播种面积这 5 个因素显著地影响着广东农业技术效率。其中，从系数符号来看，前四个变量系

数为负，与预期相符，表明与农业技术效率损失呈显著负相关，即与效率正相关。劳均播种面积系数的符号与预期相反，也与大多数文献研究结果相悖。从所有系数的绝对值来看，总体上偏小，表明 6 个影响因素对农业技术效率损失影响程度不大。

从影响农业生产技术效率的地区经济影响因素的系数大小来看，绝对值最大的是，第一产业增加值占地区生产总值的比重，估计系数为 0.25×10^{-1}，表明第一产业增加值占地区生产总值的比重每提高 1%，农业技术效率提高 0.025%。通常来说，第一产业增加值占地区生产总值的比重越高，地方政府对农业越重视，农业生产技术效率也相对较高。

其次是农林水支出，估计系数为 0.80×10^{-2}，表明地方政府对农业的财政支持力度每增加 1%，农业技术效率提高 0.008%。表明地方政府对农业的支持显著地正向影响广东农业技术效率。这符合我国现实国情，中国农业基础设施建设和中国农业科研的最主要资金来源仍是政府投入，因此，政府对农业支持力度的加大，推动了农业基础设施建设、农业科研和农业技术推广体系建设，进而促进了农业技术效率的改善。但是估计系数偏小，这表明财政支农支出对广东农业生产的影响可能没有达到预期效果，财政支农的资金利用效率比较低。可能原因：广东财政支农资金使用以及财政支农支出结构不合理，财政支农支出大部分用于事务部门的事业费，真正投入到农业具体事务的财政投入却很少，这也印证了我国大部分学者的观点。

第三，农业机械总动力，估计系数为 0.12×10^{-2}，表明农业机械总动力投入每增加 1%，农业技术效率提高 0.0012%。表明广东农业生产中机械化程度对提高技术效率具有显著正向影响。随着经济的不断发展，劳动力、土地等要素的稀缺程度不断提高，对应的要素价格也在不断上升，基于速水和拉坦的"诱致性技术变迁"理论，农业机械可以实现对劳动力、土地等要素的替代，从而有利于提高农业生产的技术效率。

第四，最后是，人均 GDP，估计系数为 0.16×10^{-4}。表明地方政府对农业的财政支持力度每增加 1%，农业技术效率提高 0.008%。说明经济发展水平与农业技术效率呈正相关关系。一般来说，经济发展水平越高的地区越有能力改善生产技术，因此，地区经济发展水平越高，农业生产的技术效率通常越高。

劳均播种面积系数很小，为正数，0.20×10^{-5}，且通过了 1% 水平下显著性检验。说明农地经营规模与广东农业生产技术效率呈显著的负相关关系，出现"规模不经济"现象，这印证部分研究"小规模经营更有效率的说法"。但与大多数文献研究结果相悖：农业经营主体经营规模的扩大有利于提高农业生产技术效率。广东经营规模的因素对农业技术效率的影响为负效应的可能原因：一是从增加耕地质量来看，近年来随着广东城镇化快速扩张，侵占大量周边优质良田，为确保 18 亿亩耕地红线，各地区不得不通过开发荒地来占补平衡缺口，有可能这些荒地本身就是因为地力差或者根本不适合种植而撂荒的，因而实际产出效率低下。二是从农业经营主体来看，一般来说，经营规模增加总产量将增加，总产值也将增加。实际情况是，农业生产"吃饭仍要靠天"，经营主体"盈利仍靠市场"，有可能出现农业经营主体生产的农产品总产量和单位产量上去了，市场农产品总量增加了，但价格下降了，出现"谷贱伤农"现象。三是考虑地形条件对农业技术效率的影响，一般来说，土地平整程度越高，农业生产技术效率越高。这从另一个侧面，可说明广东农业主产区处于非土地平整区域，而是丘陵、山区等地区，大规模经营并不利于农业技术效率的提高。这也能解释自然条件相对较好的珠三角地区、西翼地区农业技术效率高于北部山区、东翼地区的原因。

受灾面积系数为正，值很小，且没有通过显著性检验，表明总体上来看受灾面积对广东农业技术效率的损失影响并没有显著的相关关系。这与大多数文献研究结果不一致。可能原因是：与全国农田水利基础设施平均水平相比，目前广东的基本农田水利设施基础较好，抵御自然灾害的能力较强，减弱了自然灾害对农业综合生产能力的影响，也就减弱了对农业技术效率损失的影响。

（四）结论及建议

运用 SFA 方法测算 2005—2018 年广东农业技术效率及影响因素。几点主要结论如下：（1）广东农业生产中各投入要素的弹性，除土地投入为负数以外，劳动力、化肥、农药对农业生产的贡献都为正数，表明广东农业经济仍处于粗放式的、不可持续的发展阶段。当前与今后广东农业经济增长的关键是在保护耕地的前提下，加大农业科技投入力度和强度，转变农业科技投入结构，建立高效的农业科技服务体系，加强经营主体的农业科技的教育与培训，使更多的农业科技成果转化为现实的农业生产力;(2)广东平均农业技术效率仅为0.472,农业生产技术效率损失超过一半以上,生产效率有巨大的提升空间,表4-13的计量结果表明,效率损失主要来源于管理误差项,表明广东农业在对现有生产要素的合理配置、农业前沿技术的适应性改进、扩散和推广应用方面存在缺陷。单纯依靠前沿的技术进步而忽视对已有的生产要素的合理配置和技术效率的提高,势必会给发展现代农业造成不可低估的影响。因此,技术效率的提高既要关注技术本身的发展变化,也要关注包括制度、组织管理、社会文化、资源配置的改善、规模经营以及自然条件的变化等非技术因素引起的单位投入产出的增加;(3)广东农业生产技术效率总体处于平稳增长的状态,但存在明显的地区差异,效率最高为珠三角地区,最低为东翼地区、北部山区,这表明,总体来说,广东农业生产的技术效率不同经济区域由于自然资源条件的差异;(4)人均GDP、农林水支出、第一产业增加值占GDP比重、农业机械总动力显著地正向影响广东农业技术效率。因此,对农业主产区,广东省政府应该制定合适政策有意向农业主产区倾斜农业资源,例如加大农业科技投入等,同时,农业主产区政府应该高度重视农业生产,通过完善社会化农机服务生产等方式降低农业经营主体机械化生产成本,提高农业机械化率及使用效率,提高农业技术效率。劳均播种面积负向影响广东农业技术效率,说明应通过平整土地等方式改善农业生产的自然条件,同时开展当前技术水平下的适度规模经营,改善农地资源配置效率,提高农业技术效率。农作物受灾面积对广东农业技术效率损失有正向影响,但不显著。

六、本章结论

本章运用DEA和SFA效率估计方法较准确地测度了广东农业技术效率水平及影响农业技术效率的主要因素,为进一步挖掘提高广东农业科技资源运行效率的潜力提供理论支撑。

1. 无论是DEA和SFA效率估计方法,均得出大体一致结论,广东农业科技投入资源综合效率不高,DEA非效率的地区为76.19%。其中纯技术非效率是影响综合效率的主要方面。全省农业生产技术效率总体处于平稳增长的态势,但平均农业技术效率仅为0.472,效率损失主要来源于管理误差项,如能更好地配置或针对性地提高经营管理水平，广东农业技术效率将可进一步提高。技术效率的提高既要关注技术本身的发展变化，也要关注包括制度、组织管理、社会文化、资源配置的改善、规模经营以及自然条件的变化等非技术因素引起的单位投入产出的增加。

2. 广东农业经济增长的主要动力仍来自物质投入。依靠加大物质费用投入的增长方式始终处于较为主导的地位，证明广东的农业经济增长方式仍是粗放型的。但也有研究表明，除粤东外，近年来，广东物质费用增长率整体呈下降的趋势，尤其是进入 2006 年以后，下降趋势十分明显，证明广东转变农业增长方式的一系列政策措施已经取得初步成效。而我国从中央到地方的农业科技政策安排和实施，广东科技进步对农业经济增长的贡献率逐年上升。"八五"至"十二五"期间，广东农业科技贡献率依次为 47.84%、49.10%、51.81%、52.49%、61.63%。数据表明，"九五"和"十一五"时期，农业科技进步贡献率已经超越物质投入的增长率，成为农业总产值增长的主因素，表明广东在转变农业增长方式建设现代农业方面取得了较为明显的进展，已进入内涵式扩大再生产的增长模式。当前与今后广东农业经济增长的关键是在保护耕地的前提下，加大农业科技投入力度和强度，转变农业科技投入结构，建立高效的农业科技服务体系，加强经营主体的农业科技的教育与培训，使更多的农业科技成果转化为现实的农业生产力。

3. 人均 GDP、农林水支出、第一产业增加值占 GDP 比重、农业机械总动力显著地正向影响广东农业技术效率。因此，对农业主产区，广东省政府应该制定合适政策有意向农业主产区倾斜农业资源，例如加大农业科技投入等，同时，农业主产区政府应该高度重视农业生产，通过完善社会化农机服务生产等方式降低农业经营主体机械化生产成本，提高农业机械化率及使用效率，提高农业技术效率。

第五章 广东科技需求调查设计及样本情况

　　有研究表明，农业技术供给与经营主体需求错位是影响当前我国农业技术应用效率低下的源头因素。因此，研究提高农业技术效率还应考虑农业经营主体的技术需求，考虑农业技术供给是否与他们要求的技术供给途径、供给方式、需求差异化相匹配，是否出现错位，只有实现农业技术供给精准化，实现与不同种植结构农业经营主体技术需求的有效对接，才能切实提高农业经营主体技术应用效果，提高农业技术效率。因此，本书通过设置调查问卷了解广东农业经营主体的科技需求情况。

　　为了解广东农业经营主体的科技需求及技术采用情况，需要设计详细的调查方案，包括调查问卷的设计、样本的选择、调查方法、资料收集与整理等内容。在问卷设计中，考虑传统技术及新技术在广东农业经营主体中的应用情况，问卷中设置了传统农业技术采用情况及近三年广东省农业厅主推的农业新技术。考虑农业经营主体所在村镇的经济状况、地理类型等对农业经营主体技术选择行为的影响，问卷中设置了农业经营主体所在村的基本情况的内容。在样本选择中，为保证调查数据的有效性、代表性，考虑广东省珠三角地区、粤东粤西地区、粤北山区不同农业产业特点，被调查对象数量在广东四个经济区域进行分配。由于调查问卷分析涉及内容比较多，本书分三个章节内容介绍，本章主要介绍调查方案设计、样本基本情况及广东新型农业经营主体生产经营情况。

一、调查方案设计

（一）问卷设计

　　为了了解广东新型农业经营主体（包括种养大户、种养合作社、家庭农场等）的农业科技需求的情况，项目组设计了《广东新型农业经营主体技术需求情况调查问卷》。调查问卷包括两部分内容：第一部分，新农主体所在行政村的基本情况，目的在于从区域经济水平、地理位置、技术需求氛围等方面，了解与新农主体技术需求密切相关的宏观外部环境。第二部分，新农主体技术需求情况，了解广东新农主体对现有传统农业技术采纳情况、对农业新技术的需求及认知等情况。

村基本情况的内容主要包括：村所在地理类型、村到县城距离、村交通便利性情况、村基础设施情况等。新农主体技术需求情况的内容主要包括：（1）被调查者的基本情况，包括性别、年龄、文化水平、家庭人口数、是否为村干部等；（2）被调查者的农业生产经营情况，包括经营类型、经营规模、年投资规模、承包农田面积、家庭年收入等；（3）被调查者的技术需求情况，包括获得过技术服务类型、渠道、农业技能、新型职业农民认定、对广东省农业厅主推的农业新技术了解情况、获取信息渠道、新技术了解程度等；（4）被调查者对技术供给的反馈情况，包括急需解决的技术难题、获得急需的农业技术服务的方式、是否享受过政府的财政扶持、对地方政府提供的技术服务、扶持（或奖励）满意度等；（5）与生产经营活动有关的其他情况，包括生产过程中最担心的变化、急需解决的问题、需要政府哪方面扶持等（《广东新型农业经营主体技术需求情况调查问卷》见附件二）。

此外，为提高问卷调查的质量，在调研开始前，课题组对学生调查员进行了两两分组模拟，培训并解答调查员对问卷内容的疑问，确保调查员能准确理解并表达问卷内涵。

（二）抽样方案

本项目调查的样本选择采取分层随机抽样方式获得，具体步骤是：（1）从广东四个经济区域珠三角、粤东、粤西、粤北山区中的 21 个地市中，随机抽取 11 个地级市，包括粤北山区的韶关市、清远市，珠三角地区的广州市、佛山市、肇庆市，粤西地区的茂名市、湛江市、阳江市，粤东地区的梅州市、汕头市、揭阳市；（2）从抽取的 11 个地级市中随机抽取两个县（市或区），共 22 个县（市或区）；（3）从 22 个县（市或区）中随机抽取三个镇，共 66 个镇；（4）从抽取的 66 个镇中随机抽取一两个村庄，共 76 个村庄；（5）根据村委会指引，本项目调查员从每个村庄中，随机抽取符合新农主体对应规模标准（见附件二）

的经营主体作为调查对象。

（三）调查方法

1. 电话访谈

通过收集网络资料，发现在广东省农业厅登记注册的种养大户有 411 家，通过《广东种养大户分地域汇总表》，经过网络查询联系人电话，通过电话访谈调查获取部分新农主体的信息。

2. 问卷访谈

调研过程中，考虑本项目调查问卷题量较大，加之受访者受年龄、理解力、受访时间等限制，调查问卷主要由学生调查员在与受访者的交流中完成。项目调查采用入户面对面深度访谈和问卷调查相结合的方式进行。调查时间为 2017 年 2 月，利用佛山科学技术学院大学生寒假放假回家乡的机会，由大学生以调查员身份进行入户深度访谈调查。一方面考虑大学生调查员可能对本村种养大户不太了解，不太熟悉，另一方面考虑村基本情况对种养大户的生产经营情况、技术获得情况等产生较大影响，调查分以下两步进行：

第一，调查员走访种养大户所在村委，和村干部进行深入沟通的同时，发放《村基本情况调查表》，通过和村干部沟通，了解全村种养大户分布情况，尽可能获得村干部对本次调查的合作或引荐。

第二，在村干部的陪同或引荐下，调查员开展与种养大户面对面的深度访谈，并发放调查问卷。入户访谈对象为种养大户户主或对家庭情况比较熟悉且从事种养生产活动的家庭主要成员。

（四）资料收集与处理

项目调查员向抽选出来的各村委会共发放问卷 76 份，剔除回答有矛盾及数据不全问卷后，获得有效问卷 76 份，有效率 100%。向 76 个行政村的各类种养大户共发放问卷 800 份，剔除无效问卷后，获得有效问卷 718 份，有效率 89.75%。其中云浮 100 份，佛山 15 份，广州 25 份，梅州 50 份，汕头 80 份，汕尾 100 份，江门 14 份，湛江 90 份，潮州 100 份，茂名 94 份，韶关 50 份。从收回的问卷情况看，受访者回答问题比较认真，问卷质量较高，问卷反映的信息基本真实、可靠。

二、样本村基本情况

为了解被调查对象所在村基本情况,调查问卷中设置了如下问题,包括村所在位置的地理类型、村到县城距离、村交通是否方便、村是否有广播、村家庭总户数、总耕地面积、总人口数、人均年纯收入、村农业基础设施条件、村雇佣劳动力成本、村新型农业经营主体(包括种养大户、家庭农场、农民合作社、农业龙头企业)总户数、村新型职业农民数量、村农技人员数量、在农业生产经营中村民对政府期望等。本部分从以下三方面对村基本情况进行归纳整理。

(一)基本地理情况

1. 样本区域分布

本调查涵盖广东四个经济区域,即珠三角地区、粤东地区、粤西地区和粤北山区,涉及 11 个地级市(其中,潮州、茂名、汕头、汕尾、云浮、湛江占比超过 10%),13 个县区、18 个乡镇、76 个村、718 户。总样本中珠三角地区占 7.52%,粤东地区占 39%,粤西地区占 25.63%,粤北地区占 27.86%。详见表 5-1、5-2。

表5-1 样本地区情况分布表

地区	数频	百分比	累计百分比
珠三角	54	7.52	7.52
粤东	280	39.00	46.52
粤西	184	25.63	72.14
粤北山区	200	27.86	100.00
总计	718	100.00	—

表5-2 样本地区情况详细分布表

地级市	县、区	乡镇(街道)	村数	村名
潮州(13.2%)	饶平(13.2)	钱东(13.2)	10	沈厝、灰寨、钱塘、上浮、施厝、西港、下浮、小东、砚山、紫云
佛山(3.9%)	高明(3.9)	荷城(3.9)	3	圣堂、苏村、新墩
广州(3.9%)	白云(1.3)	人和(1.3)	1	南方
	花都(2.6)	赤坭(1.3)	1	荷塘
		炭步(1.3)	1	塱头
江门(3.9%)	台山(3.9)		3	东头、千秋、中朗
茂名(13.2%)	电白(13.2)	沙琅(6.6)	5	拱塘、后沟、莫村、坡仔、新城
		望夫(6.6)	5	坳背、登塘、丰垌、坡头、铺背
梅州(6.6%)	梅县(2.6)	松源(2.6)	2	彩山、径口
	兴宁(3.9)	坭陂(1.3)	1	理中
		新圩(2.6)	2	新北、新蓝
汕头(10.5%)	潮南(10.5)	陈店(9.2)	7	陈店、沟湖、湖西、美南、内新、溪北、溪口
		仙城(1.3)	1	文光
汕尾(13.2%)	陆丰(13.2)	碣石(13.2)	10	沈厝、后埔、角清、林厝、浅澳、上林、新安、新绕、张厝、钟厝
韶关(6.6%)	仁化(6.6)	长江(6.6)	5	河田、锦江、木溪、沙坪、塘洞
云浮(13.2%)	罗定(13.2)	附城(11.8)	9	大旁、凤凰、高峰、黄糯、罗溪、平湾、塔脚、同仁、星光
		罗平(1.3)	1	黄牛
湛江(11.8%)	徐闻(11.8)	龙塘(11.8)	9	安涌、岸东、大塘、福田、良姜、麻湖、水头、下池、杨宅

2. 样本村地理类型

从村地理类型来看，被调查的 76 个样本村中 45 个村处于平原地区，占总样本的 59.2%，为调查主体。25 个村处于丘陵地区，占总样本的 32.9%，6 个村处于山区，占总样本的 7.9%。见图 5-1。

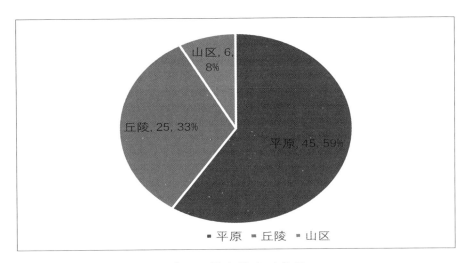

图5-1 样本村地理类型

3. 样本村到县城距离

从样本村到县城的距离来看，被调查的 76 个样本村中，到县城的距离在 5 公里以内有 11 个村，占总样本的 14.5%，距离在 5—10 公里的有 33 个，占总样本的 43.4%，距离在 10—20 公里的有 15 个，占总样本的 19.7%，距离在 20 公里以上的有 17 个，占总样本的 22.4%（见图 5-2）。此外，调查的 76 个样本村中，55 个村（占总样本的 72.4%）负责人表示村交通比较方便。

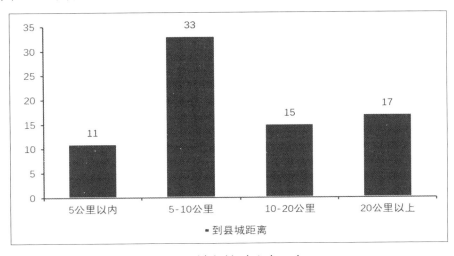

图5-2 样本村到县城距离

（二）基本社会经济情况

通过对回收问卷进行统计分析，本调查涉及的 76 个样本村的总体情况是：
（1）村平均家庭总户数为 385.61 户，平均耕地面积 801.37 亩，平均总人口数
2201 人。（2）村中平均种养大户 10.12 家，家庭农场 22.25 家，农民合作社 3.92
家，农业龙头企业 0.53 家（见图 5-3）。（3）村民中接受过培训的，平均每村
为 12.57 人，获得新型职业农民认定的，平均每村为 1.61 人（见图 5-4）。（4）
有 29 个村有农技人员，其中有 5 个以下农技人员的有 24 个村（见表 5-3）。（5）
有 57 个村（占总样本的 75.0%）通过广播来传播村基本信息。（6）18 个村（占
总样本的 23.7%）的农业基础设施条件较好，11 个村（占总样本的 14.5%）较差。
（7）有 14 位（占总样本的 19.7%）村干部表示本村雇佣劳动力的成本较高。

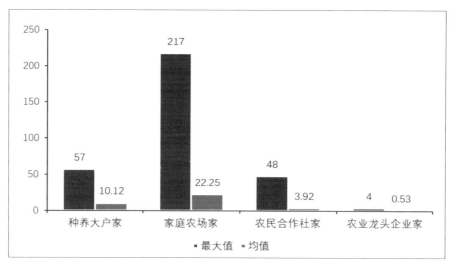

图5-3 样本村新型农业经营主体情况

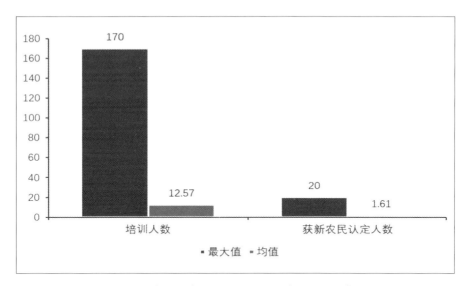

图5-4 样本村农民培训和职业农民认定情况

表5-3 样本村农技人员数

农技人员数		频率	百分比	有效百分比	累积百分比
有效	1	8	10.5	27.6	27.6
	2	4	5.3	13.8	41.4
	3	6	7.9	20.7	62.1
	4	2	2.6	6.9	69.0
	5	4	5.3	13.8	82.8
	7 以上	5	6.5	3.4	100
	总计	29	38.2	100.0	—
缺失	系统	47	61.8	—	—
总计		76	100.0	—	—

（三）样本村对寻求政府支持诉求情况

问卷中，样本村对寻求政府支持的诉求中，要求提供技术服务的占样本总数的79%，占各种诉求的31%，其次，为职业培训占样本总数的63%，占各种诉求的24%，再次，为加大直补占样本总数的42%，占各种诉求的16%（见图5-5）。

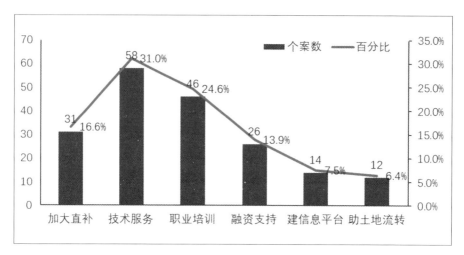

图5-5 村对寻求政府支持的诉求

三、被调查对象基本情况

为了解被调查对象基本情况，调查问卷中设置了如下问题，包括性别、年龄、学历、政治面貌、健康状况、家庭总人口数、家庭劳动力人数、务农劳动力人数、是否兼业、家中是否有干部、是否曾任村干部、是否曾外出打工、是否曾经商、是否参加了农业协会或专业合作社、是否购买了农业保险、是否订阅有关报纸杂志等问题，本部分将上述被调查对象的基本情况归纳为自然属性、政治经历属性、家庭经济属性、农业技能情况及风险意识五方面，被调查对象上述五方面的基本情况如下。

（一）自然属性

（1）从被调查对象的性别来看，718人中男性为466人，女性252人，比例分别是64.9%和35.1%。（2）从被调查对象的身体健康来看，自认为良好的572人，占比79.78%。一般及偏差145人，占20.22%。（3）从被调查对象的年龄来看，30岁以下为119人，占比为16.57%，30～39岁为169人，占比23.54%，40～49岁为244人，占比33.98%，50～59岁为136人，占比18.94%（见图5-6）。（4）从被调查对象的受教育程度来看，学历在初中及以下的比例为71.45%。其中，小学及以下占33%，初中占38%。大专以下仅为10%左右。这与第四次广东农业普查结果类似（见图5-7）。

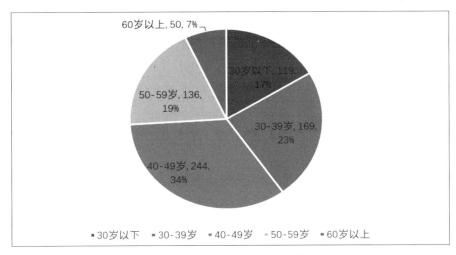

图5-6 被调查对象的年龄情况

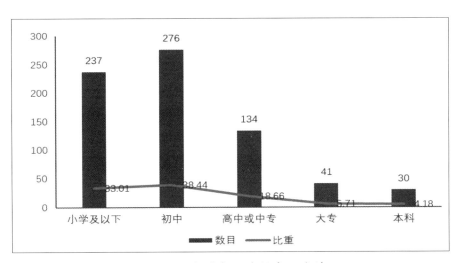

图5-7 被调查对象的受教育程度情况

（二）政治经历属性

（1）从被调查对象的政治面貌来看，中共党员35人，占4.87%，其他党团62人，占8.64%，群众621人，占比86.49%（见图5-8）。（2）从被调查对象的干部经历来看，有干部的家庭为113户，没有干部的家庭为605户。被调查对象中117人有村干部经历，601人没有村干部的经历。（3）从被调查对象的兼业情况来看，有 256 个（占比 35.65%）的被调查对象除了务农之外，还兼顾其他服务业者，462 个（占比 64.35%）的单纯从事农业种养业务。（4）从被调查对象的外出务工经历来看，有 367 人有外出打工的经历，占比 51.11%，351 人没有外出打工的经历，占 48.89%。（5）从被调查对象的经商经历来看，有 168 人有过经商的经历，占 23.4%，550 人没有经商经历，占比 76.6%。（见表 5-4）（6）从被调查对象订阅报纸杂志情况来看，样本中订阅有关报纸杂志的人数为 94 人，占被调查对象的 13.09%，没有订阅的人数为 624 人，站被调查对象的 86.91%。

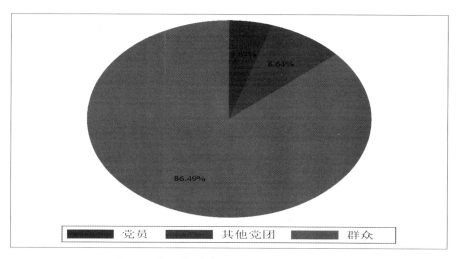

图5-8 被调查对象的政治面貌分布情况

表5-4 被调查对象的政治及经商经历情况

村干部	数目（人）	比重（%）	是否兼业	数目（人）	比重（%）
否	601	83.70	否	462	64.35
是	117	16.30	是	256	35.65
是否外出打工	数目（人）	比重（%）	是否有经商经历	数目	比重
否	351	48.89	否	550	76.60
是	367	51.11	是	168	23.40

（三）家庭经济属性

（1）被调查对象的家庭总人口 4 人以下 129 人，占 17%，4—8 人为 441 人，占比 61.42%。务农劳动力 2～3 人占比 72.07%，1 人占 117 人，占 16%，4 人以上 83 个，占 11%（见图 5-9）。（2）被调查对象的平均家庭年总收入为 10 万元以下有 340 人，占所有调查对象的 47.35%，平均家庭年总收入为 10 万～50 万有 344 人，占比 47.91%,50 万元以上仅有 34 人，占比 4.74%（见图 5-10）;（3）被调查对象的年投资规模 50 万以上的 548 人，占比 79.08%,50 万以下的 145 人，占比 20.92%。（4）被调查对象中 466 人有扩大生产经营规模的意愿，占被调查对象的 64.9%，252 人没有扩大生产经营规模意愿，占被调查对象的 35.1%（见表 5-5）。进一步对约束被调查对象扩大经营规模的因素进行调查，结果发现排前三位的因素分别是受个人经营能力限制、资金不足、缺少技术，比例分别为 62.81%、46.52%、43.87%。其次是雇工难原因，占比 32.03%（见图 5-11）。

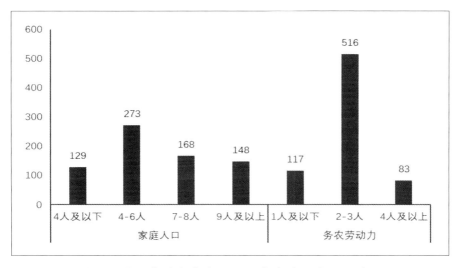

图5-9 被调查对象家庭人口及务农劳动力人数情况

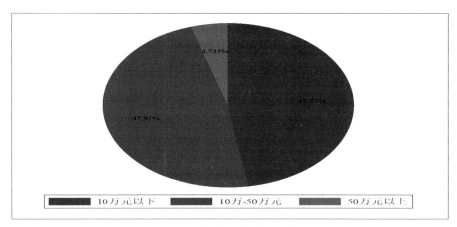

图5-10 被调查对象的家庭年总收入分布情况

表5-5 被调查对象的年投资规模及扩大规模意愿情况

年投资规模	数目	比重	扩大规模意愿	数目	比重
50万以下	548	79.08	否	252	35.10
50万以上	145	20.92	是	466	64.90

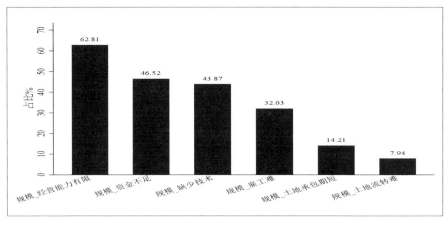

图5-11 影响被调查对象扩大生产经营规模的因素

（四）农业技能情况

（1）718 位被调查对象中有 426 人表示没有任何农业技能，占比 59.5%，有 290 人具备一定的农业技能，占比 40.5%。（2）有 623 人没有获得过新型职业农业经营主体认定，占比 87.13%，有 92 人表示获得过新型职业农业经营主体认定，比例为 12.87%。（3）有 593 人明确表示没有参加过任何技术培训，占被调查人数的 82.59%。参加过农业技术培训的人数有 125 人，占 17.41%。其中，参加过集中授课培训最大值 9 次，平均 1.94 次，有技术人员示范培训最大值 12 次，平均 2.06 次。进一步地，将参加技术培训与不同生产经营类型的新农主体进行交叉分析发现，纯种植新农主体参加技术培训的比例显著高于其他经营类型的新农主体（具体结果见第五章）。（4）被调查对象接受新技术培训意愿调查中，有 424 人明确表示有接受新技术培训的意愿，占被调查人数的 71.99%。有 165 人无接受新技术培训的意愿，占 28%（见表 5-7）。

表5-7 被调查对象的农业技能、新技术培训意愿等情况

是否有农业技能	数目	比重	是否新型职业农民	数目	比重
否	426	59.50	否	623	87.13
是	290	40.50	是	92	12.87
是否参加过技术培训	数目	比重	是否有新技术培训意愿	数目	比重
否	593	82.59	否	165	28.01
是	125	17.41	是	424	71.99

（五）风险意识

（1）从被调查对象参加农业协会或专业合作社情况来看，样本中有 655 人没有参加农业协会或专业合作社，占比 91.23%，参加农业协会或专业合作社的有 63 人，占比 8.77%。（2）从被调查对象购买农业保险的情况来看，购买了农业保险的人数为 232 人，占被调查对象的 32.36%，没有购买农业保险的人数为 485 人，占被调查对象的 67.64%。（3）从新农主体登记注册的情况来看，被调查的 716 户样本中，506 户没有在有关部门进行登记注册，占被调查对象的 70.97%，仅有 207 户进行了登记注册，占被调查对象的 29.03%（见表 5-7）。

（4）采用农业新技术时，样本中有319人，即43.18%的被调查者是跟着别人使用后才使用，较早主动使用农业新技术的比例为20.75%。之后为较晚使用者19.92%、还没有使用者13.93%，而最早使用者仅为2.23%（见图5-12）。此外，进一步分析发现家庭年总收入越高，年投资规模越大，种养总规模越大的被调查对象越早使用新技术。

表5-7 被调查对象加入农协会、购买保险情况

是否加入农协合作社	数目	比重	是否购买保险	数目	比重
否	655	91.23	否	485	67.64
是	63	8.77	是	232	32.36

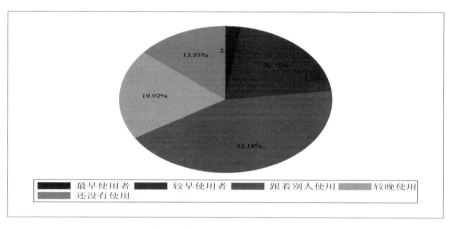

图5-12 被调查对象所属新技术人员类型分布情况

四、被调查对象生产经营情况

（一）经营类型

从718户被调查对象的生产经营类型来看，纯种植大户295户，占被调查对象的41.09%，纯养殖大户101人，占被调查对象的14.07%，种养大户138人，占被调查对象的19.22%，种养兼休闲184人，占被调查对象的25.63%（见图5-13）。

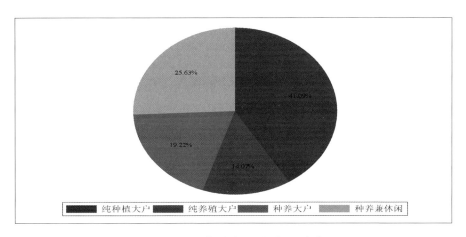

图5-13 被调查对象的生产经营类型

（二）经营品类

对回收问卷整理发现，广东新农主体的生产经营的农产品品种包括5类，分别是水稻、禽畜、果蔬、水产和花卉。718户被调查对象种植的农作物及养殖的动物情况是（种植和养殖有重叠的情况）：种植农作物的共有743户，其中水稻占38.3%，果蔬占62.12%，花卉占3.06%。养殖动物共有319户，其中禽畜占38.02%，水产占6.41%（见表5-8）。

表5-8 被调查对象的生产经营品类

品种	水稻	禽畜	果蔬	水产	花卉
样本数	275	273	446	46	22
比重	38.30%	38.02%	62.12%	6.41%	3.06%

（三）经营规模

被调查对象的经营规模主要用农作物种植（水产养殖）面积（亩），动物存出栏数（头）表示。农作物种植（水产养殖）样本数为630户，平均种植（养殖）面积为28.98亩；动物存栏数（头）的样本数为270户，平均养殖动物存栏数为307.45只，出栏数（头）的样本数为231户，平均养殖动物出栏数为

165.46 只（见表5-9）。

表5-9 被调查对象的生产经营规模

经营规模	观测值	均值	标准差	最小值	最大值
农作物种植（水产养殖）面积	630	28.97524	38.33947	1	300
动物存栏数	270	307.4481	607.154	1	5000
出栏数	231	165.4589	349.0793	0	3000

（四）经营年限与土地承包期

样本中，已从事农业生产的经营年限为10年以上的有120人，占比17.17%，5—10年的有249人，占比35.62%，经营3—5年的有184人，占比26.32%，3年以下的有146人，占比20.89%。

经营主体的土地承包期3年以下的有198人，占比28.74%，土地承包期3—5年的有174人，25.25%，土地承包期5—10年的有133人，占比19.3%，土地承包期10年以上的有184人，占比26.71%（见表5-10）。

表5-10 被调查对象的生产经营年限与土地承包年限

时间	土地承包年限		经营年限	
	数目	比重	数目	比重
3年以下	198	28.74	146	20.89
3～5年	174	25.25	184	26.32
5～10年	133	19.30	249	35.62
10年以上	184	26.71	120	17.17
全部	689	100.00	699	100.00

五、被调查对象生产经营中的其他困境

（一）扩大规模意愿及约束因素

被调查对象中，有466人有扩大生产经营规模的意愿，占被调查对象的64.9%，252人没有扩大规模意愿，占35.1%，说明多数被调查对象对经营前景有信心，见图5-14。

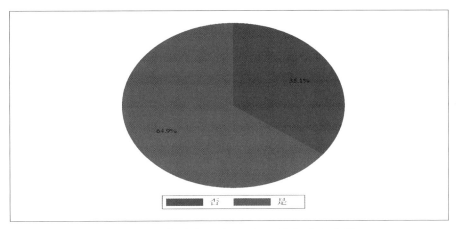

图5-14 被调查对象扩大经营规模意愿分布情况

对约束被调查对象扩大经营规模的因素的进一步调查中，排前三位的因素分别是受个人经营能力限制、资金不足、缺少技术，比例分别为62.81%、46.52%、43.87%。其次是雇工难原因，占比32.03%。其他分别是土地承包期短占14.21%，土地流转难占7.94%，见图5-15。

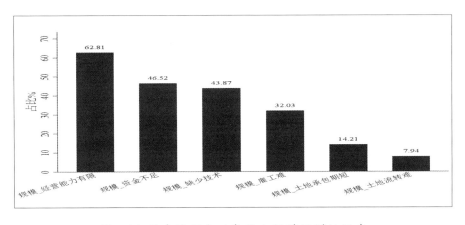

图5-15 约束被调查对象扩大经营规模的因素

（二）最担心的变化（风险）

生产经营过程中，被调查对象最担心的变化依次是农产品价格下跌

（57.66%）、销售困难（46.38%）、生产资料价格上涨（39.97%）、补贴政策变化（28.97%）、农技跟不上（24.79）、旱涝病虫害（24.09%）、雇工难（17.83%），见图5-16。

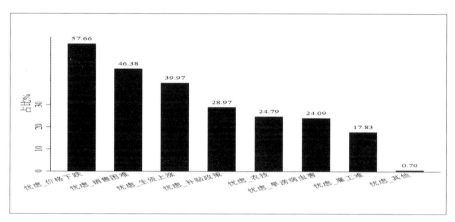

图5-16 被调查对象生产经营过程中最担心的变化

具体到不同生产经营类型的经营主体忧虑与担心的问题详细情况如表5-11，总体上，排前三位的依然是农产品价格下跌、销售困难及生产资料价格上涨。

表5-11 被调查对象面临的经营问题

项 目	忧虑与担心							经营年限							样本数
经营类型	生资上涨	价格下跌	销售困难	补贴政策	旱涝病虫害	农技	雇工难	良种供应	技术推广	农资价格	产品价格低	销售问题	劳力少	环境污染	
纯种植大户	0.44	0.63	0.49	0.28	0.27	0.27	0.15	0.32	0.67	0.29	0.27	0.41	0.41	0.41	0.41
纯养殖大户	0.29	0.39	0.34	0.18	0.08	0.08	0.12	0.25	0.51	0.07	0.01	0.29	0.29	0.29	0.29
种养大户	0.36	0.54	0.55	0.26	0.19	0.19	0.12	0.17	0.59	0.11	0.28	0.51	0.51	0.51	0.51
种养兼休闲	0.43	0.62	0.43	0.39	0.33	0.33	0.3	0.4	0.65	0.34	0.24	0.49	0.49	0.49	0.49
汇总比例	0.4	0.58	0.46	0.29	0.24	0.24	0.18	0.3	0.63	0.24	0.23	0.43	0.43	0.43	0.43
总样本	287	414	333	208	173	173	128	218	453	172	164	311	311	311	311

（三）急需解决的问题

农业生产经营中，被调查对象表示，急需解决的问题依次是技术推广（63.09%）、销售问题（43.31%）、良种供应（30.36%）、环境污染（24.33%）、农资价格高（23.96%）、劳力少（23.54%）、农产品价格低（22.84%）。但具体到不同类型的生产经营主体的急需要解决的问题存在一定差异，纯种植大户前三位分别是技术推广、销售问题和良种供应问题。种养大户和纯养殖大户主要是技术推广问题和销售问题，种养兼休闲大户除此以外还对环境污染问题较为关注，见图5-17。

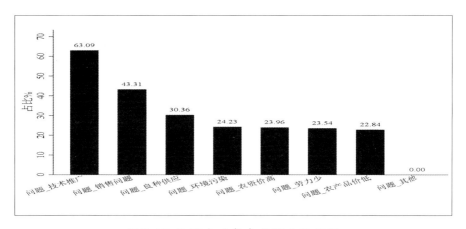

图5-17 被调查对象急需解决的问题

（四）需要政府的支持

关于经营主体农业生产经营过程中需要政府提供的帮助，调查显示，被调查对象需要政府提供技术服务（67.55%）、加大农业直补（43.04%）、建立销售渠道信息平台（34.68）、加强职业农民培育（32.31%）、提供融资支持（27.99%）、协助土地流转（27.30）、提供先进的生产设备（22.42）、新办公司，对农产品深加工（9.61%），见图5-18。

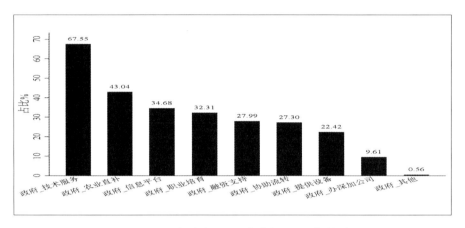

图5-18 被调查对象需要政府提供的支持情况

六、本章结论

本章在介绍《广东新型农业经营主体技术需求情况调查问卷》调查方案设计基础上，对回收问卷的样本村、被调查对象的基本情况以及生产经营情况进行了简单统计分析，发现：

1. 样本村基本情况是：样本村涵盖广东省的珠三角地区、粤东地区、粤西地区和粤北山区四个经济区域，涉及 11 个地级市，13 个县区、18 个乡镇、76 个村、718 户。76 个样本村在平原地区，样本村到县城的距离在 5—10 公里的有 33 个，样本村要求政府提供技术服务的诉求占样本总数的 79%，其次，为职业培训占样本总数的 63%。

2. 被调查对象的基本情况是：被调查的 718 户户主中，男性为 466 人，女性 252 人。年龄在 30 ～ 39 岁之间的为 169 人，40 ～ 49 岁之间的为 244 人，受教育程度在初中以下的占 71%；441 人家庭总人口 4 ～ 8 人，平均家庭年总收入为 10 万元以下有 340 人，548 人年投资规模 50 万以上，466 人有扩大生产经营规模的意愿；426 人表示没有任何农业技能，623 人没有获得过新型职业农民认定，593 人明确表示没有参加过任何技术培训，424 人明确表示有接受新技术培训的意愿；655 人没有参加农业协会或专业合作社，232 人购买了农业保险，319 人跟着别人使用新技术，506 户没有在有关部门进行登记注册。

3. 被调查对象的生产经营情况是：被调查的 718 户中，纯种植户 295 户，纯养殖户 101 人，种养户 138 人，种养兼休闲户 184 人；种植农作物的共有 743 户，其中，水稻占 38.3%，果蔬占 62.12%，花卉占 3.06%，养殖动物共有 319 户，其中禽畜占 38.02%，水产占 6.41%；630 户的平均农作物种植（水产养殖）面积为 28.98 亩；270 户平均动物存栏数（头）为 307.45 只，平均养殖动物出栏数为 165.46 只；120 人已从事农业生产经营年限为 10 年以上，249 人经营年限为 5—10 年；土地承包期 3 年以下的有 198 人，3—5 年的有 174 人。

此外，本章还对调查问卷中与经营主体生产经营有关的其他问题及诉求进行统计分析，结果如下：

1. 有 64.9% 的被调查对象有扩大生产经营规模的意愿，约束被调查对象扩大经营规模排前三位的因素分别是受个人经营能力限制、资金不足、缺少技术。

2. 生产经营中，被调查对象最担心的排前三位的变化，依次是农产品价格下跌、销售困难及生产资料上涨。需要解决的问题，对纯种植大户来说排前三位的分别是技术推广、销售问题和良种供应问题。种养大户和纯养殖大户所面临的问题主要是技术推广问题和销售问题，种养兼休闲大户除对上述问题关注以外，还对环境污染问题较为关注。

3. 被调查对象农业生产经营中，急需解决的问题依次是技术推广、销售问题、良种供应、环境污染、农资价格高、劳力少、农产品价格低等。

4. 被调查对象需要政府提供的支持比例由大到小依次是技术服务、加大农业直补、建立销售渠道信息平台、加强职业农民培育、提供融资支持、协助土地流转等。

第六章 广东新农主体农业技术服务获得、
认知及需求情况

本章主要对调查问卷中广东新型农业经营主体对获得过或希望获得的传统技术和新技术服务、认知及需求情况进行统计分析和交叉分析。

一、获得过传统技术服务情况
（一）获得过传统技术服务类型
对718位被调查对象获得过的传统技术服务类型进行调查，整理发现，被调查对象在生产经营中获得过的传统技术服务类型排前三位的依次是施肥技术、病虫害防治技术、良种及栽培技术，被选比例依次是52.51%、46.94%、32.45%。后三位的依次是加工储藏技术、防灾减灾技术、质量安全检测技术，被选比例依次是11%、10.58%、9.33%（见图6-1）。

服务的情况

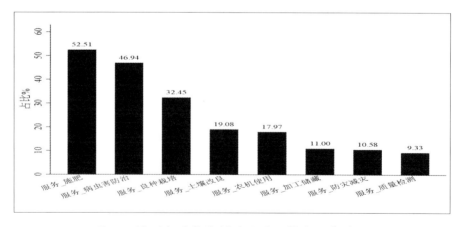

图6-1 被调查对象获得过的传统技术服务情况

（二）获得传统技术服务的渠道

对 718 位被调查对象获得传统技术服务的渠道进行调查，排名依次是自己琢磨（48.05%）、其他农民教（42.34%）、技术员推广（34.26%）、市场购买（29.25%）、村推广（23.82%）、协会推广（17.83%）、政府推广（12.4%）、其他（0.14%）（见图 6-2）。

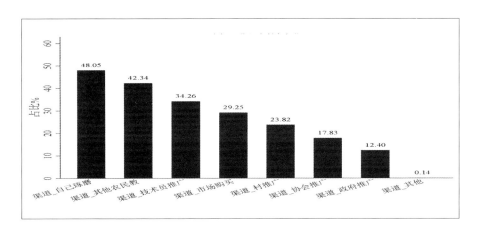

图6-2 被调查对象获得传统技术服务的渠道

二、获得急需技术服务情况

（一）急需技术难题情况

被问及被调查对象生产经营中急需解决的技术难题时，调查结果显示：由大到小依次是病虫害防治技术（42.34%）、施肥技术（35.24%）、良种及栽培技术（29.39%）、土壤改良技术（27.16%）、农机使用技术（25.91%）、加工储藏技术（23.4%）、防灾减灾技术（17.13%）、质量安全检测技术（12.4%）（见图6-3）。

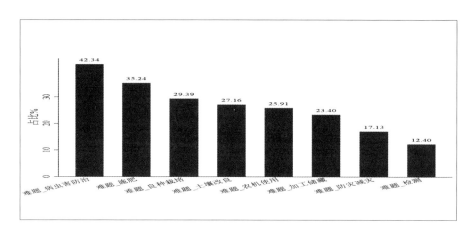

图6-3 被调查对象急需解决技术难题情况

对不同类型新农主体与急需技术进行交叉分析,结果发现,纯种植大户主要面临病虫害防治、施肥、良种栽培、土壤改良、农机使用等难题;纯养殖大户为良种栽培、病虫害防治;种养大户为病虫害防治、施肥、农机使用;种养兼休户病虫害防治、施肥、栽培土壤改良、良种栽培(见图6-4)。

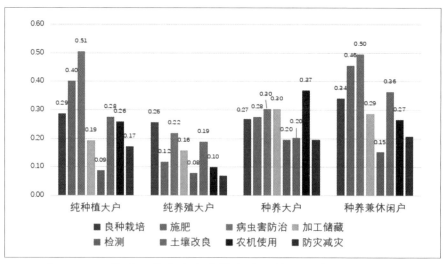

图6-4 不同类型经营主体急需技术难题情况(单位:%,个)

（二）获得急需技术服务方式

被问及被调查对象获得上述急需农业技术服务的方式时，统计结果显示，通过亲友乡邻获得的比重最大，占40.77%，其次是通过农技人员获得的比重为33.09%，专业协会10.55%，示范户能人8.39%，各级干部6.47%（见图6-5）。

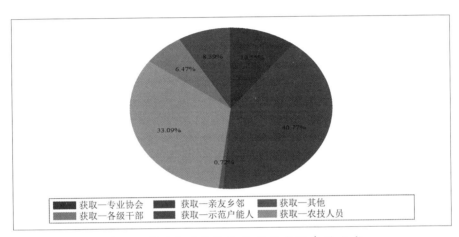

图6-5 被调查对象获取急需技术服务的方式

（三）获得急需技术服务便利性

从被调查对象获得急需的技术服务的难易程度来看，479人占比66.71%的表示不容易获得急需的农业技术服务。239人（33.29%）表示容易获得急需的农业技术服务（见图6-6）。

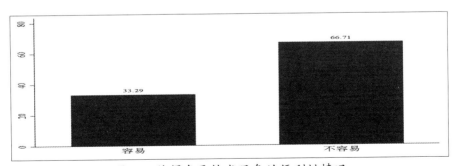

图6-6 获得急需技术服务的便利性情况

三、新技术认知情况

本书广东新型农业经营主体认知的农业新技术主要指2014—2016年广东省农业厅主推的8类综合性农业技术和44类特种农业技术，44类特种农业技术具体包括水稻技术8类，果蔬技术13类，果树技术7类，花卉技术5类，畜牧兽医技术11类，具体内容分别见：（一）综合性农业技术认知；（二）特种农业新技术认知中水稻技术认知、果蔬种植技术认知、花卉种植技术认知、禽畜、水产养殖技术认知。

问卷中，项目组专门设置了广东新型农业主体对上述农业新技术了解情况的问题，从回收问卷来看，整体上，被调查对象对上述农业新技术了解程度结果如下：表示很了解的仅有20人（占2.79%）、较了解的133人（占18.52%）、一般了解的244人（占33.98%）、了解不多的265人（占36.91%）、一点不了解的56人（占7.8%）。这表明，被调查对象对广东农业厅主推的农业新技术了解程度还有较大的提升空间，政府还很有必要加大宣传力度。8类综合性农业技术及44类特种农业技术中22类主要技术的认知情况（见图6-7）。

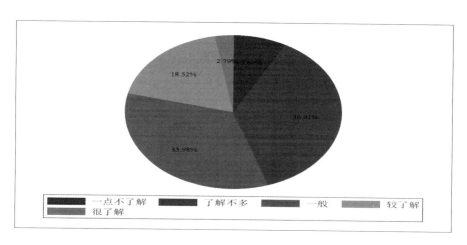

图6-7 被调查对象对农业厅主推的新技术了解情况

（一）综合性农业新技术认知

2014—2016 年广东省农业厅主推的 8 类综合性农业技术，包括①农作物测土配方施肥技术；②耕地保护与质量提升技术；③农作物病虫害绿色防控技术；④有机营养液肥高效使用技术；⑤土壤有机质提升技术；⑥水肥一体化灌溉施肥技术；⑦性诱剂捕虫器防虫技术；⑧农业物联网关键技术推广。被调查对象对上述 8 类综合性农业新技术的了解程度排名依次为：耕地保护与质量提升技术占 36.63%、农作物测土配方施肥技术占 29.53%、农作物病虫害绿色防控技术占 26.18%、土壤有机质提升技术占 25.07%、水肥一体化灌溉施肥技术占 18.52%、有机营养液肥高效使用技术占 18.38%、农业物联网关键技术推广占 9.47%、性诱剂捕虫器防虫技术占 8.77%（见图 6-8）。

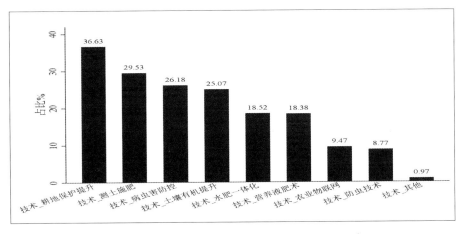

图6-8 被调查对象对综合性新农业技术认知情况

（二）特种农业新技术认知

1. 水稻技术认知

2014—2016 年广东省农业厅主推的 8 种特种水稻技术包括：①双季超级稻强源活库优米栽培技术；②水稻"三控"技术；③水稻"两迁"害虫抗药性检（监）测与治理技术；④稻鸭共作生产绿色安全稻米关键技术；⑤水稻生产机械化育插秧技术推广应用；⑥自走履带式纵轴流水稻联合收割机械化技术；⑦谷物烘

干机械化技术；⑧稻田福寿螺发生危害的全程综合防控技术。被调查对象对上述 8 类特种水稻技术了解程度排名依次为：收割机械化技术占 21.87%、双季稻栽培技术占 21.45%、三控技术占 19.36%、稻鸭共作技术占 15.18%、福寿螺防控技术占 12.53%、两迁害虫抗药技术占 9.19%、烘干机械化技术占 8.77%、机械化育插秧技术占 8.36%（见图 6-9）。

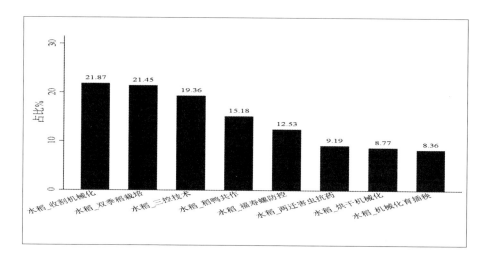

图6-9 被调查对象对综合水稻技术认知情况

2. 果蔬种植技术认知

2014—2016 年广东省农业厅主推的 6 种特种果蔬种植技术包括：①蔬果类农产品中农药残留、重金属、硝酸盐快速检测技术；②果蔬干燥、脱水技术，如荔枝果干功效的节能干燥方法、热泵干燥桑椹果干技术等；③加工技术，如果蔬鲜切加工技术、果汁果酒加工技术、龙眼果肉多糖功能食品基料的加工技术、荔枝加工副产物高值化利用技术；④果蔬的高效栽培、生产技术，如冬种马铃薯、香蕉、无籽沙糖桔、台湾青枣高效栽培技术、除草地膜覆盖栽培技术等；⑤丰产技术，例如三红蜜柚"矮化密植、早结丰产"技术等；⑥产期调控技术，例如龙眼叶面喷施氯酸钾近季产期调控技术等。被调查对象对上述 6 类特种果蔬种植技术了解程度排名依次为：果蔬高效栽培技术占 25.49%、加工技术占 19.36%、快速检测技术占 15.04%、丰产技术占 13.79%、果蔬节能干燥技术占 9.19%、产期调控技术占 8.08%（见图 6-10）。

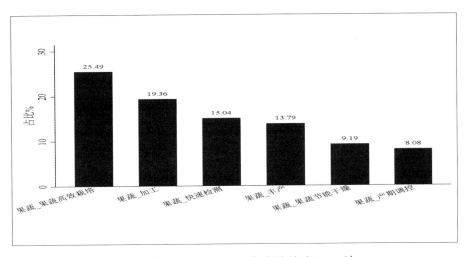

图6-10 被调查对象对果蔬种植技术认知情况

3. 花卉种植技术认知

2014—2016年广东省农业厅主推的4种特种花卉种植技术包括：①盆栽生产技术，如红掌、竹芋等；②微型盆栽标准化生产技术；③生产技术规范推广，如金钱树等；④高效栽培技术，如珠三角地区切花百合等。被调查对象对上述4类特种花卉种植技术了解程度排名依次为：盆栽生产技术占16.71%、高效栽培技术占9.05%、微型盆栽标准化技术占5.85%、技术规范推广技术占5.57%（见图6-11）。

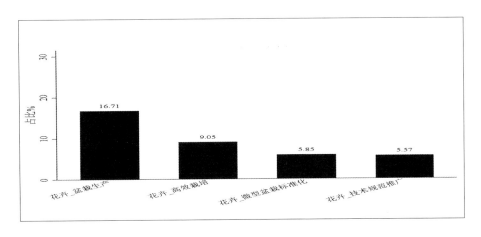

图6-11 被调查对象对花卉种植技术认知情况

4. 禽畜、水产养殖技术认知

2014—2016 年广东省农业厅主推的 4 种特种禽畜、水产养殖技术包括：①疫病综合防控技术，例如牛羊、口蹄疫综合防治技术、禽畜疫病远程诊疗技术、黄羽肉鸡营养需要与肉品质调控技术等；②品质改善技术，如改善猪肉品质的关键营养技术、黄羽肉鸡肉质改良营养技术；③饲养管理技术，如狮头鹅饲养管理技术、鸡抗应激饲料与饲养技术、蛋鸭营养需要及饲料高效配置技术、黄羽肉鸡安全低排放饲料配制技术等；④加工技术，如奥式风味休闲禽肉制品加工技术等。被调查对象对上述 4 类特种禽畜、水产养殖技术了解程度排名依次为：养殖－饲养管理技术占 16.57%、养殖－疫病防控技术占 16.43%、养殖－品质改善技术占 11.70%、养殖－加工技术占 10.86%（见图 6-12）。

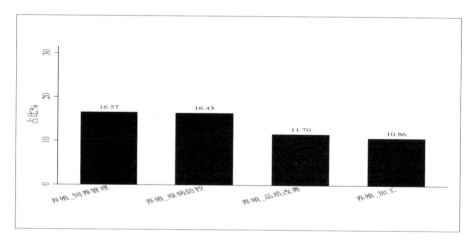

图 6-12 被调查对象对禽畜、水产养殖技术认知情况

四、新技术需求情况

（一）新技术需求情况

被调查对象中有 545 名被调查者明确表示对新技术有需求，占全部调查总数的 75.91%，有 173 名被调查者表示对新技术没有需求，占全部调查总数的 24.09%（见图 6-13）。

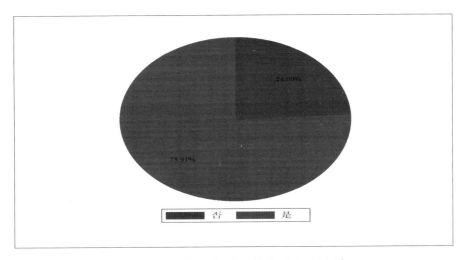

图6-13 被调查对象对新技术需求分布情况

（二）获取新技术服务渠道情况

被调查对象获取上述农业新技术信息的渠道，调查显示主要来源依次是电视（52.36%）、亲友乡邻（49.44%）、农技人员（36.77%）、报纸（25.77%）、各级干部（19.5%）、科技下乡活动（18.8%）、政府的科技宣传资料（13.93%）、专业协会（5.71%）、示范户（5.57%）。表明新农主体获取新技术主要靠自身通过大众媒体、熟悉的人等渠道去获得，政府的新技术宣传推广工作并不能及时传播到新农主体手中（见图 6-14）。

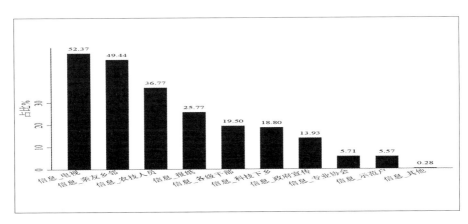

图6-14 被调查对象获取以上技术信息的渠道情况

（三）新技术需求的迫切程度

从被调查对象选择2014—2016年广东省农业厅主推的8类综合性农业新技术的频数，可以反映广东新型农业经营主体对新技术的需求迫切程度，从统计结果来看，选择耕地保护与质量提升技术、农作物测土配方施肥技术、农作物病虫害绿色防控技术、土壤有机质提升技术的频数分别是263、212、188、180，在样本中占比分别为36.63%、29.53%、26.18%、25.07%，在被调查对象选择所有的综合新技术中的占比分别是21.11%、17.01%、15.09%、14.45%，表明被调查对象对上述4种综合性农业新技术需求的迫切程度比较高（见表6-1）。

表6-1 综合性农业新技术需求情况

综合性农业技术	频数	样本中占比	技术中占比
耕地保护与质量提升技术	263	36.63%	21.11%
农作物测土配方施肥技术	212	29.53%	17.01%
农作物病虫害绿色防控技术	188	26.18%	15.09%
土壤有机质提升技术	180	25.07%	14.45%
水肥一体化灌溉施肥技术	133	18.52%	10.67%
有机营养液肥高效使用技术	132	18.38%	10.59%
农业物联网关键技术推广	68	9.47%	5.46%
性诱剂捕虫器防虫技术	63	8.77%	5.06%
其他	7	0.97%	0.56%

同理，从被调查对象选择2014—2016年广东省农业厅主推的特种农业新技术（水稻、果蔬、花卉、养殖）的频数，可以反映广东新型农业经营主体对特种新技术的需求迫切程度。从水稻新技术统计结果来看，选择双季超级稻强源活库优米栽培技术、自走履带式纵轴流水稻联合收割机械化技术、水稻"三控"技术分别是399、157、139，在样本中占比分别为55.57%、21.87%、19.36%，在被调查对象选择所有的水稻新技术中的占比分别是36.84%、14.50%、12.83%，表明被调查对象对上述3种水稻新技术需求的迫切程度比较高（见表6-2）。

表6-2 水稻新技术需求情况（N=718）

水稻新技术	频数	样本中占比	技术中占比
双季超级稻强源活库优米栽培技术	399	55.57%	36.84%
自走履带式纵轴流水稻联合收割机械化技术	157	21.87%	14.50%
水稻"三控"技术	139	19.36%	12.83%
稻鸭共作生产绿色安全稻米关键技术	109	15.18%	10.06%
水稻生产机械化育插秧技术推广应用	60	8.36%	5.54%
水稻"两迁"害虫抗药性检（监）测与治理技术	66	9.19%	6.09%
谷物烘干机械化技术	63	8.77%	5.82%
稻田福寿螺发生危害的全程综合防控技术	90	12.53%	8.31%

从果蔬新技术统计结果来看，被调查对象对高效栽培生产技术、加工技术需求的迫切性程度较高（见表6-3）。从养殖新技术统计结果来看，饲养管理技术、疫病综合防控技术需求的迫切性程度较高。从花卉新技术统计结果来看，盆栽生产技术、高效栽培技术需求的迫切性程度较高（见表6-4）。

表6-3 果蔬新技术需求情况（N=718）

果蔬新技术	频数	样本中占比	技术中占比
高效栽培生产技术	183	25.49%	28.02%
加工技术	139	19.36%	21.29%
快速检测技术	108	15.04%	16.54%
丰产技术	99	13.79%	15.16%
干燥、脱水技术	66	9.19%	10.11%
产期调控技术	58	8.08%	8.88%

表6-4 花卉、养殖新技术需求情况（N=718）

花卉新技术	频数	样本中占比	技术中占比	养殖新技术	频数	样本中占比	技术中占比
盆栽生产技术	120	16.71%	45%	饲养管理技术	119	16.57%	29.82%
高效栽培技术	65	9.05%	24%	疫病综合防控技术	118	16.43%	29.57%
微型盆栽标准化生产技术	42	5.85%	16%	品质改善技术	84	11.70%	21.05%
生产技术规范推广	40	5.57%	15%	加工技术	78	10.86%	19.55%

（四）不同类型主体对新技术需求的迫切程度

对不同类型新农主体与综合性农业新技术进行交叉分析，结果发现，纯种植大户对耕地保护提升、土壤有机提升技术需求较为迫切；纯养殖大对土壤有机提升、耕地保护提升技术需求较为迫切；种养大户对测土施肥技术、耕地保护提升技术、病虫害防控技术、水肥一体化技术需求较为迫切；种养兼休户对测土施肥、病虫害防控技术需求较为迫切（见表6-5，图6-11）。

表6-5 不同类型经营主体选择综合性新技术情况

经营类型	测土施肥	耕地保护提升	病虫害防控	营养液肥术	土壤有机提升	水肥一体化	防虫技术	农业物联网	其他	总技术数	总样本数	均值
纯种植大户	0.29	0.51	0.28	0.19	0.36	0.17	0.11	0.08	0.00	586	295	1.99
纯养殖大户	0.23	0.28	0.14	0.10	0.29	0.10	0.01	0.17	0.00	132	101	1.31
种养大户	0.30	0.30	0.33	0.20	0.15	0.30	0.14	0.11	0.04	259	138	1.88
种养兼闲户	0.34	0.23	0.26	0.21	0.13	0.17	0.06	0.06	0.01	269	184	1.46
汇总比例	0.30	0.37	0.26	0.18	0.25	0.19	0.09	0.09	0.01	—	718	1.74
总样本数	212	263	188	132	180	133	63	68	7	1246	—	—

注：由于是多选题，横竖百分比加总不为100%。分子为新技术需求数，分母为受访样本数。

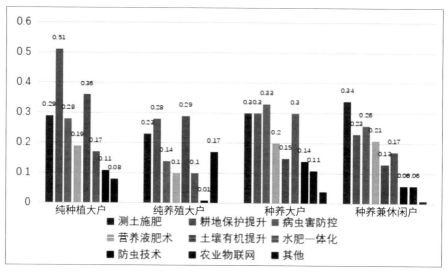

图6-15 不同类型经营主体选择综合性新技术情况

五、经营主体生产经营情况与技术需求行为的相关性分析

为了了解广东新农主体农业技术需求或选择行为影响因素，本部分将调查问卷中所有可能与技术需求或技术选择有关的因变量与所有可能的自变量（即影响因素）分别做交叉分析。借鉴文献研究成果及考虑广东实际情况，调查问卷中，所有可能与农业技术需求或技术选择有关的因变量包括：有否农业技能、是否获得新型职业农民认定、对新技术了解程度、是否有新技术需求、是否有新技术培训意愿、能否获得急需技术服务、有否参加过技术培训。所有可能影响因素包括被调查对象的基本情况、生产经营情况及样本村基本情况等。限于篇幅，本部分重点汇报与研究目的密切相关的被调查对象生产经营情况与可能因变量的交叉分析结果，此外，仅保留通过了卡方检验的交叉分析结果（以下同）。

（一）生产经营类型与技术需求行为的交叉分析

问卷中被调查对象的生产经营类型包括六类，分别是纯种植大户、纯养殖大户、种养结合、种植兼休闲、养殖兼休闲、种养结合兼休闲，分别与可能因变量的进行交叉分析，结果汇总如表6-6。生产经营类型与可能因变量交叉分析结果的详细情况如表6-7、表6-8、表6-9、表6-10、表6-11。

表6-6 生产经营类型主体与各因变量交叉分析结果

自变量	因变量	P 值	显著性	符号
经营类型	有否农业技能	0.000	***	种或养大户比例高 +
经营类型	有否获得新型职业农民认定	0.062	*	种养大户高 +
经营类型	对新技术了解程度	0.000	***	种养大户高 +
经营类型	是否有新技术需求	0.037	**	种养大户高 +
经营类型	是否有新技术培训意愿	0.003	***	纯养殖大户比例高 +

注：*、**、*** 表示通过1%、5%、10% 显著水平下的卡方检验（以下同）

1. 与有否农业技能的交叉分析结果

表6-7 不同经营类型主体与有否农业技能的交叉分析

经营类型	有否农业技能		
	否	是	总计
纯种植大户	193	102	295
	65.42	34.58	100.00
纯养殖大户	70	30	100
	70.00	30.00	100.00
种养大户	51	87	138
	36.96	63.04	100.00
种养兼休闲户	112	71	183
	61.20	38.80	100.00
总计	426	290	716
	59.50	40.50	100.00

表6-7中,第一,716名被调查农业经营主体中,只有290名有农业技能,占所有调查对象的40.5%,426名没有农业技能,占所有被调查对象的59.5%;第二,不同类型的经营大户获得农业技能的情况比较,种养大户最高,也仅为63.04%,其次是种养兼休闲大户为30%;第三,除种养大户获得农业技能的比例高于没有获得农业技能的比例之外,其余经营类型的大户有农业技能的比例均低于没有农业技能的比例。

2. 与是否获得新型职业农民认定的交叉分析结果

表6-8 不同经营主体获得新型职业农民认定情况

经营类型	有否获得新型职业农民认定		
	否	是	总计
纯种植大户	250	45	295
	84.75	15.25	100.00
纯养殖大户	89	11	100
	89.00	11.00	100.00
种养大户	116	22	138
	84.06	15.94	100.00
种养兼休闲户	168	14	182
	92.31	7.69	100.00
总计	623	92	715
	87.13	12.87	100.00

表 6-8 中，第一，715 名被调查对象中，只有 92 名经营主体获得新型职业农民认定，占所有调查对象的 12.87%，623 名没有获得新型职业农民认定，占所有被调查对象的 87.13%；第二，不同类型的经营大户获得新型职业农民认定的情况比较，种养大户最高，也仅为 15.94%；第三，所有经营类型的大户没有获得新型职业农民认定的比例均远高于获得新型职业农民认定的比例。

3. 与对农业新技术了解程度的交叉分析结果

表6-9 不同经营类型主体对农业新技术了解情况

经营类型	对新技术了解程度					
	一点不了解	了解不多	一般	较了解	很了解	总计
纯种植大户	10	86	120	71	8	295
	3.39	29.15	40.68	24.07	2.71	100.00
纯养殖大户	5	38	30	23	5	101
	4.95	37.62	29.70	22.77	4.95	100.00
种养大户	13	52	42	27	4	138
	9.42	37.68	30.43	19.57	2.90	100.00
种养兼休闲户	28	89	52	12	3	184
	15.22	48.37	28.26	6.52	1.63	100.00
总计	56	265	244	133	20	718
	7.80	36.91	33.98	18.52	2.79	100.00

从上表6-9可知，总的来看，被调查经营主体对农业新技术"一点不了解"和"了解不多"比例和为44.71%，高于"较了解"和"很了解"比例和（21.31%）。同时，所有不同的经营类型对农业新技术"较了解"和"很了解"比例和，均小于"一点不了解"和"了解不多"比例和。

4. 与是否有新技术需求的交叉分析结果

表6-10 不同经营类型大户的农业新技术需求情况

经营类型	是否有新技术需求		
	否	是	总计
纯种植大户	79	216	295
	26.78	73.22	100.00
纯养殖大户	18	83	101
	17.82	82.18	100.00
种养大户	24	114	138
	17.39	82.61	100.00
种养兼休闲户	52	132	184
	28.26	71.74	100.00
总计	173	545	718
	24.09	75.91	100.00

表6-10表明，无论从平均数来看，还是不同类型经营主体来看，对新技术有需求大户比例均高于没需求的，表明广东农业经营主体对新技术的认知比较强。但是，仍然存在相当大比例的经营主体对新技术没有需求，718户经营主体对新技术有需求的比例为75.91%，还存在24.09%的经营主体对新技术没有需求。其中种养兼休闲大户没技术需求的比例最高为28.26%，其次是纯种植大户的比例为26.78%。

5. 与是否有新技术培训意愿的交叉分析结果

表6-11 不同经营类型大户的农业新技术培训意愿情况

经营类型	是否有新技术培训意愿		
	否	是	总计
纯种植大户	72	160	232
	31.03	68.97	100.00
纯养殖大户	16	78	94
	17.02	82.98	100.00
种养大户	23	89	112
	20.54	79.46	100.00
种养兼休闲户	54	97	151
	35.76	64.24	100.00
总计	165	424	589
	28.01	71.99	100.00

表 6-11 表明，无论从平均数来看，还是不同类型经营主体来看，愿意接受新技术培训的比例均高于不愿意接受的比例，表明广东农业经营主体的对新技术的认知比较强。但是，仍然存在相当大比例的经营主体对新技术没有需求，718 户经营主体意愿接受新技术培训的比例为 71.99%，还存在 28.01% 的经营主体不愿意接受新技术培训。其中，种养兼休闲大户不愿意接受新技术培训的比例最高为 35.76%，其次为纯种植大户，比例为 31.03%。

（二）经营品种与技术需求行为的交叉分析

调查问卷中被调查对象的生产经营品种包括水稻、禽畜、果蔬、水产、花卉 5 类，将各经营品种分别与可能因变量进行交叉分析，并保留通过显著性检验的结果，汇总结果如表 6-12。

表6-12 经营品种与与各因变量交叉分析结果

自变量	因变量	P 值	显著性	符号
品种	有否农业技能	0.000	***	水稻高＋、禽畜＋
品种	对新技术了解程度	0.000	***	禽畜－果蔬－
品种	是否有新技术需求	0.015	**	水稻＋
品种	能否获得急需技术服务	0.000	***	禽畜－果蔬＋
品种	有否参加过技术培训	0.011	**	果蔬＋
品种	是否有新技术培训意愿	0.003	***	禽畜＋

将各经营品种与上表 6-12 中通过显著性检验的因变量进行进一步交叉分析，由于篇幅限制，交叉分析图表省略，仅保留以下分析结果：（1）将水稻、禽畜、果蔬、水产、花卉 5 类品种分别与有否农业技能进行交叉分析，结果显示：水稻种植者（50%）比非水稻种植者（34%）有农业技能的多，禽畜养殖者（51%）比非禽畜养殖者（33%）有农业技能的多；（2）将水稻、禽畜、果蔬、水产、花卉 5 类品种分别与对新技术了解程度进行交叉分析，结果显示：禽畜养殖者（53%）比非禽畜养殖者（54%）对新技术了解少，果蔬（52%）比非果蔬（56%）对新技术了解低；（3）将水稻、禽畜、果蔬、水产、花卉 5 类品种分别与是否有新技术需求进行交叉，结果显示：水稻种植者有农业技术需求比率为 79% 大于非水稻种植者的 73%，其他品种不显著；（4）将水稻、禽畜、果蔬、水产、花卉 5 类品种分别与能否获得急需技术服务进行交叉分析，结果显示：禽畜养殖者（26%）比非禽畜养殖者（37%）获得急需服务少，果蔬种植者（38%）比非果蔬种植者（24%）高；（5）将水稻、禽畜、果蔬、水产、花卉 5 类品种分别与有否参加过技术培训进行交叉分析，结果显示：果蔬种植者（20%）比非果蔬种植者（12%）参加过技术培训的比例高；（6）将水稻、禽畜、果蔬、水产、花卉 5 类品种分别与是否有新技术培训意愿进行交叉分析，结果显示：禽畜养殖者（76%）比非禽畜养殖者（69%）的新技术培训意愿高。

（三）经营规模与技术需求行为的交叉分析

本研究将被调查对象经营规模归纳为农作物水产面积规模、养殖规模和种养总规模三类。将三种经营规模与可能因变量做交叉分析，并保留通过显著性检验的结果，汇总结果如表 6-12。

表6-12 经营规模与各因变量交叉分析结果

自变量	因变量	P 值	显著性	符号
经营规模	有否农业技能	0.008	***	–
经营规模	对新技术了解程度	0.000	***	+
经营规模	是否获得急需技术服务	0.000	***	不确定
经营规模	是否有新技术培训意愿	0.003	***	+

将三类经营规模分别与表 6-12 中通过显著性检验的因变量进行交叉进一步分析，由于篇幅限制，交叉分析图表省略，仅保留以下分析结果。

（1）农作物水产面积规模与上述通过显著性检验的可能因变量分别进行交叉分析，结果显示：有否农业技能：农作物水产面积小，有农业技能越多，比例为49%，100 亩以上为43%，面积50 亩的比例最低，为18%；对新技术了解程度：农作物水产面积越大，了解多，比例为46%，规模中为26%，规模小为16%；是否获得急需技术服务：农作物水产面积中等规模最高，比例为50%，小规模为30%，大规模为16%。（2）养殖规模与上述通过显著性检验的可能因变量分别进行交叉分析，结果显示：有否农业技能：养殖规模小的，有农业技能的比例高；对新技术了解程度：养殖规模越大，对新技术了解越多；是否获得急需技术服务：养殖规模越小，更容易获得急需技术服务；是否有新技术培训意愿：养殖规模大，对新技术培训的意愿越强。（3）种养总规模与上述通过显著性检验的可能因变量分别进行交叉分析，结果显示：是否有农业技能：种养总规模小的，有技能占比更多；对新技术了解程度：种养总规模越大，对新技术更了解；是否获得急需技术服务：种养总规模越大，更容易获得急需技术服务。

（四）注册与技术需求行为的交叉分析

将是否注册与各可能因变量做交叉分析，保留通过显著性检验的变量，汇成结果如表 6-13。

表6-13 注册与否与各因变量交叉分析结果

自变量	因变量	P值	显著性	符号
注册	有否农业技能	0.000	***	+
注册	是否新型职业农民认定	0.000	***	+
注册	对新技术了解程度	0.000	***	+
注册	有否新技术需求	0.000	***	+
注册	是否参加过技术培训	0.000	***	+
注册	有否新技术培训意愿	0.009	***	+

对通过上表6-13显著性检验的因变量与注册做交叉进一步分析，由于篇幅限制，交叉分析图表省略，仅保留以下分析结果。

（1）在有农业技能的被调查对象中注册的比例为54.4%，高于没注册的比例（35%）；（2）通过新型职业农民认定的被调查对象中注册的比例为23.3%，高于没注册的比例（8.7%）；（3）对新技术了解程度高的被调查对象中注册比例为41.1%，高于没注册的比例（13.5%）；（4）对新技术有需求的被调查对象中注册的比例为85%，高于没注册的比例71.9%；（5）参加过技术培训的被调查对象中注册的比例为26.1%，高于没注册的13.8%；（6）对新技术有培训意愿的被调查对象中注册的比例为82.7%，高于没注册的比例70.9%。

（五）经营年限与土地承包年限与技术需求行为的交叉分析

将被调查对象的经营年限与土地承包年限分为3年以下、3—5年、5—10年、10年以上四个层次。将经营年限与土地承包年限与问卷中各可能因变量做交叉分析，保留通过显著性检验的变量，汇成结果如下总表6-14。

表6-14 经营年限或承包年限与各因变量交叉分析结果

自变量	因变量	P值	显著性	符号
经营或承包年限	有否农业技能	0.000	***	+
经营或承包年限	对新技术了解程度	0.000	***	+
经营或承包年限	有否新技术需求	0.000	***	不确定
经营或承包年限	能否获得急需技术服务	0.001	***	−
经营或承包年限	有否参加过技术培训	0.003	***	−
经营或承包年限	有否新技术培训意愿	0.003	***	不确定

进一步对表 6-14 通过显著性检验的变量与经营年限或土地承包年限做交叉分析，由于篇幅限制，分析图表省略，仅保留以下交叉分析结果。

（1）经营或承包年限时间越长，被调查对象有农业技能比例越高，10 年以上比例为 62%，3—5 年为 40%，3 年以下为 16%；（2）经营或承包年限为 5—10 年的被调查对象对新技术了解的比例最高，为 25%；（3）经营或承包年限为 10 年以上的被调查对象对新技术有需求的比例为 80%；（4）经营或承包年限 5 年以上的被调查对象，认为较难获得急需服务，比例为 71%；（5）经营或承包年限 5 年以上的被调查对象，参加过技术培训时间越长，培训比例越少；（6）经营或承包年限 3—5 年的被调查对象，有较强的新技术培训意愿，比例为 80%；（7）经营或承包年限时间越长，新型职业农业经营主体认定比例越高。

（六）家庭总收入与技术需求行为的交叉分析

将家庭总收入与各可能因变量做交叉分析，保留通过显著性检验的变量，结果汇成表 6-15。

表6-15 家庭年总收入与各因变量交叉分析结果

自变量	因变量	P 值	显著性	符号
家庭年总收入	有否农业技能	0.002	***	+
家庭年总收入	是否新型职业农民认定	0.000	***	+
家庭年总收入	对新技术了解程度	0.000	***	+
家庭年总收入	是否获得急需技术服务	0.026	**	−

对通过上表 6-15 显著性检验的变量与家庭总收入做交叉进一步分析，由于篇幅限制，分析图表省略，分析结果如下：（1）家庭年总收入越高，有农业技能比例越大。家庭年总收入 10 万元以下、10—50 万元、50 万元以上有农业技能的比例分别是 36%、41%、67%；（2）家庭年总收入越高，获得新型职业农民认定的比例越大，比例分别是 9.5%、13%、44%；（3）家庭年总收入越高，对新技术越了解，比例分别是 13%、24%、55%；（4）家庭年总收入 10 万元以下、10 万～50 万元、50 万元以上能获得急需技术服务的比例依次是 38%、28%、32%。

（七）年投资规模与技术需求行为的交叉分析

将年投资规模与各可能因变量做交叉分析，保留通过显著性检验的变量，结果汇成表6-16。

表6-16 年投资规模与与各因变量交叉分析结果

自变量	因变量	P值	显著性	符号
年投资规模	是否新型职业农民认定	0.000	***	+
年投资规模	对新技术了解程度	0.000	***	+
年投资规模	是否参加过技术培训	0.003	***	+

对上表6-16通过显著性检验的变量与家庭总收入、年投资规模、扩大规模意愿做交叉进一步分析，由于篇幅限制，分析图表省略，分析结果如下：(1)年投资规模越大，获得新型职业农民认定比例越高；(2)年投资规模越大，参加过技术培训的比例越高，因而对新技术越了解。

六、本章结论

本章对回收问卷中涉及被调查的新型农业经营主体获得的技术服务、对新技术认知和需求进行简单统计分析，同时将被调查对象的生产经营情况与农业技术需求或选择行为密切相关的因变量进行了交叉分析，结果如下：

1. 新农主体获得传统技术服务情况

被调查对象在生产经营中获得过的传统技术服务排前三位的依次是施肥技术、病虫害防治技术、良种及栽培技术，比例依次是52.51%、46.94%、32.45%。获得上述传统技术服务的渠道排名依次是自己琢磨（48.05%）、其他农民教（42.34%）、技术员推广（34.26%）、市场购买（29.25%）、村推广（23.82%）、协会推广（17.83%）、政府推广（12.4%）。

2. 新农主体获得急需技术需求情况

被调查对象生产经营中急需解决技术难题，由大到小依次是病虫害防治技术（42.34%）、施肥技术（35.24%）、良种及栽培技术（29.39%）、土壤改良技术（27.16%）、农机使用技术（25.91%）、加工储藏技术（23.4%）、防灾减灾技术（17.13%）、质量安全检测技术（12.4%）。获得上述急需农业技术服务方式依次是亲友乡邻（40.77%）、农技人员（33.09%）、专业协会（10.55%）、示范户能人（8.39%）、各级干部（6.47%）。

3. 新农主体对新技术的认知和需求情况

第一，被调查对象对综合性新农业技术了解占 2 成，不了解占 4 成，了解程度存在严重不足或滞后。第二，被调查对象对综合性农业新技术的了解程度排名依次为：耕地保护与质量提升技术占 36.63%、农作物测土配方施肥技术占 29.53%、农作物病虫害绿色防控技术占 26.18%、土壤有机质提升技术占 25.07%、水肥一体化灌溉施肥技术占 18.52%、有机营养液肥高效使用技术占 18.38%、农业物联网关键技术推广占 9.47%、性诱剂捕虫器防虫技术占 8.77%。第三，对新技术需求情况：有 75% 的人表达有需求，表明对新技术需求比较强烈。第四，获取上述农业新技术信息的渠道，主要来源依次是电视（52.36%）、亲友乡邻（49.44%）、农技人员（36.77%）、报纸（25.77%）、各级干部（19.5%）、科技下乡活动（18.8%）、政府的科技宣传资料（13.93%）、专业协会（5.71%）、示范户（5.57%）。

被调查对象对新技术认知、需求不足的可能原因之一，广东农业技术供给不足，扩散缓慢，农业技术推广体系不够健全，农业推广效率低下。可能原因之二，由于被调查对象对技术应用的效果存在疑虑，作为理性经济人的经营主体会权衡技术收益、风险、成本、周期，才可能做出技术采用与否的判断。

4. 生产经营情况与农业技术需求或技术选择密切相关因变量交叉分析结果

将调查问卷中所有可能与技术需求或技术选择有关的因变量与所有可能的自变量（即影响因素）分别做交叉分析。被调查对象生产经营情况与可能因变量的通过了卡方检验的交叉分析结果如下：

（1）与生产经营类型显著相关的可能因变量有：有否农业技能、有否获得新型职业农民认定、对新技术了解程度、是否有新技术需求、是否有新技术培训意愿。

（2）与经营品种显著相关的可能因变量有：有否农业技能、对新技术了解程度、是否有新技术需求、能否获得急需技术服务、有否参加过技术培训、是否有新技术培训意愿。

（3）与经营规模显著相关的可能因变量有：有否农业技能、对新技术了解程度、是否获得急需技术服务、是否有新技术培训意愿。

（4）与注册显著相关的可能因变量有：有否农业技能、是否新型职业农民认定、对新技术了解程度、有否新技术需求、是否参加过技术培训、有否新技术培训意愿。

（5）与经营或承包年限显著相关的可能因变量有：有否农业技能、对新技术了解程度、有否新技术需求、能否获得急需技术服务、有否参加过技术培训、有否新技术培训意愿。

（6）与家庭年总收入显著相关的可能因变量有：有否农业技能、是否新型职业农民认定、对新技术了解程度、是否获得急需技术服务。

（7）与年投资规模显著相关的可能因变量有：是否新型职业农民认定、对新技术了解程度、是否参加过技术培训。

第七章 新农主体使用农业技术的经济效益现实观照

为了解广东新型农业经营主体选择并使用农业新技术对生产经营效益的影响,调查问卷中,项目组设置了几个与之相关的问题,分别为获得过哪些新技术、新技术是否能提高经济效益等,对上述问题进行统计分析及交叉分析,可以了解广东新农主体采用新技术提高经济效益情况。

一、使用农业技术提高经济效益的总体情况

通过对回收问卷的数据整理分析,项目组发现:715个被调查的农业经营主体中,有564人,即78.88%,明确表示使用农业技术能有效提高农业经营效益,有151人,占比21.12%,则表示不能提高农业经营效益(图7-1)。

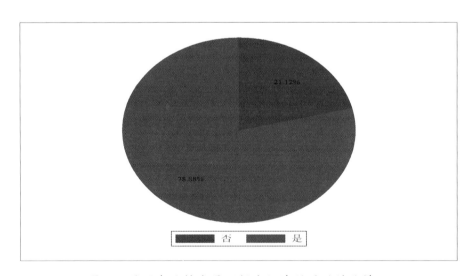

图7-1 使用农业技术是否提高经济效益的总体情况

二、采用不同技术类型与提高经济效益交叉分析

通过对新型农业经营主体已经获得过的传统技术服务分别与是否提高经济效益进行列联表分析，良种及栽培技术与是否提高经济效益的交叉分析结果见表7-1。

表7-1 良种及栽培技术与提高经济效益交叉分析

服务—良种及栽培技术	提高经营效益		
	否	是	总计
否	116	368	484
	23.97%	76.03%	100.00
是	35	196	231
	15.15%	84.85%	100.00
总计	151	564	715
	21.12%	78.88%	100.00

上表7-1中，二者交叉分析结果的卡方值通过了1%水平下显著性检验，说明采用良种及栽培技术与提高经济效益显著相关。列联表显示结果表明，通过采用良种及栽培技术提高经济效益的比例为84.85%，高于没有采用该技术的比例，表明采用良种及栽培技术能显著提高经营主体的经济效益。

将农业经营主体获得过的其他技术服务，如施肥技术、病虫害防治技术、加工储藏技术、质量安全检测技术、土壤改良技术、农机使用技术、防灾减灾技术分别与是否提高了经济效益进行交叉分析，列联表输出结果分别如表7-2、表7-3、表7-4、表7-5、表7-6、表7-7、表7-8。

表7-2 施肥技术与提高经济效益交叉分析

服务 —施肥技术	提高经营效益		
	否	是	总计
否	83	257	340
	24.41%	75.59%	100.00
是	68	307	375
	18.13%	81.87%	100.00
总计	151	564	715
	21.12%	78.88%	100.00

表7-3 施肥技术与提高经济效益交叉分析

服务—病虫害 防治制技术	提高经营效益		
	否	是	总计
否	82	298	380
	21.58%	78.42%	100.00
是	69	266	335
	20.60%	79.40%	100.00
总计	151	564	715
	21.12%	78.88%	100.00

表7-4 加工储藏技术与提高经济效益交叉分析

服务—加工 储藏技术	提高经营效益		
	否	是	总计
否	133	503	636
	20.91%	79.09%	100.00
是	18	61	79
	22.78%	77.22%	100.00
总计	151	564	715
	21.12%	78.88%	100.00

表7-5 质量安全检测技术与提高经济效益交叉分析

服务—质量安全检测技术	提高经营效益		
	否	是	总计
否	145	503	648
	22.38%	77.62%	100.00
是	6	61	67
	8.96%	91.04%	100.00
总计	151	564	715
	21.12%	78.88%	100.00

表7-6 土壤改良技术与提高经济效益交叉分析

服务—土壤改良技术	提高经营效益		
	否	是	总计
否	128	451	579
	22.11%	77.89%	100.00
是	23	113	136
	16.91%	83.09%	100.00
总计	151	564	715
	21.12%	78.88%	100.00

表7-7 农机使用技术与提高经济效益交叉分析

服务—农机使用技术	提高经营效益		
	否	是	总计
否	133	453	586
	22.70%	77.30%	100.00
是	18	111	129
	13.95%	86.05%	100.00
总计	151	564	715
	21.12%	78.88%	100.00

表7-8 防灾减灾技术与提高经济效益交叉分析

服务—防灾减灾技术	提高经营效益		
	否	是	总计
否	139	501	640
	21.72%	78.28%	100.00
是	12	63	75
	16.00%	84.00%	100.00
总计	151	564	715
	21.12%	78.88%	100.00

　　从以上表 7-2 至表 7-8 输出结果来看，大多数情况下，新型农业经营主体获得农业技术服务并提高经济效益的比例明显高于没有获得技术服务的大户，且施肥技术、质量安全检测技术、农机使用技术的卡方值通过了显著性检验。因此，本项目认为使用农业技术比较显著地提高了经营主体的生产经营效益，农业技术应该得到推广应用。

三、不同类型经营主体、采用技术与经济效益交叉分析
（一）不同经营类型主体、采用技术与经济效益交叉分析
　　对不同经营类型的经营主体、是否采用农业技术（包括采用何种技术）、是否提高经营效益三者之间进行交叉分析，结果如表 7-9。

表7-9 不同经营类型主体、是否采用技术与提高经济效益交叉分析

经营类型	测量	提高经营效益		总计
		是	否	
纯种植大户	计数	237	57	294
	百分比	80.6%	19.4%	100.0%
纯养殖大户	计数	76	25	101
	百分比	75.2%	24.8%	100.0%
种养结合	计数	125	12	137
	百分比	91.2%	8.8%	100.0%
种植兼休闲户	计数	83	39	122
	百分比	68.0%	32.0%	100.0%
养殖兼休闲户	计数	8	6	14
	百分比	57.1%	42.9%	100.0%
种养结合兼休闲户	计数	35	12	47
	百分比	74.5%	25.5%	100.0%
合计	计数	564	151	715
	百分比	78.9%	21.1%	100.0%

表 7-9 中，总体上，被调查经营主体采用技术并提高经济效益的比例为 78.9%，远高于没有提高经济效益的 21.1% 比例。其中，纯种植、纯养殖、种养结合主体采用新技术并提高生产经营效益的比例分别是 80.6%、75.2%、91.2%，远高于没有提高生产经营效益的比例。种植兼休闲、养殖兼休闲、种养结合兼休闲主体采用新技术并提高生产经营效益的比例稍低，在 57.1% ~ 74.5% 之间，均高于没有提高生产经营效益的比例。

对不同生产经营类型主体、获得过的各类技术服务（如良种栽培技术、施肥技术、病虫害防治技术、加工储藏技术、质量安全检测技术、土壤改良技术、农机使用技术、防灾减灾技术）与是否提高经营效益三个变量之间进一步进行交叉分析，输出结果如表 7-10 至表 7-17（考虑分析结果具有相似性，以下仅分析不同经营类型、良种栽培技术与提高经营效益三者之间的交叉输出结果）：

表7-10 不同经营类型主体、良种栽培技术与提高经济效益交叉分析

经营类型	服务—良种栽培技术		
	否	是	总计
纯种植大户	78.01%	85.4%	80.6%
	191	103	294
纯养殖大户	69.9%	89.3%	75.2%
	73	28	101
种养大户	90.5%	92.85%	91.2%
	95	42	137
种养兼休闲大户	65.6%	75.9%	68.9%
	125	58	183
总计	76.0%	84.8%	78.9%
	484	231	715

注：调查对象共715户，其中231户选择了良种栽培技术，484户没有选择良种栽培技术，231户中84.84%的大户认为提高了经济效益，484户中76.0%的大户认为没有提高经营效益。（以下同）

表7-10中数据表明：第一，从第三列来分析，不同经营主体采用良种栽培技术后，提高经济效益的比例平均为84.8%，其中，种养大户最高为92.85%，最低是种养兼休闲大户，但也达到75.9%。第二，第三列和第二列相比，采用良种栽培技术的经营大户，提高经济效益的比例均高于没选择该技术的大户，平均高出没采用的8.8%（即84.8%～76%），其中纯养殖大户效益提升明显，高出没采用者20%（即89.3%～69.9%）。第三，从最后一列来看，无论是否采用该技术，不同经营大户提高经济效益的比例平均为78.9%，其中，仍然是种养大户最高，为91.2%，最低是种养兼休闲大户为68.9%。

表7-11 不同经营类型主体、施肥技术与提高经济效益交叉分析

经营类型	服务—施肥技术		
	否	是	总计
纯种植大户	81%	81%	81%
	130	164	294
纯养殖大户	71%	87.5%	75%
	77	24	101
种养大户	89%	92%	91%
	47	90	137
种养兼休大户	64%	73%	69%
	86	97	183
总计	76%	82%	79%
	340	375	715

表7-12 不同经营类型主体、病虫害防治技术与提高经济效益交叉分析

经营类型	服务—病虫害防治技术		
	否	是	总计
纯种植大户	83%	78%	81%
	143	151	294
纯养殖大户	68%	96%	75%
	76	25	101
种养大户	91%	92%	91%
	66	71	137
种养兼休闲大户	71%	67%	69%
	95	88	183
总计	78%	79%	79%
	380	335	715

表7-13 不同经营类型主体、加工储藏技术与提高经济效益的交叉分析

经营类型	服务—加工储藏技术		
	否	是	总计
纯种植大户	83%	68%	81%
	253	41	294
纯养殖大户	72%	100%	75%
	90	11	101
种养大户	90.4%	100%	91%
	125	12	137
种养兼休闲大户	69%	67%	.69%
	168	15	183
总计	79%	77%	79%
	636	79	715

表7-14 不同经营类型主体、质量检测技术与提高经济效益交叉分析

经营类型	服务—质量检测		
	否	是	总计
纯种植大户	79%	92%	81%
	268	26	294
纯养殖大户	75%	80%	75%
	91	10	101
种养大户	90%	100%	91%
	117	20	137
种养兼休闲大户	68%	82%	69%
	172	11	183
总计	78%	91%	79%
	648	67	715

表7-15 不同经营类型主体、土壤改良技术与提高经济效益交叉分析

经营类型	服务－土壤改良技术		
	否	是	总计
纯种植大户	79%	87.5%	81%
	230	64	294
纯养殖大户	76%	70%	75%
	91	10	101
种养大户	92%	87.5%	91%
	105	32	137
种养兼休闲大户	68%	73%	69%
	153	30	183
总计	78%	83%	79%
	579	136	715

表7-16 不同经营类型主体、农技使用技术与提高经济效益交叉分析

经营类型	服务－农机使用技术		
	否	是	总计
纯种植大户	79%	87%	81%
	225	69	294
纯养殖大户	75%	83%	75%
	95	6	101
种养大户	90%	97%	91%
	106	31	137
种养兼休闲大户	69%	70%	69%
	160	23	183
总计	77%	86%	79%
	586	129	715

表7-17 不同经营类型主体、防灾减灾技术与提高经济效益交叉分析

经营类型	服务－防灾减灾技术		
	否	是	总计
纯种植大户	80%	83%	81%
	264	30	294
纯养殖大户	75%	80%	75%
	96	5	101
种养大户	90%	100%	91%
	121	16	137
种养兼休闲大户	68%	75%	69%
	159	24	183
总计	78%	84%	79%
	640	75	715

从上表 7-11 至表 7-17 可知，不管是整体上看，还是分不同经营类型主体采用不同的技术类型来看，使用新技术获得经济效益的比例均高于没有获得经济效益的比例。这表明，从不同类型的经营主体采用农业技术获得经济效益的实际情况来看，采用农业新技术大部分都能提高经营主体的经济效益。

（二）不同经营规模主体、采用技术与经济效益交叉分析

考虑被调查对象的农作物（水产养殖）面积数据收集比较完整，本部分分析不同经营规模主体与采用农业新技术、提高经济效益的关系时，以农作物（水产养殖）规模为例，将实际收集的农作物（水产养殖）面积的调查数据分为3类，对不同经营规模的经营主体、是否采用农业新技术、是否提高经营效益进行交叉分析，结果如表 7-18。

表7-18 不同经营规模主体、是否采用新技术与提高经济效益交叉分析

农作物	提高经营效益		
（水产养殖）面积	否	是	总计
1—49 亩	89	359	448
	19.87%	80.13%	100.00
50—99 亩	39	111	150
	26.00%	74.00%	100.00
100 亩以上	1	29	30
	3.33%	96.67%	100.00
总计	129	499	628
	20.54%	79.46%	100.00

表 7-18 中，总体上，不同经营规模主体获得新技术提高经济效益的比例为 79.46%，远高于没有提高经济效益的 20.54% 比例，且通过了 5% 水平下的卡方检验。从不同农作物（水产养殖）规模来看，农作物（水产养殖）面积 1—49 亩、50—99 亩、100 亩以上的经营主体获得新技术提高经济效益的比例依次是 80.13%、74%、96.67% 均远高于没有提高经济效益的比例。尤其是 100 亩以上的经营主体，比例差距高达 93%（即 96.67%—3.33%）。

进一步地，对不同生产经营规模主体、获得过的各类农业技术服务（如良种栽培技术、施肥技术、病虫害防治技术、加工储藏技术、质量安全检测技术、土壤改良技术、农机使用技术、防灾减灾技术）与是否提高经营效益三个变量之间进行交叉分析，输出结果如表 7-19 至表 7-25（考虑分析结果具有相似性，以下仅分析不同经营规模主体、良种栽培技术与提高经营效益三者之间的交叉输出结果）：

表7-19 不同经营规模主体、良种栽培新技术与提高经济效益交叉分析

农作物 （水产养殖）面积	服务——良种栽培		
	否	是	总计
1—49 亩	78%	84%	80%
	311	137	448
50—99 亩	69%	82%	74%
	90	60	150
100 亩以上	93%	100%	97%
	14	16	30
总计	77%	85%	79%
	415	213	628

由表 7-19 可知，总的来看，不同规模经营主体采用良种栽培技术提高经济效益的比例为 85%，高于没有提高经济效益的 77% 比例。其中农作物（水产养殖）面积 50 ～ 99 亩二者之间的差距较大，采用良种栽培技术经济效益的比例为 82%，高于没有提高经济效益的比例 13%。

表7-20 不同经营规模主体、施肥新技术与提高经济效益交叉分析

农作物 （水产养殖）面积	服务——施肥		
	否	是	总计
1—49 亩	75%	83%	80%
	179	269	448
50—99 亩	73%	75%	74%
	70	80	150
100 亩以上	96%	100%	97%
	23	7	30
总计	76%	82%	79%
	272	356	628

表7-21 不同经营规模主体、病虫害防治新技术与提高经济效益交叉分析

农作物（水产养殖）面积	服务 —— 病虫害防治		
	否	是	总计
1—49 亩	80%	80%	80%
	232	216	448
50—99 亩	75%	73%	74%
	60	90	150
100 亩以上	95%	100%	97%
	22	8	30
总计	80%	79%	79%
	314	314	628

表7-22 不同经营规模主体、加工储藏新技术与提高经济效益交叉分析

农作物（水产养殖）面积	服务 —— 加工储藏		
	否	是	总计
1—49 亩	80%	79%	80%
	409	39	448
50—99 亩	76%	64%	74%
	125	25	150
100 亩以上	100%	86%	97%
	23	7	30
总计	80%	75%	79%
	557	71	628

表7-23 不同经营规模主体、土壤改良新技术与提高经济效益交叉分析

农作物（水产养殖）面积	服务 —— 土壤改良		
	否	是	总计
1—49 亩	79%	83%	80%
	353	95	448
50—99 亩	72%	82%	74%
	122	28	150
100 亩以上	96%	100%	97%
	24	6	30
总计	78%	84%	79%
	499	129	628

表7-24 不同经营规模主体、农机使用新技术与提高经济效益交叉分析

农作物	服务 —— 农机使用		
（水产养殖）面积	否	是	总计
1—49 亩	78%	89%	80%
	367	81	448
50—99 亩	73%	78%	74%
	114	36	150
100 亩以上	96%	100%	97%
	24	6	30
总计	78%	87%	79%
	505	123	628

表7-25 不同经营规模主体、防灾减灾新技术与提高经济效益交叉分析

农作物	服务 —— 防灾减灾		
（水产养殖）面积	否	是	总计
1—49 亩	80%	84%	80%
	398	50	448
50—99 亩	72%	85%	74%
	130	20	150
100 亩以上	97%	0%	97%
	30	0	30
总计	79%	84%	79%
	558	70	628

从表 7-19 至表 7-25 可知，不管是整体上看，还是不同经营规模的主体获得不同农业技术来看，使用新技术获得经济效益的比例均高于没有获得经济效益的比例。这表明，从不同规模的经营主体采用农业技术获得经济效益的实际情况来看，采用农业新技术大部分都能提高经营主体的经济效益。

（三）不同使用时机主体、采用技术与经济效益的交叉分析

对新技术使用不同类型的经营主体、是否采用农业新技术、是否提高经营效益进行交叉分析，结果如表 7-26。

表7-26 不同使用时期主体、是否采用新技术与提高经济效益交叉分析

新技术人类型	提高经营效益		
	否	是	总计
最早使用	75%	1	93.8%
	4	12	16
较早使用	64%	81.5%	78.5%
	25	124	149
跟着别人	59%	85.8%	80.5%
	61	247	308
较晚使用	72.7%	79.3%	78.3%
	22	121	143
还没有使用	41%	56.7%	50.5%
	39	60	99
总计	57.6%	80.7%	75.8%
	151	564	715

对新技术使用不同类型的经营主体、获得过的各类农业技术服务（如良种栽培技术、施肥技术、病虫害防治技术、加工储藏技术、质量安全检测技术、土壤改良技术、农机使用技术、防灾减灾技术）与是否提高经营效益三个变量之间进行交叉分析，输出结果如表 7-27 至表 7-34：

表7-27 不同使用时期主体、良种栽培技术与提高经济效益交叉分析

新技术人类型	服务——良种栽培技术		
	否	是	总计
最早使用	50%	90%	75%
	6	10	16
较早使用	79%	88%	83%
	81	68	149
跟着别人	78%	85%	80%
	223	85	308
较晚使用	83%	89%	82%
	107	36	14
还没有使用	55%	72%	61%
	67	32	99
总计	76%	85%	79%
	484	231	715

表7-28 不同使用时期主体、施肥技术与提高经济效益交叉分析

新技术人类型	服务——施肥技术		
	否	是	总计
最早使用	79%	50%	75%
	14	2	16
较早使用	81%	86%	83%
	86	63	149
跟着别人	75%	83%	80%
	121	187	308
较晚使用	76%	92%	85%
	67	76	143
还没有使用	65%	55%	61%
	52	47	99
总计	76%	82%	79%
	340	375	715

表7-29 不同使用时期主体、病虫害防治技术与提高经济效益交叉分析

新技术人类型	服务——病虫害防治技术		
	否	是	总计
最早使用	86%	0	75%
	14	2	16
较早使用	84%	81%	83%
	96	53	149
跟着别人	82%	80%	80%
	140	168	308
较晚使用	83%	86%	85%
	66	77	143
还没有使	58%	66%	61%
	64	35	99
总计	78%	79%	79%
	380	335	715

表7-30 不同使用时期主体、加工储藏技术与提高经济效益交叉分析

新技术人类型	服务——加工储藏技术		
	否	是	总计
最早使用	75%	.	75%
	16	0	16
较早使用	83%	85%	83%
	129	20	149
跟着别人	81%	74%	80%
	274	34	308
较晚使用	85%	81%	85%
	122	21	143
还没有使用	61%	5%	61%
	95	4	99
总计	79%	77%	79%
	636	79	715

表7-31 不同使用时期主体、质量检测技术与提高经济效益交叉分析

新技术人类型	服务 —— 质量检测技术		
	否	是	总计
最早使用	73%	1	75%
	15	1	16
较早使用	83%	85%	83%
	123	26	149
跟着别人	78%	97%	80%
	277	31	308
较晚使用	84%	1	85%
	137	6	143
还没有使用	60%	67%	61%
	96	3	99
总计	78%	91%	79%
	648	67	715

表7-32 不同使用时期主体、土壤改良技术与提高经济效益交叉分析

新技术人类型	服务 —— 土壤改良技术		
	否	是	总计
最早使用	77%	67%	75%
	13	3	16
较早使用	82%	87%	83%
	111	38	149
跟着别人	80%	83%	80%
	244	64	308
较晚使用	84%	89%	85%
	124	19	143
还没有使用	60%	67%	61%
	87	12	99
总计	78%	83%	79%
	579	136	715

表7-33 不同使用时期主体、农技使用技术与提高经济效益交叉分析

新技术人类型	服务——农机使用技术		
	否	是	总计
最早使用	85%	33%	75%
	13	3	16
较早使用	81%	90%	83%
	118	31	149
跟着别人	78%	89%	80%
	242	66	308
较晚使用	85%	85%	85%
	123	20	143
还没有使用	6%	67%	61%
	90	9	99
总计	77%	86%	79%
	586	129	715

表 7-34 不同使用时期主体、防灾减灾技术与提高经济效益交叉分析

新技术人类型	服务——防灾减灾技术		
	否	是	总计
最早使用	75%	.	75%
	16	0	16
较早使用	84%	77%	83%
	136	13	149
跟着别人	79%	91%	80%
	273	35	308
较晚使用	84%	89%	85%
	124	19	143
还没有使用	62%	5%	61%
	91	8	99
总计	78%	84%	79%
	640	75	715

由表 7-27 至表 7-34 可知，总体上，除加工储藏技术之外，新技术使用不同类型的经营主体采用良种栽培技术、施肥技术、病虫害防治技术、质量安全检测技术、土壤改良技术、农机使用技术、防灾减灾技术并提高经济效益的比例均高于没有提高经济效益比例。其中良种栽培技术和农机使用技术的差距明显。

从经营主体对新技术使用类型来看，最早使用者使用施肥技术、病虫害防治技术、加工储藏技术、土壤改良技术、农机使用技术、防灾减灾技术没有提高经济效益的比例高于提高经济效益的比例。可能的原因，一是最初投入运用的新技术使用成本较高，抵消了增产增收增加的经营效益。二是经营主体可能没有最大限度地发挥新技术的效能，抑制了新技术经济效益的发挥。

五、本章结论

本章从调查问卷着手，了解广东新型农业经营主体采用农业技术获得经济效益的现实情况，通过对调查数据采用交叉列联表分析，得出以下基本结论。

1. 绝大部分新农主体表示使用农业新技术能有效提高农业经营效益。

2. 大多数情况下，新型农业经营主体获得农业技术服务并提高经济效益的比例明显高于没有获得技术服务的大户，且施肥技术、质量安全检测技术、农机使用技术的卡方值通过了显著性检验。

3. 从不同经营类型的经营主体采用农业技术提高生产经营效益的实际情况来看，采用农业新技术大部分都能提高经营主体的经济效益。但出现以下两种情况。首先，涉及休闲项目的大户采用该技术获得经济效益比例，没有其他大户高，原因可能是：一是良种栽培技术与涉及休闲项目的大户产业关联度不大，同等规模条件下，良种栽培技术使用面积可能不大，二是该类大户种养项目可能服务于休闲项目，休闲项目的经济利益远高于种养项目。其次，与纯种植、养殖大户相比，种养大户采用该技术获得经济效益的比例较高，原因可能是，多元化经营更有利于获得范围经济，抵抗农产品市场风险和经济周期波动，经济获利能力较强。

4. 从不同经营规模经营主体获得农业新技术并提高生产经营效益情况看，采用农业新技术提高经营主体的经济效益比例高于没有提高经济效益的比例。

5. 除个别农业技术外，不同新技术使用类型的经营主体采用农业新技术并提高经济效益的比例均高于没有提高经济效益比例。

综上可知，不同经营类型的、不同经营规模的、不同新技术使用类型的经营主体运用农业技术均有利于提高农业生产经营效益，农业经营主体对新技术有较强烈的需求，并将需求转化为根据自身需要选择并采用农业新技术的愿望。

第八章 新农主体农业技术采用行为的影响因素实证研究

上述研究发现，新技术对提高广东新农主体的经济效益有明显的促进作用。研究也发现，农业经营主体普遍对农业科技具有较为强烈的需求意愿（黄武，2010）。但现实中农业经营主体对农业科技作用的认识还不强（罗小锋，2010）。存在着农业经营主体的最小单位 —— 农户农技需求不足与科研单位技术成果应用不足并存的现象。本部分重点从理论层面，通过调查数据实证研究农业经营主体的技术需求行为及影响因素，这不仅可以提高农业科技和农业技术推广服务"三农"的针对性和有效性，还可以为农业科研人员创新农业科技、更好服务农业生产提供思路，提高农业技术效率。

一、技术选择行为理论及现实验证

（一）技术需求行为理论

根据行为科学理论，人的行为都是由动机引起的，而动机是由于人们本身内在的需要而产生的。同样，农业经营主体的技术选择行为的发生过程是：对农业技术需要 — 获取技术的动机 — 转化为选择技术的行为，因此，不同类型经营主体获取农业技术的动机形成了他们不同的技术需求。迪纳尔（Dinar）（1996）研究发现农业经济的进步和现代农业的发展越来越依赖于农业技术推广体系的完善。关于农业科技推广传播过程的研究，从农业科技成果转化运用视角，经济学家埃弗雷特·罗杰斯（E. M. Rogers）（1958）在创新扩散理论中把农业科技推广传播过程分为五个阶段，即认知阶段、说服阶段、决策阶段、执行阶段和确定阶段。

罗杰（Roger）（1983）认为，农业经营主体对农业技术需求可以分为认知阶段、说服阶段、评估阶段、试用阶段和确认阶段。多斯（Doss）（2006）进一步进行了归纳，总结了农业经营主体技术需求行为的规律，将农业经营主体对农业技术需求的决策分成三个阶段：了解这种技术、决定采用（引进）这种技术、确定采纳强度（即经营主体是一次性使用还是今后持续使用这种技术）。借鉴以上研究成果，本研究把农业经营主体对农业技术需求从认知到执行的过程分成三个阶段：第一阶段是了解技术的相关信息；第二阶段是考虑自身资源禀赋、技术特征，农业经营主体决定采用新技术，即新技术需求；第三阶段比较引进技术成本与自身资金实力，确定引进农业技术强度，即选择农业技术种类的数量，三者之间的逻辑关系是层层递进、逐渐推进的关系。

（二）新技术了解－需求－需求强度逻辑关系现实验证

通过对调查数据新技术了解、新技术需求、新技术需求强度之间两两交叉分析，可以初步验证经营主体的技术需求三阶段理论。根据前文分析发现，被调查的 718 名经营主体中 545 名对新技术有需求，占总样本的 75.91%，173 名被调查者没有新技术需求，占总样本的 24.09%，表明绝大部分经营主体对新技术有需求。

通过被调查对象对新技术了解和新技术需求的交叉分析，结果见表 8-1。从表 8-1 可知，新技术了解与新技术需求的交叉分析通过了 1% 水平下的卡方检验。从结果可知，被调查经营主体 718 人中选择"一般了解""较了解""很了解"的有 397 人，其中有新技术需求的有 323 人，占了解新技术的比例为 58.44%，没有需求的仅为 74 人，占比为 41.56%。表明农业经营主体对新技术了解越多，则对新技术需求越大。

表8-1 新技术了解与新技术需求的交叉分析结果

新技术了解	新技术需求		
	否	是	总计
一点不了解	28	28	56
	50.00%	50.00%	100.00%
了解不多	71	194	265
	26.79%	73.21%	100.00%
一般了解	44	200	244
	18.03%	81.97%	100.00%
较了解	26	107	133
	19.55%	80.45%	100.00%
很了解	4	16	20
	20.00%	80.00%	100.00%
总计	173	545	718
	24.09%	75.91%	100.00%

进一步，对被调查对象新技术需求与新技术需求强度的交叉分析，需要说明的是，关于新技术需求强度测量，考虑经营主体的技术选择类型与种养类型密切相关，以及被调查对象种养类型和提供技术匹配程度，本书以水稻种植户为研究对象，分析他们选择关于水稻种植中采用的技术数量情况。本书所研究的水稻种植新技术包括2014年、2016年广东省农业厅主推8种综合性农业技术（农作物测土配方施肥技术、耕地保护与质量提升技术、农作物病虫害绿色防控技术、有机营养液肥高效使用技术、土壤有机质提升技术、水肥一体化灌溉施肥技术、性诱剂捕虫器防虫技术、农业物联网关键技术），以及8种水稻种植技术（双季超级稻强源活库优米栽培技术；水稻"三控"技术；水稻"两迁"害虫抗药性检（监）测与治理技术；稻鸭共作生产绿色安全稻米关键技术；水稻生产机械化育插秧技术推广应用；自走履带式纵轴流水稻联合收割机械化技术；谷物烘干机械化技术；稻田福寿螺发生危害的全程综合防控技术）。新技术需求强度为选择以上水稻种植技术的数量，设为综合水稻技术。新技术需求与新技术需求强度的交叉分析结果见表8-2。

表8-2 新技术需求与新技术需求强度的交叉分析结果

综合水稻技术	新技术需求		
	否	是	总计
0	5	8	13
	38.46%	61.54%	100.00
1	32	120	152
	21.05%	78.95%	100.00
2	78	165	243
	32.10%	67.90%	100.00
3	19	59	78
	24.36%	75.64%	100.00
4	17	75	92
	18.48%	81.52%	100.00
5	11	51	62
	17.74%	82.26%	100.00
6	8	37	45
	17.78%	82.22%	100.00
7	1	17	18
	5.56%	94.44%	100.00
8	1	4	5
	20.00%	80.00%	100.00
9	0	3	3
	0.00%	100.00%	100.00
10	1	5	6
	16.67%	83.33%	100.00
11	0	1	1
	0.00%	100.00%	100.00
总计	173	545	718
	24.09%	75.91%	100.00

表8-2中，新技术需求与综合水稻技术需求数量的交叉分析通过了10%水平下的卡方检验。从上述结果可知，纵向来看，有新技术需求者545人，占总调查对象的75.91%，545个经营主体中选择综合水稻技术数量集中在1—5类

之间的人数为 470 人，为所有经营主体的 86.24%。横向来看，被调查对象没选择综合水稻技术的经营主体有 13 人，应该是非水稻种植户。选择综合水稻技术数量集中在 1—2 类，选择 1 种技术的有 152 人，选择 2 种技术的有 243 人，占全部被调查对象的 55%，其中，有技术需求且选择 1 种水稻技术人数为 120 人，选择 2 种的 165 人，均远大于没技术需求但被迫选择综合水稻技术的 32 人和 78 人。选择其他数量的综合水稻技术也出现同样情况，即无论选择多少数量的综合水稻技术，新技术需求比例均高于被迫选择综合水稻技术的比例。表明选择同等数量的综合水稻技术，有新技术需求的经营主体比例较高。

（三）技术选择理论

市场经济条件下，农业经营主体采用农业先进技术并非通过随机分配的结果，而是他们的自选择行为结果。作为经济理性的独立经营者，农业经营主体的这种自选择行为，最大程度上取决于技术本身是否能给他们带来经济利益最大化，当然也受经营主体自身资源禀赋的约束。理论上，因为农业新技术不仅能增加农产品产量，还可以提高农产品质量和生产效率。农业经营主体对农业科技的第一需求是增产增收增效（徐金海，2010）。是否能够选择并采用某项农业新技术，取决于他们应用新技术后的预期盈利情况（林毅夫，1994）。此外，根据农产品市场优质优价的基本规则，采用农业技术能提高单位农产品收益，提高农业生产经营绩效。因此，农业经营主体选择新技术时，若预期农业新技术对生产经营绩效的总体预期越高，就越会采用农业新技术。反之，若经营主体对农业新技术影响农业生产绩效的总体预期不高，则对农业技术的需求就弱。

借鉴上述分析思路，本部分研究农业经营主体的新技术选择及采纳行为时，就是考虑农业经营主体自身的资源优势等基础上，通过比较采用新技术与维持传统技术条件下所获得的生产预期利润大小的结果，只要前者大于后者，农业经营主体就会选择并采用新技术，反之，则不会采用新技术。当然，农业经营主体的这一经济行为，还包含了以下几个基本假设前提：（1）经营主体所需要的农业技术能有效供给；（2）经营主体是经济人，户主行为的动机是个人效益最大化；（3）经营主体技术选择行为是风险厌恶型，尽量规避技术选择带来的风险；（4）经营主体技术选择行为是有限理性的，是各种因素综合作用的一个动态过程。

考虑经营主体农业生产的实际情况，第一，农业生产经营决策主要受资本投入和劳动力成本两方面的影响，这里：资本投入主要指劳动力之外的化肥、农药、农业机械化等物化资本投入，劳动力成本仅考虑人力资本数量成本，不包括因人力资本质量差异带来的成本。第二，采用新技术后农产品价格会发生变化。第三，不考虑农业经营主体因土地经营规模不同带来的规模效益差异。因此，本书农业经营主体的新技术选择或采纳模型如下：

$$P \cdot g(k, l) \cdot e(Z) - (w+r) \cdot A \geq P_0 \cdot f(k, l) - r \cdot A \qquad (8-1)$$

上式（8-1）中，P、P_0 分别表示采用新技术前后的农产品价格，g(k, 1) 和 f(k, 1) 为采用新技术前后的生产函数，k 为资本投入成本，1 为劳动力投入的数量成本。表示经营主体个人人力资本特征、家庭经济特征等影响新技术选择或采纳的主观因素函数，为采用传统技术时单位面积上的生产成本，为采用新技术后每单位面积上的新增生产成本。为农业经营主体的土地经营规模。

将式（8-1）变形，可得，$e(Z) \geq \dfrac{P_0 \cdot f(k, l)}{P \cdot g(k, l)} + \dfrac{w}{P \cdot g(k, l)} \cdot A$ \qquad (8-2)

式（8-2）中，生产函数、农产品价格、单位面积上新增的生产成本和土地经营规模都是外生的，属于不可控的变量，可以看成常数。因此，农业经营主体对新技术的需求或采纳主要受经营主体个人人力资本特征、家庭经济特征等因素影响。因此，在本部分以下的农业经营主体的技术需求从认知到执行过程的三阶段影响因素分析中，主要考虑经营主体人力资本特征、家庭经济特征等这些内生因素。

总之，农业经营主体在进行技术采用决策时，效用、风险、社会文化、政策及制度都是其考虑的因素，农业经营主体是否采纳某项技术，最终取决于其在现有信息水平条件下的"效用最大化"。由于信息不完全和限理性两个基本约束的存在，农业经营主体决策所得到的"效用最大化"并不能代表真实"效用最大化"。所以有必要建立健全信息沟通渠道，采取适当政策调控，提高农业经营主体决策水平，以实现国家目标和农业经营主体目标相统一"最大化"目标。

二、文献综述

农业经营主体是农业技术需求的主体，其技术选择并采用行为的发生及变化是多种影响因素共同作用的结果。关于农业经营主体技术选择行为及影响因素，国内外学者开展了大量的研究。

（一）国外文献综述

自20世纪50年代以来，国外学者就开始了农户技术采用行为的研究。归纳起来，国外学者们的研究可概括为以下两方面。从技术本身、社会资源配置、政策环境等宏观层面，格里利谢斯（Griliches）（1957）认为一项农业新技术能否被农户接受的前提条件是：与现存农作系统的相容性、技术简便性、可试验性、可观察性相比较，技术本身是否具有相对优势。海文斯（Havens E A）（1975）、费德（Feder G）（1985）、马里亚诺等（Mariano etal）（2012）、托宾等（Tobin etal）（2013）认为资源分配、公共政策、市场风险、社会结构、农地制度是影响农户采纳新技术的主要外部环境因素。此外，土地所有制等农业制度、宏观农业政策、资金流动状态、要素相对价格的变动等也影响着农户的技术选择（施豪尔 Schuer J,Sheng Y）。多斯（Doss）（2001）在研究性别对非洲农民技术选择的影响中发现，劳动力、土地规模、土地产权、农业投入、推广服务等都会对农户技术选择产生影响，而性别对上述因素都会产生影响，继而影响技术选择行为。杰斯（Genius）（2014）基于希腊克里特岛上农场1994—2004年的数据构建了一个农业技术采纳和扩散的理论模型，表明了技术采纳、扩散的决定性因素是社会学习和农业科技推广服务，农户是农业科技的最终接受者和采用者，不同的农户对农业科技的需求可能相差很大。

普莱因普莱斯（Plein C. Place）（2011）研究了西弗吉尼亚社区农业科技推广的现状，指出农业科技推广对实现现代农业生产经营的目的具有显著促进作用。罗伯特阿奇博尔德（Robert Ar-chibald）和威廉日尔曼诺（William Germano）证明了肯尼亚农业培训与访问推广系统对农业生产具有重要作用。大多数国家都通过推广项目实施来促进农业经营主体对新技术和知识信息获得。詹姆士斯科特（James K.Scott）通过调查得出，推广项目能够提高农业技术传播速率和范围，提高农业生产效率和管理水平，降低成本。加密鑫（Jamision）研究表明，科研和高产品种的采用促进了化肥需求增长和农场机械使用增加。菲德（Gershon Fe-der）和斯莱德（Roger Slade）通过在有无推广服务两个村庄的农业经营主体对两项改进技术实践中对比实验发现，技术推广对化学微量元素的利用有重要影响，对种子处理实践影响是正的，但不显著。贝克尔（Tesfaye Bekele）和尼格什（Girma Negash）对埃塞俄比亚地区研究表明，自从国家技术推广项目实施 6 年来，大约有 80% 经营主体了解改良小麦品种良种采用率显著增加。然而与此相反的是，拉马图（Ramatu）对影响加纳粮食作物品种采用限制因素进行分析结果表明，虽然科研单位研究出了一些新作物品种，但农业经营主体的社会经济条件和贫困地区的区环境限制了这些品种特性的发挥。这些研究使我们认识到，推广活动对农业经营主体技术采用、生产成本节约以及技术快速转化起到了重要的促进作用，但需要注意的是，技术推广项目在考虑技术本身适应性的同时，也要关注其他经济和社会环境等因素对农业经营主体技术采纳的影响。

从微观技术接受者——农户自身资源条件层面，国外学者得恩（Dercon S）研究发现，农户自身的性别、年龄、家庭劳动力、耕地面积、耕作经验、受教育水平、收入状况等都会对农户新技术需求选择行为产生影响。欧文（Ervin）（1982）在对水土保持技术的研究中发现年龄较小的农户更愿意采用水土保持技术，对技术革新接受程度更好，而年龄偏大的农户则不愿意采用水土保持技术。沃兹尼亚克（Wozniak）（1993）研究了不同类型农户采用农业相关新技术的行为及其影响因素。阿塔努（Atanu etal）（1994）发现农户的水稻种植规模与技术需求呈明显正相关。罗杰斯（Rogers）（1995）研究表明农户是否采用一项新技术是技术属性、内外部环境约束条件和采纳群体特征等因素共同作用的结果。董（Dong）等（1998）研究发现更愿意采用高产品种的是家庭人口规模少的农户和年龄较大的户主。霍纳（Horna）、斯梅尔（Smale）、奥本（Oppen）（2007）分析了尼日利亚农户在选择水稻新品种时主要根据自身的社会经验和经济条件以及对品种特征的了解来选择。一些研究还从各种可能的角度量化分析了各种因素对农户技术选择的影响（例如费德（Feder）和优玛丽（Umali），1993；罗杰斯（Rogers），1995），还有一些研究重点考察某一因素对农户技术选择的影响，例如土地规模（贾斯特 Just 和齐尔伯曼 Zilberman，1983）、学习效应（康利 Conley 和乌德里 Udry，2010）、是否加入合作社（埃贝巴 Abebaw 和海尔 Haile，2013）、风险偏好（富迪曼 Ghadim etal.，2015）等，还有少数研究关注多项技术联合采纳的情况，并分析了技术之间的互补性（例如多尔夫曼 Dorfman，1996）。

理查德华纳（Richard Warner）认为，学习和模仿对农业经营主体技术采纳行为起到举足轻重的作用。他认为一项新技术的潜在采用者对待采用新技术是持谨慎态度的。在决定是否采纳新技术之前,他们会根据自己的试验或其他经营主体的试验来获取有关新技术成本和收益的有关信息。当有关新技术信息积累到一定程度,农业经营主体才开始决定是否采用新技术。埃里克•霍伊伯格(Eric Hoiberg)和克莱尔•霍夫曼(Claire Huffman)利用 Probit 和 Logit 模型对依阿华农场数据进行分析发现,信息获得程度增加,可以降低技术采用成本和不确定性,从而增加技术早期采用率。Klindt Vielbig 认为如果经营主体能够接受有关新技术指导并且主动参加有关新技术培训,那么他采用新技术的可能性较大,因为有关新技术信息和采用新技术可能带来的收益会影响到经营主体的技术采用。

格雷戈里•d•沃兹尼亚克(Gregory D.Wozniak)利用二元选择模型对美国依阿华州农业经营主体采用饲料添加剂技术研究得出结论为,农业经营主体教育水平和信息获得程度与经营主体新技术早期采用行为呈高度正相关关系。那些经常到农业推广部门了解有关新技术信息的经营主体采用新技术概率要高于很少到农业推广部门了解新技术有关信息的经营主体。Baidu For-son 认为非洲尼日尔经营主体采用土壤改良技术与经营主体是否能得到技术推广服务和指导呈高度正相关,技术推广服务和指导能够增加经营主体采纳该技术的可能性和采用程度。坦加塔(Thangata)等利用 Logit 模型研究了非洲撒哈拉地区经营主体采用农业生态技术,研究结果表明,经营主体与推广部门联系次数越多,采用该技术可能性越大。

安东尼•特雷瓦瓦斯(Anthony Trewavas)和霍拉娜(Ajay Khorana)对印度东部林业推广的方式和对农业经营主体技术采纳影响研究表明,信息的主要来源是林业工作人员,其次是大众媒体和邻居信息。农业经营主体对待技术的态度决定了技术采用决策,反过来又会影响农业经营主体之间以及农业经营主体与推广人员之间的交流。大卫瓦戈尔(David Wagner)对孟加拉国的调查发现,只有 12% 的经营主体从农业推广得到现代品种的信息,大约 90% 的种子是农业经营主体自己留种或者是与邻居换种。

(二)国内文献综述

借鉴国外学者的研究成果,我国学者从 20 世纪 80 年代中期以来,开始农户技术选择行为及其影响因素的研究。宏观层面代表性的学者及研究结论有:朱希刚和黄季焜(1994)认为新技术预期净收益高于现有技术净收益是农户采用新技术的条件;林毅夫(2000)指出农作制度对农户决策行为有重要诱致影响，在家庭承包责任制下，效用最大化决策行为影响下趋向于采用农业技术；信息不完备情况下的风险因素、获取信息的成本、农户兼业程度、技术获取途径等都在不同程度上影响农业的技术选择（朱明芬，2001；高启杰、朱希刚，2000）。王瑜等（2007）认为农户最需要政府提供的是自己急需但不愿意付费或无法付费的农技服务。从研究成果来看，大多数学者认为短期内农户对技术的采纳主要是遵循市场需求的诱导，即面对一项可供采用的技术，农民是否会采用，受到资源禀赋、信息渠道、风险可获得性等几个方面的经济因素影响。展进涛、陈超（2009）研究发现，劳动力转移程度越高的农户对农业技术的需求就越小。朱惠琼（2018）、何一鸣、高少慧、赖丹珠（2015）对于农业技术选择行为的研究主要集中在经验研究方面。林毅夫和沈明高（1990）认为即使在扭曲的政策之下，中国各省的技术选择方向基本上可以反映各省的资源禀赋状况。对同样问题的考察，胡瑞法和黄季焜（2010）实证研究结果表明，中国的经验支持了农户在一个较长时间跨度上对农业技术的选择主要是遵循了节约稀缺要素的原则。甘元祖（2017）研究发现，技术诱导因素中，与农业经营主体技术选择行为有显著相关性的因素主要有人均耕地面积、农业经营主体养殖牲畜数量因素。其中，在新品种技术服务、畜牧养殖技术服务、栽培管理技术服务中，农业经营主体会受到人均耕地面积的显著影响。人均耕地面积更大的农业经营主体，对与新品种技术服务和栽培管理技术会产生较大的兴趣。大量实证研究表明，信贷、信息不完全、风险规避、生产经管规模、人力资本等会限制经营主体的技术采用（陈曦，2008）。刘晓敏、王慧军（2010）根据河北省黑龙港区农户的实地调查得出结论：家庭年均总收入、地块面积、村里有无广播对农户技术采用有正向影响，经营规模以及政府扶持对农户技术采用有负向影响。高雷（2010）对农户技术采纳行为的影响因素进行了分析，认为农村文化、农户价值观念、农户所处社会阶层、农村基层组织、农业保险以及农业技术推广体系都是农户技术采纳行为的重要影响因素。赵肖柯等（2012）认为种稻大户的农业新技术认知显著受个体因素、信息诉求动机因素、信息渠道因素的影响。蔡键等（2013）认为，土地流转、资金流动以及劳动力转移都是影响农户技术采纳行为的主要因素。荀露峰等（2015）研究了新型农业经营主体技术选择的影响因素。从外部环境因素来看，韩青、谭向勇（2004）认为，农业灌溉技术选择主要受农作物种类、水资源短缺程度、水价以及是否有政府扶持的影响。廖西元等（2006）基于对稻农节水技术采用行为的分析认为，农户人均收入、种稻规模、所在区域等因素以及年降雨量、灌溉费等自然因素和经济因素，明显影响稻农采用节水技术。刘晓敏、王慧军（2010）根据对河北省黑龙港区农户的实地调查得出结论：家庭年均总收入、地块面积、村里有无广播对农户技术采用有正向影响，经营规模以及政府扶持对农户技术采用有负向影响。高雷（2010）对农户技术采纳行为的影响因素进行了分析，认为农村文化、农户价值观念、农户所处社会阶层、农村基层组织、农业保险以及农业技术推广体系都是农户技术采纳行为的重要影响因素。

微观层面代表性的学者及结论有：农户的教育水平、经验等与技术采用行为呈正相关关系（林毅夫，1994）；年龄、家庭人口、性别、收入等因素对农户技术选择有一定影响（胡瑞法等，1998；宋军等，1998）；唐博文等（2010）的研究表明，具有不同家庭特征、外部环境特征的农户会表现出不同的技术采纳行为。赵连阁等（2012）研究发现，农户技术培训、户主非农兼业、耕地规模、耕地块数对农户 IPM 技术采纳行为有显著影响。朱萌等（2015）指出越年轻的、受教育程度越高的、种植面积越大的男性种稻大户对新品种技术、病虫害防治技术、测土配方施肥技术、机械化技术需求概率越高等。陈治国等（2016）指出家庭和个体特征对农户采用农业先进技术的行为有决定性作用。

也有部分学者专门针对不同类型农业经营主体的技术选择行为进行了研究，包括规模经营户、兼业农户和资源贫乏的小规模农户的技术需求影响因素、技术选择认知等（展进涛、陈超，2009；朱萌等，2015）。尹军军、余国新（2019）对新疆棉区的 1043 户小规模种植农户和 683 户家庭农场主的调查发现，不同种植规模经营主体对于农业技术服务的需求行为不仅存在显著差异，而且影响因素不同。影响家庭农场及小规模农户的技术服务需求行为的主要因素分别是家庭耕地面积、参加农业技术培训次数；对家庭农场和农业技术服务需求行为的影响程度最大的是文化程度、是否参加农业合作社、村里是否有农业合作社。对小规模农户的农业技术服务需求行为的影响最大的是否参加农业技术培训。张水玲（2017）对粮食作物和经济作物种植户技术采纳应用进行了对比研究，发现不同种植结构农户在农业技术应用水平、获得技术指导和农业技术需求方面存在显著差异，在农业技术重视程度、农业技术采纳目的和种植效益方面没有显著差异。研究也发现农户农业技术采纳应用水平与农业技术供需状况有关，并受到农户对农业技术的态度和自身因素制约。庄丽娟、贺梅英（2010）对广东果蔬经营主体技术采用行为进行了研究，结果发现，农户技术选择偏好保花保果和防裂果技术、病虫害防治和新品种等产前产中技术，对采后处理与保鲜、加工等产后技术需求相对较弱。

朱希刚等在对云南禄劝县和贵州普定县6个乡的18个行政村289户农业经营主体进行研究中，选用了变量"农业经营主体与农技推广机构联系次数"来考察农业技术推广系统在农业经营主体采用杂交玉米中的作用。该研究结果表明，与农业技术推广机构联系次数多的农业经营主体，采用杂交玉米概率较大。高启杰运用 Probit 模型对三类地区农业经营主体对水稻旱育秧技术采用、塑料大棚的使用及采用西红柿良种——"中杂9号"三种不同农业技术需求情况分析结果也表明，农业经营主体与推广人员接触频率、大众媒介使用频率、农业经营主体拥有农业科技书籍与农业经营主体技术采用行为呈正相关关系。

有一些学者注意到不同属性技术选择的影响因素可能不同，从而分技术属性研究了农户技术选择行为（例如满明俊等，2010；唐博文等，2010；王浩、刘芳，2012；文长存等，2016）。周波等（2013）也指出雇佣劳动力成本、农机具补贴落实情况、政府奖励及扶持力度等影响农户物化型和操作型农技需求。

（三）简单述评

综上所述，关于农业经营主体的技术选择行为影响因素的研究，现有文献十分丰富，研究内容有广度、有深度，研究方法早期以定性研究为主，后期以定量研究为主。但上述研究，一是基本以农户作为研究对象，仅对某种技术的选择或采纳行为进行研究，二是对技术选择影响因素的分析，大多从技术选择行为结果去分析，鲜有从技术选择行为过程去进行分析。

基于此，结合本书研究目的，相较于以往研究成果，本书主要贡献体现在以下三个方面：第一，本书选择新农主体为研究对象，因为在新技术选择和采用过程中，新农主体更容易接受和应用新技术，对现代生产要素的需求更为强烈，推广农业科技成果更具有代表性和示范效应。这是对现有文献研究倾向于小规模生产单个农户的有效补充。第二，根据新技术选择行为理论，层层递进进行分析，即新技术了解－新技术需求－选择新技术强度的思路，不仅测度新农主体户新技术需求意愿，还测度新农主体对当前政府主推新技术的了解程度以及新技术采纳的强度。第三，有关变量的选取，本书不仅验证以往文献研究中的有关影响因素，还加入新农主体所在村基本情况，可以更加细致地分析影响农业经营主体新技术需求的影响因素，使研究内容更加丰富，研究结果更加完善，也更具有现实指导意义。

三、变量选取

借鉴国内外学者关于农业技术选择行为影响因素分析的研究成果，结合广东的实际情况，将影响农业经营主体新技术选择行为的宏观和微观影响因素归纳为以下几类：户主人力资本特征（如性别、年龄、受教育程度、政治面貌、健康状况、是否曾任村干部）、家庭生产经营特征（如家庭年均总收入、务农劳动力人数、年投资规模、是否购买农业保险、是否注册、是否有扩大规模意愿）、农技信息来源及渠道（是否参加农协会或合作社、是否订阅报纸杂志、是否有农业技能、是否参加过农业技术培训、获得新技术的渠道等）、经济技术环境（如地区特征、是否容易获得急需技术服务、政府提供技术服务的满意度、政府奖励和扶持力度满意度等）。具体变量解释如下：

（一）被解释变量

根据上述技术选择行为三阶段模型，本部分被解释变量设置三个维度，分别为新技术了解、新技术需求和新技术选择强度。新技术了解设置 5 个选项，分别为"一点不了解""了解不多""一般""较了解""很了解"，并根据被调查对象的选择结果依次得分为 1—5 分。新技术需求表示被调查经营主体是否有新技术需求行为，1 代表有需求，0 代表没有需求。新技术选择强度为被调查经营主体选择 16 类综合水稻技术的数量。在广东农业新技术有效供给的情况下，根据被解释变量类型，本书分别采用多元 Logistic 回归模型、二元 Logistic 回归模型及 Possion 回归模型对上述三个维度的被解释变量进行回归分析，同时采用最大似然估计的方法对参数进行估计。

（二）解释变量

1. 户主人力资本特征

技术的采纳与使用与户主人力资本密切相关（韩作生，2011）。本书将农业经营主体的人力资本特征设定为性别、年龄、受教育程度、健康状况。一般而言，性别对农户的技术需求有显著影响（多斯 Doss 和莫里斯 Morris，2000）。与女性相比，男性户主对农业新技术需求愿意更强烈（李波等 2010）。Mauceri 毛切里等（2005）研究发现年龄越小的农业经营主体，越愿意采用农业新技术。户主年龄越大，越习惯于沿用传统的生产经营方式，对新技术需求的可能性越小。林毅夫（1994）、刘华周和马康贫（1998）、周波，陈曦（2013）认为教育程度对技术采纳具有正效应。但宋军、胡瑞法和黄季琨（1998）则认为教育水平并不一定与技术采纳程度成正相关，随着农民教育水平的提高，选择高产技术的比例随之下降，而选择节约劳动力技术的比例则随之提高。纳尔逊（Nelson）等和韦尔奇（Welch）提出农业经营主体的身体健康状况与其新技术采用意愿呈显著的正相关关系。身体健康状况较差的户主希望借助新技术减少自身农业生产的劳动强度，以提高劳动生产效率，因此他们对于高产优质且劳动节约型技术需求更强烈（张耀刚，应瑞瑶 2007）。综上，户主的人力资本特征因素对广东农业经营主体的新技术选择行为可能产生积极或消极的影响。

2. 户主社会经济特征

本研究考虑户主政治面貌、是否曾任村干部、家中是否有村干部、外出打工或经商经历、是否兼业等因素。有研究显示，专业化生产形成的竞争压力下有组织的农业经营主体群体有利于新技术的采纳、学习和扩散（李小建，2009）。村干部是乡村社会体制内精英，作为国家政策方针的传达者和执行者，是联系农业技术与农业经营主体桥梁。王宏杰（2011）提出，是否兼业是影响菇农采纳农业技术意愿较为显著的因素，两者呈负相关关系。吴敬学、杨巍（2007）认为，稻农兼业化的趋势，使得他们对农业技术的需求日益强烈。布莱克（Blake）等发现兼业农户比非兼业农户采用 IPM 技术的积极性低。朱明芬、李南田（2001）认为，农户的兼业程度对其技术选择行为存在影响，不同兼业程度的农户在对农业新技术采用的态度、技术偏好、投资力度等方面都存在显著差异。一般认为，户主社会经济特征对经营主体的技术选择行为可能产生正向或负向影响。

3. 户主风险偏好

采用一项新技术存在着自然风险和市场风险，包括自然灾害、生产物资价格、销售渠道与农产品价格等，都在一定程度上阻碍了农业经营主体的技术选择。新技术带来的风险和不确定性，对于风险回避型经营主体，如果抗风险能力较弱，则尝试新技术的愿望较低。由于"小农经济意识"的存在，农户和企业出于资金短缺、意识落后和规避风险等多方面的因素拒绝采用新技术、新品种或者采用积极性不高，在很大程度上提高了技术推广的难度。布里克（Brick）和维瑟（Visser）（2015）研究发现农业经营主体风险厌恶程度对南非小规模农业经营主体新品种技术采纳行为有抑制作用。本书用户主是否购买保险、应用新技术的跟随类型来反映经营主体的风险偏好及抗风险能力大小。一般地，户主风险偏好会对农业经营主体新技术选择行为产生负向影响。

4. 家庭生产经营特征

本研究考虑用家庭年均总收入、务农劳动力人数、扩大规模意愿、年投资规模、经营年限、经营类型等指标来反映农业经营主体的家庭生产经营特征。家庭收入是应用农业新技术的资金保障，收入较高的农户更愿意更有能力接受高风险和更复杂的技术（巴茨等 Batz etal, 1999，赫拉思 Herath 和武田 Takeya 2003）。且种植业占家庭总收入比重越大，有偿使用农技服务的意愿越强烈（黄武）。刘战平等研究了农户家庭人均年收入与其"两型农业"技术采用行为的关系，发现前者影响后者。罗小锋认为家庭人均年收入越低的农户越倾向于采用高产品种。国内外学者就务农劳动力人数对新技术选择行为的影响提出了相反的观点。Desouza 等认为农业经营主体的家庭人口数量越多，越可能采用农业新技术。张云华等却认为家庭人口数与农业经营主体新技术采用之间呈显著的负相关关系。周末研究发现西南四省农业经营主体超级稻品种采用行为受到家庭农业劳动力数的显著正向影响。扩大规模意愿越强烈，越能发挥规模经济效应。农业经营主体的水稻种植意愿越强烈，越会需要农业技术（王景旭等，2010）。阿塔努萨哈（AtanuSaha）等人（1994）和林毅夫（1994）在不同类型技术的采纳研究中都发现，经营规模越大越容易形成规模经济，选择新技术的机会成本比小规模的经营主体越大，选择并采纳新技术的概率越大。孔祥智等（2004）研究则发现经营规模与技术采纳具有负向相关性。经营主体投资规模越大，经营风险越大，选择新技术规避经营风险的可能性越大。经营年限越长，农业生产经验越丰富，越容易守旧，继续沿用先前的技术，新技术需求和采纳的可能性越小。因此，户主家庭生产经营特征或多或少或正或负地对户主的新技术选择行为产生影响。

5. 技术环境特征

长期以来，我国农业信息化建设滞后，农业技术供求市场信息不完备、不对称长期存在，农业经营主体很难及时获取生产经营所需的各种技术信息（庞晓鹏，2006），影响农业新技术的推广及采用。农业经营主体的技术信息资源可由其与外界的联系程度来反映，联系程度可具体用是否注册、是否参加农协会或专业合作社、是否订阅报纸杂志、是否获得新型职业农民资格认定、是否参加过农业技术培训、是否提高经济效益等指标反映。农民专业合作社对农业新技术的传播和利用方面起着不可低估的作用，对经营主体的农业技术需求具有显著的影响（王海霞2009）。庄丽娟等（2010）认为农业经营主体是否参加荔枝合作社与其病虫害防治技术采用行为呈显著负相关关系。参加或听说过技术培训能在一定程度上削弱农业经营主体固有的风险规避性对新技术选择行为的负效应。因此，农业技术指导和培训显著正向影响中国农业经营主体的农业新技术需求（徐世艳，李仕宝2009）。曹建民等（2005）对农业经营主体参与技术培训行为和采用新技术的意愿进行了分析，认为技术培训可以极大地激发农业经营主体采用新技术的愿望，对农业经营主体技术采用意愿有重要影响。陈凤霞等（2010）和宋金田（2013）等认为农业经营主体是否参加农业技术培训与其农业技术采用行为呈显著的正相关关系。因此，技术环境特征或正或负地对农业经营主体的新技术选择行为产生影响。

（三）村庄特征变量（控制变量）

经营主体所在地区的经济和地理等特征差异较大，直接影响农业经营主体是否容易获得急需技术服务。本书设置地区、村所在地理类型、村到县城距离、村基础设施条件等控制变量来反映经营主体所在村庄特征。朱希刚、赵绪福（1995）研究发现，乡集镇到经营主体的距离与经营主体的新技术需求采用呈现极大的负相关性。赵绪福（1996）通过对贫困山区经营主体采纳杂交玉米技术的情况的分析，认为一个地区离技术成果的发源地越远，技术空间传递时间越长，技术纵向扩散速度越慢，人们了解和学习的机会就越少，新技术选择行为越受限。村经济实力决定农业经营主体开展生产经营所必需的农业基础设施条件的好坏，农业基础设施条件又决定了农业技术配套设施的完善程度，直接影响经营主体的技术需求。罗小锋（2011）研究表明地形对节约耕地型技术和节约劳动型技术采用都有较为显著的影响。王昱等（2012）得出农业技术设施条件显著正向影响经营主体节水灌溉技术采用意愿的结论。万洁等（2013）研究发现农业基础设施条件与种稻大户高产优质技术采用意愿呈显著负相关关系。变量含义及类型见表8-3所示。

表8-3 变量含义及类型

变量名称	定义	变量含义及单位	变量类型
户主人力资源特征	年龄	30岁以下=1，30~39岁=2，40~49岁=3，50~59岁=4，60岁以上=5	定序变量
	性别	男=1，女=0	分类变量
	受教育程度	小学及以下=1，初中=2，高中或中专=3，大专及以上=4	定序变量
	健康状况	偏差及一般=0，良好=1	分类变量
户主社会经济特征	政治面貌	党员=1，其他党团=2，群众=3	分类变量
	是否曾任或家中有村干部	是=1，否=0	虚拟变量
	是否曾外出务工或经商	是=1，否=0	虚拟变量
	是否兼业	是=1，否=0	虚拟变量
家庭生产经营特征	家庭年均总收入	10万元以下=1；10~50万元=2；50万元以上=3	分类变量
	务农劳动力人数	实际数量	定序变量
	扩大规模意愿	是=1，否=0	虚拟变量
	年投资规模	50万元以下=1，50万元以上=2	定序变量
	经营年限	3年以下=1；3~5年=2；5~10年=3；10以上=4	定序变量
	经营类型	纯种植=1；纯养殖=2；种养结合=3；种养兼休闲=4	分类变量
户主风险偏好	是否购买保险	是=1，否=0	虚拟变量
	追随新技术人员类型	最早使用=5，较早使用=4，跟别人使用=3，较晚使用=2，还没有使用=1	定序变量
技术环境特征	是否注册	是=1，否=0	虚拟变量
	参加农协会或合作社	是=1，否=0	虚拟变量
	是否订阅报纸杂志	是=1，否=0	虚拟变量
	是否新型职业农民	是=1，否=0	虚拟变量
	是否参加过技术培训	是=1，否=0	虚拟变量
	是否有农业技能	是=1，否=0	虚拟变量
	是否提高经济效益	是=1，否=0	虚拟变量
村庄特征变量	区域类型	珠三角=1，粤西=2，粤东=3，粤北=4	分类变量
	村地理类型	平原=1，丘陵=2，山区=3，湖区=4	分类变量
	村到县城距离	5公里以内=1，5~10公里=2，10~20公里=3，20公里以上=4	分类变量
	村基础设施条件	很好=5，较好=4，一般=3，较差=2，很差=1	定序变量

四、实证过程及相关性分析

(一)实证思路

为初步验证上述理论上选取的解释变量及控制变量与经营主体的农业技术选择行为之间的关系,在进行回归分析之前,很有必要对所有可能的因素与技术选择行为的三个被解释变量之间进行相关性分析。因此,本书以下的分析思路是:首先,运用列联表进行相关性分析,目的在于在调查问卷中从所有可能的影响因素中,筛选出与三个被解释量依存度较高的解释变量,进而确定定量分析所需的解释变量和控制变量;其次,运用 Logistic 模型、Position 模型等进一步检验这些解释变量对农业经营主体新技术选择行为的影响程度。

(二)相关性分析

通过对收集的有效数据进行处理,运用 Stata15.0 统计软件,对 718 个经营主体个体样本和 76 个村样本进行初步统计分析,以农业经营主体对新技术的了解程度、是否对农业新技术有需求、农业经营主体选择农业厅主推的新技术个数为因变量,与所有可能的自变量进行单因素分析,即交叉列联表分析,并将通过卡方检验的变量保留,结果如下。

1. 与新技术了解程度显著相关的解释变量见表 8-4、表 8-5。

表8-4 新技术了解程度与定类变量分析结果

变量	卡方值	卡方 P 值	显著(<0.1)
地区	40.103	0.000	显著
性别	27.976	0.000	显著
政治面貌	40.630	0.000	显著
村地理类型	66.3272	0.000	显著
村到县城的距离	41.5303	0.000	显著
村基础设施	19.2100	0.014	显著

表8-5 新技术了解程度与定序变量分析结果

新技术了解	斯皮尔曼值	P 值	肯德尔值	P 值	显著(<0.1)
年龄	-0.301	0.000	-0.187	0.000	显著
学历	0.187	0.000	0.112	0.000	显著
健康状况	0.190	0.000	0.084	0.000	显著
是否干部	-0.119	0.001	-0.048	0.001	显著
是否经商	0.083	0.027	0.039	0.027	显著
家庭年总收入	0.226	0.000	0.128	0.000	显著
务农劳动力人数	0.284	0.000	0.168	0.000	显著
是否扩大规模意愿	0.246	0.000	0.129	0.000	显著
年投资规模	0.249	0.000	0.111	0.000	显著
经营类型	-0.264	0.000	-0.158	0.000	显著
采用新技术人员类型	-0.633	0.000	-0.403	0.000	显著
是否注册	0.342	0.000	0.171	0.000	显著
是否加入农协合作社	0.075	0.044	0.023	0.044	显著
是否订阅报纸杂志	0.121	0.001	0.045	0.001	显著
是否新型职业农民	0.264	0.000	0.097	0.000	显著
是否有农业技能	0.162	0.000	0.087	0.000	显著
是否提高经济效益	0.155	0.000	0.070	0.000	显著

由上表8-4、表8-5可知,与经营主体新技术了解程度显著相关的变量有:调查表中第一部分村基本情况中的地区、村地理类型、村到县城的距离、村基础设施4个变量。第二部分经营主体有关情况中的19个变量,即年龄、性别、学历、健康状况、是否经商、是否村干部或家有村干部、家庭年总收入、务农劳动力人数、是否有扩大规模意愿、年投资规模、经营年限、经营类型、采用新技术人员类型、是否注册、是否参加农协合作社、是否订阅报纸杂志、新型职业农业、农业技能、是否提高经济效益。

2. 与是否有新技术需求显著相关的解释变量如表8-6、表8-7。

表8-6 是否有新技术需求与定类变量分析结果

变量	卡方值	卡方P值	显著（<0.1）
地区	11.254	0.010	显著
性别	3.534	0.060	显著
新技术了解	28.1912	0.000	显著
村地理类型	2.0928	0.351	不显著
村到县城距离	22.3366	0.000	显著
村基础设施条件	1.3196	0.517	不显著

表8-7 是否有新技术需求与定序变量分析结果

新技术需求	斯皮尔曼值	P值	肯德尔值	P值	显著（<0.1）
健康状况	0.097	0.009	0.034	0.009	显著
务农劳动力人数	0.122	0.001	0.056	0.001	显著
是否扩大规模意愿	0.302	0.000	0.124	0.000	显著
家中是否有村干部	-0.078	0.037	-0.025	0.038	显著
经营年限	0.092	0.015	0.044	0.015	显著
是否购买保险	0.083	0.025	0.033	0.026	显著
应用新技术人员类型	-0.160	0.000	-0.075	0.000	显著
是否注册	0.139	0.000	0.054	0.000	显著
是否订阅报纸杂志	0.074	0.048	0.021	0.048	显著
是否新型职业农民	0.090	0.016	0.026	0.016	显著
是否有农业技能	0.187	0.000	0.079	0.000	显著
是否提高经济效益	0.220	0.000	0.077	0.000	显著

由表8-6、表8-7可知，与经营主体是否有新技术需求显著相关的变量有：调查表中第一部分村基本情况中有地区、村所在地理类型、村到县城的距离、村雇佣劳动力成本4个变量。第二部分经营主体有关情况中的：性别、健康状况、新技术了解、务农劳动力人数、扩大规模意愿、家中是否村干部、经营年限、是否购买保险、应用新技术人员类型、是否注册、是否订阅报纸杂志、是否新型职业农民、是否有农业技能、是否提高经济效益14个变量。

3. 与选择农业厅主推的新技术个数显著相关的解释变量，如表8-8，8-9。

表8-8 新技术需求强度（以综合水稻技术数量为例）与定类变量分析结果

变量	卡方值	卡方P值	显著（＜0.1）
地区	341.321	0.000	显著
性别	20.447	0.040	显著
政治面貌	54.458	0.000	显著
新技术了解	177.9326	0.000	显著
新技术需求	19.5672	0.052	显著
村地理类型	80.3958	0.000	显著
村到县城距离	233.7350	0.000	显著
村基础设施条件	75.4371	0.000	显著

表8-9 新技术需求强度（以综合水稻技术数量为例）与定序变量分析结果

选择综合水稻技术数量	斯皮尔曼值	P值	肯德尔值	P值	显著（＜0.1）
年龄	-0.106	0.004	-0.067	0.004	显著
学历	0.276	0.000	0.173	0.000	显著
是否干部	0.080	0.033	0.033	0.033	显著
家中是否有村干部	0.129	0.001	0.053	0.001	显著
经商	0.092	0.013	0.044	0.013	显著
外出打工	0.188	0.000	0.106	0.000	显著
是否兼业	0.082	0.027	0.044	0.027	显著
应用新技术人员类型	-0.186	0.000	-0.122	0.000	显著
家庭年总收入	-0.118	0.002	-0.068	0.001	显著
务农劳动力人数	0.159	0.000	0.098	0.000	显著
是否扩大规模意愿	0.077	0.040	0.041	0.041	显著
年投资规模	-0.100	0.008	-0.046	0.008	显著
土地承包年限	-0.191	0.000	-0.114	0.000	显著
农协合作社	0.114	0.002	0.036	0.002	显著
报纸杂志	0.098	0.008	0.037	0.008	显著
是否新型职业农民	0.162	0.000	0.061	0.000	显著
是否有农业技能	0.137	0.000	0.076	0.000	显著
经营类型	-0.217	0.000	-0.131	0.000	显著
经营年限	-0.088	0.019	-0.053	0.025	显著
是否提高经济效益	0.133	0.000	0.061	0.000	显著

由上表 8-8、表 8-9 可知，与经营主体新技术需求强度显著相关的变量有：调查表中第一部分村基本情况中有地区、村所在地理类型、村到县城的距离、村雇佣劳动力成本 4 个变量。第二部分经营主体有关情况中的：年龄、性别、学历、政治面貌、务农劳动力人数、扩大规模意愿、家中是否有村干部、应用新技术人员类型、经营年限、农业合作社、报纸杂志、是否新型职业农民、是否有农业技能、是否提高经济效益、新技术了解、新技术需求等 24 个变量。

五、模型构建

在农业技术能够有效供给的假设前提下，作为理性的独立经营者，农业经营主体凭借自身资源禀赋进行农业生产经营以谋求利益最大化，其农业新技术选择行为，根据行为科学理论，基于对农业技术认知基础上的自然反应。本书研究思路是：首先，考察农业经营主体对新技术的认知，其次，考察农业经营主体对农业新技术的需求意愿，最后，分析农业经营主体对农业新技术选择结果。

本文建立广东省新农主体农业技术需求影响因素的基本实证模型如下：

$Y=F$（户主人力资源特征、社会经济特征、家庭生产经营特征等）　　　　　　（8-3）

上述（8-3）式中，Y 是因变量，表示种养大户对新技术需求状况。

（一）新技术了解模型

经营主体对农业新技术的了解程度，有 5 种选择结果，分别是：很了解 =5、较了解 =4、一般 =3、了解不多 =2、一点也不了解 =1，可看成连续变量，可采用多元有序 Logistic 回归模型，进行实证分析，建立模型的表达式为：

$$Y_i = \alpha + \sum_{i=1}^{n} \beta_{1i} X_i + \sum_{j=1}^{n} \beta_{2i} w_j + \varepsilon_i \qquad (8-4)$$

上述（8-4）式中，Y_i 为第 i 个经营主体对农业新技术了解的程度，X_i 为影响农业经营主体了解新技术的各类解释变量，即户主人力资本特征、户主社会经济特征、户主风险偏好、技术环境特征等。W_j 为影响农业经营主体了解新技术的各类控制变量，即村庄特征变量等。β_{1i}、β_{2j} 为各解释变量和控制变量的回归系数。ε_i 为残差。

回归分析中，解释变量中的虚拟变量以协变量形式直接引入模型，分类变量和定序变量则以亚变量形式引入模型，对于取值有 n 个水平的自变量。将产生 n-1 个亚变量，同时以第 n 个水平为参照水平。

（二）新技术需求模型

本书利用调查数据检验前文经营主体技术选择三阶段模型中第二阶段，即是否有新技术需求。由于因变量只有是或否两种，属二元选择变量，本研究采用二元 Binary Logistic 回归模型对新技术需求行为进行实证分析。

二元 Logistic 选择模型具体形式如下：

$$p_i = F(\alpha + \sum_{i=1}^{n} \beta_i X_i) = \frac{\exp(\alpha + \sum_{i=1}^{n} \beta_i X_i)}{1 + (\alpha + \sum_{i=1}^{n} \beta_i X_i)} + \varepsilon_i \qquad (8\text{-}5)$$

根据式（8-5），可以得到：

$$\mathrm{Prob}(y=1) \ln \frac{p_i}{1-p_i} = \alpha + \sum_{i=1}^{n} \beta_i X_i \qquad (8\text{-}6)$$

上式 8-5、8-6 中，$y=1$ 表示农业经营主体有新技术需求意愿，p_i 表示不同农业经营主体有新技术需求的概率，X_i 表示影响农业经营主体采用新技术决策的个人人力资本特征、家庭经济特征、村庄特征等解释变量和控制变量，β_i 表示不同影响因素的回归系数，i 表示每个种养大户个体。

具体计量步骤如下：将上述所有显著通过相关性分析的变量一次性引入 Logistic 回归模型分析，进行变量的显著性检验，在拟合的回归方程中，将不显著的变量剔除，最后得到回归结果。

（三）新技术选择强度模型

新技术选择强度用农业经营主体选择农业新技术数量（以选择综合水稻技术数量为例）指标来衡量，需求数量取值为 y=0，1，2，3…15。可见，因变量 Y 表示事件发生的数目，即为计数变量，因此可使用计数模型（Count Models）。计数模型适用于因变量是离散的整数但具有数值小、取零个数较多且解释变量多为定性变量的情况（易丹辉，2008；高铁梅，2009）。其一般形式为：

$$m(X, \beta) = E(y \mid X, \beta) = \exp(X'\beta) \qquad (8\text{-}7)$$

泊松模型是计数模型中常见的一类，它认定每一个观察值 yi 都来自一个服从参数为 λi 的泊松分布，λi 是一个指标变量，其和自变量有关。

$$P(Y_i = y_i) = \frac{e^{-\lambda_i} \lambda_i^{y_i}}{y_i!}, \ y_i = 0, 1, \cdots n \qquad (8\text{-}8)$$

其中，λi 最一般的表示是对数线性模型，即 $1n\lambda_i = X'\beta_i$。根据泊松分布的特点，各因变量的期望值为：

$$vax(y_i|x_i,\beta) = E(y_i|x_i,\beta) = \lambda_i = e^{\beta' x_i} \tag{8-9}$$

参数 β 的极大似然估计量（MLE）通过最大化的对数似然函数来得到：

$$L(\beta) = \sum_{i=1}^{n}\left[y_i 1n\lambda_i - \lambda_i - 1n(\lambda_i!)\right] \tag{8-10}$$

如果条件均值分布是正确定义的，y 的条件分布是泊松分布，那么得到的 MLE 估计是一致有效的，且渐进服从正态分布（易丹辉，2008；高铁梅，2009）。事实证明，多数应用都不能符合均值分布条件。幸运的是，泊松分布具有一个很好的稳健性质：不管泊松分布成立与否，仍能得到 β j 的一致和渐近正态估计量。在没有假定泊松分布完全正确的情况下使用泊松 MLE 时，我们称之为准极大似然估计（quasi—maximum likelihoodestimation,QMLE）。因此，本项目用 Possion 回归模型来估计解释变量对被解释变量的影响程度。具体计量步骤同上述新技术了解模型即新技术需求模型。

六、模型估计结果与分析

以下分析步骤如下：首先，利用调查数据，根据上面相关性分析结果，分别对经营主体的新技术了解、是否有新技术需求、新技术选择强度的影响因素进行多元 Logistic、二元 Logistic、Position 回归分析。其次，为保证回归结果有效，运用方差膨胀因子（VIF）对自变量间的多重共线性进行检验。剔除方差膨胀因子（VIF）大于 10 的变量，再次进行回归分析，确保各自变量之间不存在多重共线性，以保证回归结果的正确性。

（一）新技术"了解"模型估计结果

在列联表分析结果基础上，将影响经营主体农业新技术了解程度的相关因素作为自变量，采用 Stata15.0 统计分析软件，运用多元 Logistic 回归模型对农业新技术了解程度的影响因素进行分析。

在处理分类变量时，为防止多重共线性，将分类变量设置为虚拟变量，没显示的为对照组，例如在处理经营类型变量时，"纯种植大户"不纳入模型，而引入"纯养殖大户""种养大户""种养兼休闲大户"3 个分类变量，因此，模型输出结果是相对不纳入模型的变量"纯种养大户"而言的。

采用全模型法将所有自变量引入模型，由于变量较多，尽量只保留通过了 1%、5%、10% 水平下显著性检验的变量，结果见表8-10（以下同）

表8-10 关于新技术了解程度的多元Ordered logistic回归估计结果

变量		回归系数	标准差	z 统计值	P>|z|
户主人力资本特征	性别	-.1836255	.1671396	-1.10	0.272
	年龄	-.2156028	.0840	-2.56	0.010
	学历	以初中为对照组			
	小学及以下	.1612425	.1915877	0.84	0.400
	高中或中专	.4996501	.231523	2.16	0.031
	大专	.2941567	.3458012	0.85	0.395
	本科	.7775569	.4400682	1.77	0.077
户主社会经济特征	政治面貌	以群众为对照组			
	党员	1.290626	.3854541	3.35	0.001
	其他党团	.0850519	.3142859	0.27	0.787
	经商	.3024948	.1957114	1.55	0.122
户主风险偏好	新技术人类型	跟着别人使用为对照组			
	最早使用者	4.231884	.6039172	7.01	0.000
	较早使用者	1.937369	.2222934	8.72	0.000
	较晚使用	-.9485089	.2168536	-4.37	0.000
	还没有使用	-2.747747	.3150242	-8.72	0.000
家庭生产经营特征	务农劳动力	.2222724	.0825178	2.69	0.007
技术环境特征	注册	.4567936	.2018342	2.26	0.024
	新型职业农民认定	.6514396	.2384831	2.73	0.006
	提高经营效益	.3529807	.1963881	1.80	0.072
村庄基本特征	地区	以粤北为对照组			
	珠三角	-1.390342	.4110308	-3.38	0.001
	粤东	-.7815643	.3740894	-2.09	0.037
	粤西	-1.001303	.330328	-3.03	0.002
	地理类型	以山区为对照组			
	平原	2.660435	.4623736	5.75	0.000
	丘陵	1.925954	.3610319	5.33	0.000
	到县城距离	以 20 公里以上为对照组			
	5公里以内	-.641593	.3406554	-1.88	0.060
	5～10 公里	-.237281	.2800011	-0.85	0.397
	10～20 公里	.4998575	.2510449	1.99	0.046
LR chi2(25)		542.59	Prob > chi2		0.0000
Log 似然函数值		-677.8203	Pseudo R2		0.2858
观测值		706			

（二）新技术"需求"模型估计结果

在列联表分析结果基础上，将影响经营主体农业新技术需求的相关因素作为自变量，采用 Stata15.0 统计软件，运用二元 0Logit 回归模型对是否有新技术需求的影响因素进行分析。回归结果后，运用多重共线性诊断法进行变量之间的多层共线性检验，得到的结果显示各变量的方差膨胀因子（VIF）均小于 10，表明各自变量之间不存在多重共线性。采用全模型法将所有自变量引入模型，由于变量较多，尽量只保留通过了 1%、5%、10% 水平下显著性检验的变量，结果如表 8-11。

表8-11 关于新技术需求的 logistic回归估计结果

变量		回归系数	标准差	z 统计值	P>|z|
户主社会经济特征	干部合计	-.7230677	.2339822	-3.09	0.002
户主风险偏好	购买保险	.6372612	.2389617	2.67	0.008
	新技术人类型	以跟着别人使用为参照组			
	最早使用者	2.053095	1.242995	1.65	0.099
	较早使用	.1879338	.3201862	0.59	0.557
	较晚使用	-.1220164	.2990842	-0.41	0.683
	还没有使用	-.9588501	.331464	-2.89	0.004
家庭生产经营特征	扩大规模意愿	1.400046	.2162423	6.47	0.000
	年投资规模	-.8027655	.2700895	-2.97	0.003
	经营年限	.2515215	.1077212	2.33	0.020
	新型职业农民认定	.2301188	.3612703	0.64	0.524
	提高经营效益	.6575362	.2378757	2.76	0.006
	新技术了解	以一点不了解为参照组			
	了解不多	.7891893	.4045438	1.95	0.051
	一般	1.002257	.445417	2.25	0.024
	较了解	.6426595	.520504	1.23	0.217
	很了解	-.0650528	.8458196	-0.08	0.939
村基本特征	到县城距离	以 10-20 公里为参照组			
	5 公里以内	-1.943852	.4704158	-4.13	0.000
	5～10 公里	-1.117273	.4115244	-2.71	0.007
	20 公里以上	-.724499	.4417342	-1.64	0.101
	_cons	.5834804	.73195	0.80	0.425
LR chi2(18)		161.80	Log likelihood		-292.8122
Log 似然函数值		0.0000	Pseudo R2		0.2165
观测值		—	669		

（三）新技术"选择强度"模型估计结果

在列联表分析结果的基础上，将影响经营主体新技术需求强度的相关因素作为自变量，采用 Stata15.0 统计软件，运用泊松回归模型对新技术需求强度的影响因素进行分析。回归结果后，运用多重共线性诊断法进行变量之间的多层共线性检验，得到的结果显示各变量的方差膨胀因子（VIF）均小于 10，表明各自变量之间不存在多重共线性。采用全模型法，将所要考察的影响水稻种植数量的变量一次性引入泊松回归模型分析，由于变量较多，输出结果只保留通过了 1%、5%、10% 水平下显著性检验的变量，结果如表 8-12。

表8-12 关于农业新技术需求强度的多元Position回归估计结果

变量		回归系数	标准差	z 统计值	P>|z|
户主人力资本特征	学历	.0309654	.0252446	1.23	0.220
户主社会经济特征	兼业	.0939347	.052811	1.78	0.075
户主风险偏好	购买保险	.2133818	.0532888	4.00	0.000
	新技术人类型	跟着别人使用为参照组			
	最早使用者	-.381477	.206487	-1.85	0.065
	较早使用者	-.0163923	.05844	-0.28	0.779
	较晚使用	-.1402711	.068023	-2.06	0.039
	还没有使用	-.2667935	.0936045	-2.85	0.004
家庭生产经营特征	务农劳动力 1	.0489767	.0263902	1.86	0.063
	年投资规模	-.0413692	.0645783	-0.64	0.522
	经营年限	-.0598673	.0253148	-2.36	0.018
	经营类型	种养兼休闲为参照组			
	纯种植大户	.1615087	.0747454	2.16	0.031
	纯养殖大户	-.2882077	.1099653	-2.62	0.009
	种养大户	.0993159	.0782185	1.27	0.204
技术环境特征	参加过技术培训	.1058076	.0584228	1.81	0.070
	提高经营效益	.084586	.0651267	1.30	0.194
村地理特征	地区	粤北为参照组			
	珠三角	-.4970635	.132454	-3.75	0.000
	粤东	-.6376353	.1113657	-5.73	0.000
	粤西	-.1120273	.0930868	-1.20	0.229
	地理类型	山区为参照组			
	平原	.4531878	.1616219	2.80	0.005
	丘陵	.2253333	.1251518	1.80	0.072
	到县城距离	20 公里以上为参照组			
	5 公里以内	-.1484649	.1103946	-1.34	0.179
	5～10 公里	-.1680377	.078687	-2.14	0.033
	10～20 公里	.202598	.0682305	2.97	0.003
	_cons	.850161	.1819122	4.67	0.000
LR chi2(18)		402.72	Prob > chi2		0.0000
Log 似然函数值		-1114.095	Pseudo R2		0.1531
观测值			670		

（四）结果分析

1. 对通过了显著性检验的解释变量的分析

从上表 8-10、表 8-11、表 8-12 回归结果来看，总体上，3 个模型的整体拟合情况均较好。从解释变量的回归系数来看：

（1）从户主人力资本特征对农业新技术选择行为影响上看。①性别均没有通过显著性检验，表明广东农业经营主体对农业新技术选择行为不存在明显差别。这一结论与传统农村"男主外，女主内"的传统价值行为取向不一致，表明农业生产决策中的女性和男性劳动力，无论在劳动数量还是未来预见上，已经不相上下。②年龄显著负向影响经营主体对新技术的了解。表明年龄越大，越不利于经营主体选择农业新技术。调查结果也显示，30 岁以下的户主对新技术"很了解""较了解"比例之和为 42%，其余年龄段的户主该比例之和分别为 30—39 岁 27.9%、40—49 岁 18.4%、50—59 岁 5.9%、60 岁以上 6%。可能原因：第一，年轻的户主养家糊口的任务比较重，生活压力较大，因此，更希望利用先进的技术来确保农产品的高产出和收入的稳定。第二，相比年长的户主，年轻户主受教育程度比较高，对先进农业技术具备一定的理解、学习和接受能力，而年长户主的学习能力和接受新技术能力相对较差。③以初中学历的经营主体为参照组，受教育程度越高越显著地有利于对新技术了解。文化程度越高，其视野更开阔、思想更先进、对技术了解更全面，认为科技对农业生产的作用越大。此外，户主健康状况与选择行为无明显相关性。

（2）从户主社会经济特征对农业新技术选择行为上看。①以群众为对照组，党员与新技术了解显著正相关。这应该跟党员外出学习机会较多，因而了解外面世界的机会就多有关。调查发现，政治面貌是党员的户主对新技术"很了解""较了解""一般"的之和为 80%，政治面貌是群众的户主对新技术"很了解""较了解""一般"的比例之和为 51.9%。②是否曾任村干部或家中是否有村干部显著负向影响农业经营主体对新技术需求行为。这结论与文献研究结果相悖，一般认为，自己或家中有人担任村干部，意味着增加接触科技的机会，可以了解和掌握更丰富、全面的科技信息，更有利于提高其科技作用认知。可能原因，曾任村干部或家中有村干部的家庭一般比较富裕，通过农业经营获取家庭收入的愿望较低，因而通过农业新技术提高经济效益的想法及行为实施程度较低。③兼业正向显著影响选择综合水稻技术数量。

（3）从户主风险偏好对农业新技术选择行为上看。①是否购买农业保险显著正向影响经营主体的新技术需求愿望，同时显著影响选择综合水稻技术数量。②和跟着别人使用新技术的经营主体相比，最早使用、较早使用农业新技术经营主体显著地正向影响经营主体对新技术了解程度。较晚使用、还没有使用的经营主体显著负向影响经营主体对新技术的了解。最早使用新技术的经营主体显著正向新技术需求愿望，还没有使用显著负向影响经营主体新技术需求愿望。但均负向影响综合水稻技术使用数量。

（4）从家庭生产经营特征对农业新技术选择行为上看。①家庭务农劳动力数量显著正向影响新技术了解，正向影响选择综合水稻技术数量。表明依靠农业获取家庭收入主要来源的经营主体，为了获得较大的农业经济效益，会主动了解并使用新技术提高农业生产绩效。②扩大规模意愿、经营年限、技术使用提高经营效益的经历正向影响农业经营主体的新技术需求愿望。经营规模越大，种养大户越能通过增加技术投入，在规模经济递增阶段获得规模收益。由于"棘轮效应"，已运用农业技术并获得效益将成为农业经营主体运用新技术的动机。由于"学习效应"，其他的农业经营主体会更加关注农业新技术，从而促进其对新技术的认知。③年投资规模显著负向影响新技术需求愿望。④以一点不了解者为参照，了解不多、一般了解者显著正向影响新技术需求。这一定程度上验证了上述新技术需求行为理论的前一部分。同时，表明通过一定方式增加经营主体对新技术的了解程度可增加他们对新技术的需求愿望。⑤与种养兼休闲相比，纯种植大户显著正向影响选择综合水稻技术数量，纯养殖大户显著负向影响选择综合水稻技术数量。⑥经营年限显著负向影响选择综合水稻技术数量。

（5）从技术环境特征对农业新技术选择行为上看。①注册、新型职业农民认定正向影响经营主体了解新技术程度。表明自发或被动地，通过学习或了解注册后可获得的政府资助，可增加经营主体了解农业新技术的机会，增加他们了解新技术的程度。通过加入组织，从事相同或相近领域生产的经营主体可以交流生产经验、沟通技术问题，为经营主体了解、采纳农业新技术提供了可能性。②技术使用提高经营效益的经历显著正向影响经营主体了解农业新技术程度。农业经营主体是理性经济人，有些农业技术投入成本高，投资回报率却相对较低,因此,选择具有能够给经营主体带来正收益的农业技术显得至关重要。③参加过技术培训显著正向影响选择综合水稻技术数量。

(6)从村庄基本特征对经营主体农业新技术选择行为上看。①与粤北山区相比,珠三角、粤东、粤西地区显著地负向影响经营主体对新技术了解;与粤北山区相比,其他地区选择综合水稻技术数量显著为负。②与山区相比,平原和丘陵地区的经营主体对新技术需求明显,选择综合水稻技术数量显著正向相关。③以 20 公里以上距离为参照,到县城距离越近对新技术了解、对新技术需求越少、选择综合水稻技术数量越少。

2. 对没有通过显著性检验的解释变量的分析

(1)在家庭生产经营特征中,家庭年总收入与新技术选择行为没有表现出明显的相关性,这与文献研究不一致。一般认为,家庭总收入越高,越有助于其对农业新科技的投入。可能原因是广东是我国经济水平较高的省份,一般来说,较高的家庭年均收入都能承受起使用新技术的投入,因而和收入水平较低的地区相比,对使用新技术的投入表现不敏感。年投资规模、经营年限与技术选择行为显著负相关,与文献研究结果相悖。一般文献研究结果是,种养规模越大,户主对农产品的生产越重视,也越需要通过了解并使用新技术来缓解自然灾害所带来的风险,并通过使用新技术来提高经营效益。可能原因是广东农业经营主体生产规模情况出现两种极端情况,一是黄宗智(1985)指出再生产技术没有质性突破的情况下,经营式农作的最佳规模是 6.67—13.33hm²,广东新农主体整体经营规模比较小,没有达到雇佣劳动力发挥规模经营方式内在作用,因而与文献研究结果不一致;二是部分广东经营主体规模过大,随着经营规模的进一步扩大,技术投入的边际效应递减,对新技术的关注度也将随之下降。

(2)在技术环境特征,参加技术培训没有表现出与新技术选择行为有显著的相关关系。文献研究一般结论是:"科技入户工程"背景下,各地农业技术推广部门都加强了农业技术推广组织对农业经营主体的技术指导。通过培训能够深入并清楚了解农业技术,减轻他们对采用农业技术可能带来风险的担忧,增强他们使用农业技术的信心,激励其采用农业新技术。农业经营主体拥有专业技能会扩大其信息来源渠道,通过参加专业技能培训,大户对科技信息更全面、更具体的了解，增强其抵御风险的能力，提高农业经营主体对科技作用的认知。

本书研究出现与文献研究不一致的可能原因是，广东对农业技术推广工作不重视，或仍处于农业技术推广的初级阶段，农业经营主体对新技术的认识还不是很深。虽然举办过技术培训，部分经营主体也参加过农业技术培训，但是参加的培训次数较少，培训效果并不理想。说明目前的培训技术推广方式、技术推广人员的职业水平还有待提高。

（3）是否订阅报纸杂志、参加农协会或合作社没有显著影响经营主体对新技术的选择行为。其原因可能是，对于获取农业技术的相关知识，农业经营主体普遍是通过村里的农技站、种子公司、种粮能手等获得的，专业合作社在技术推广方面所起的作用较小。

七、本章结论

本章运用行为科学理论，确定农业经营主体的技术需求行为的三阶段过程，运用技术选择理论，明确经营主体技术选择的影响因素，在此基础上，构建新技术了解、新技术需求、新技术需求强度模型，并根据调查数据对经营主体的三阶段模型进行回归估计，结果表明：

1. 农业经营主体对新技术了解越多，对新技术需求越强烈。因此，要提高农业经营主体新技术需求愿望，需要分析影响经营主体新技术了解的各种因素，增强其对新技术了解程度。对综合水稻技术同等需求强度下，有新技术需求的经营主体比例高于没有新技术需求的经营主体。

2. 户主人力资本特征中，性别对经营主体选择农业新技术行为不存在明显差别；年龄越大，越不利于经营主体选择农业新技术；以初中学历的经营主体为参照组，受教育程度越高的经营主体越显著地有利于了解新技术；户主健康状况与经营主体新技术选择行为无明显相关性。

3. 户主社会经济特征中，以群众为对照组，党员与新技术了解显著正相关；是否曾任村干部或家中是否有村干部显著负向影响农业经营主体对新技术需求行为；兼业户主正向显著影响选择经营主体选择综合水稻技术数量。

4. 户主风险偏好上看，是否购买农业保险显著正向影响经营主体的新技术需求愿望，同时显著影响选择综合水稻技术数量；和跟着别人使用新技术的经营主体相比，最早使用、较早使用农业新技术经营主体显著地正向影响经营主体对新技术了解程度。较晚使用、还没有使用的经营主体显著负向影响经营主体对新技术的了解。最早使用新技术的经营主体显著正向影响经营主体的新技术需求愿望，还没有使用的显著负向影响经营主体的新技术需求愿望，但均负向影响综合水稻技术使用数量。

5. 家庭生产经营特征中，家庭务农劳动力数量显著正向影响对新技术的了解，正向影响选择综合水稻技术数量；扩大规模意愿、经营年限、技术使用提高经营效益的经历正向影响农业经营主体的新技术需求愿望；年投资规模显著负向影响新技术需求愿望；以一点不了解者为参照，了解不多、一般了解者显著正向影响新技术需求；与种养兼休闲经营主体相比，纯种植大户显著正向影响选择综合水稻技术数量，纯养殖大户显著负向影响选择综合水稻技术数量；经营年限显著负向影响选择综合水稻技术数量。

6. 技术环境特征中，注册、新型职业农民认定、技术使用提高经营效益的经历显著正向影响经营主体了解新技术程度；参加过技术培训显著正向影响选择综合水稻技术数量。

7. 村庄基本特征中，与粤北山区相比，珠三角、粤东、粤西地区显著地负向影响经营主体对新技术的了解；与粤北山区相比，其他地区选择综合水稻技术数量显著为负；与山区相比，平原和丘陵地区的经营主体对新技术需求明显，与选择综合水稻技术数量显著正向相关；以 20 公里以上距离为参照，到县城距离越近对新技术了解、对新技术需求越少、选择综合水稻技术数量越少。

第九章 新农主体对政府技术服务及财政扶持的满意度分析

　　市场经济条件下，农业经营主体在生产活动中有着自主经营权。对于农业经营主体而言，采用一项农业新技术存在着自然风险和市场风险，包括自然灾害、生产物资价格、销售渠道与价格等，这在一定程度上阻碍了他们选择新技术。因此，政府给予财政补贴或农业保险一定比例的政府补贴，对于一些优秀农业技术，政府也可在银行贷款、技术指导、产品销售等方面提供支持，将有助于经营主体选择新技术。有研究发现政策激励对果树种植大户的生产行为有重要影响，果树种植大户能够感知的政策激励包括：环境监管强度、技术补贴力度、贷款难易程度、宣传培训力度。政府对生态环境关注度越高，对环境污染的监督管理强度越大，越有可能刺激农业经营主体转变生产行为，即政府环境监管强度越大，果树种植大户越有可能采纳绿色农业技术。政府对绿色农业技术的补贴可以适度激励农业经营主体对绿色农业技术的采纳行为，即技术补贴越到位，农业经营主体应用绿色农业技术的可能性越高。获得贷款的难易程度反映农业经营主体获得资金的能力，贷款难度小，有助于缓解农业经营主体资金压力，加大技术投入，农业经营主体应用绿色农业技术的可能性越高。政府对绿色农业技术的宣传培训力度会有效影响农业经营主体的应用行为，农业经营主体对一项技术越了解，越有可能应用该技术。此外，政府的土地和产权制度、政府对农业技术扩散组织投入的经费、对技术开发产品和投入资源实行价格政策等，也会引导农业经营主体的技术选择行为。

　　关于政府的奖励及扶持政策对农业经营主体技术选择行为的影响，学者们进行了大量研究。基于特定农业技术的政府奖励措施，对农业技术需求起到正向刺激的作用的研究。高启杰（2000）对四川经营主体采用水稻旱育稀植技术行为研究结果表明，政府的奖励措施，一定程度上降低种稻大户生产成本，对农户采用该项技术有较显著的影响关系。地方政府奖励扶持力度越大，经营主体需求农业技术就越多，就江西省而言，可能也不例外。温卡华（2002）认为，国家对稻农的补贴会刺激稻农对新技术的需求，因为他们会拿这些"额外"的钱去买新品种、新农药、新机械等。经营主体对国家种稻补贴政策的满意程度与其对农业技术的需求意愿之间呈正相关关系（齐振宏等，2009；周未等，2010）。

基于此，本部分内容从农业经营主体对政府扶持满意度角度进行分析，探究影响经营主体对政府农业技术服务满意度的主要因素及影响程度，这对促进广东农业经营主体采用并使用农业新技术，提高经营主体对政府技术服务满意度，提高新技术推广效率及农业技术生产率有很重要的现实指导意义。

一、政府技术服务满意度基本情况

（一）技术服务满意度总体情况

被调查对象对地方政府提供农业技术服务的满意度显示，非常满意（4.04%）、比较满意（23.96%）、一般（53.9%）、比较不满意（15.46%）、非常不满意（2.65%）。即广东新农主体对政府提供的技术服务表示非常满意和比较满意的不到占 3 成，一般的超 5 成，不满意的占近 2 成（见图 9-1）。如果把政府服务满意度用李克特五级量级归一化为百分制得分，被调查者对政府提供的技术服务满意度均值为 62.262。表明广东政府提供的技术服务距离经营主体的预期满意还存在一定的差距。

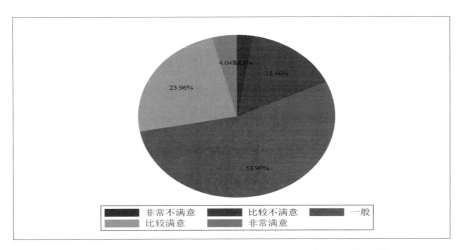

图9-1 被调查对象对地方政府提供的技术服务满意度情况

（二）不同技术服务满意度情况

以广东省农业厅主推的综合性农业技术服务为例，分析新农主体对政府提供的不同技术服务的满意度，每项得分均在 3 分以上，表明，整体上新农主体对政府提供的综合农业技术服务满意度比较高。满意度得分最高的是性诱剂捕虫器防虫技术，其次是农作物测土配方施肥技术，再次是水肥一体化灌溉施肥技术。最低的是土壤有机质提升技术。但对政府技术服务满意度评价处于模棱两可的"一般"状态的比例也较高，说明被调查对象对政府提供的技术服务基本认可，但对促进加快农业现代进程、保障粮食安全生产所要求经营主体生产积极性的政策激励与期望相比，仍有待改进（见图 9-2）。

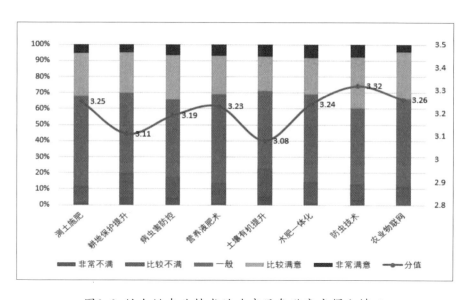

图9-2 综合性农业技术的政府服务满意度得分情况

二、政府财政扶持的满意度情况

（一）政府财政扶持情况

被调查对象中有 359 人明确表示享受过政府的财政扶持，即 50% 享受过政府的财政扶持，另一半则明确表示没享受过政府的财政扶持政策。表明政府部门针对农业经营主体的财政扶持普惠率不高，应查明原因，提高政府有关政策的普惠率，激发农业经营主体的生产积极性。

（二）政府财政扶持类别

被调查对象享受过政府财政扶持政策从大到小的比例依次是农资综合直补资金（26.18%）、粮食直补（17.83%）、农机具购置补贴（13.93%）、良种补贴（8.22%）（见图9-3）。

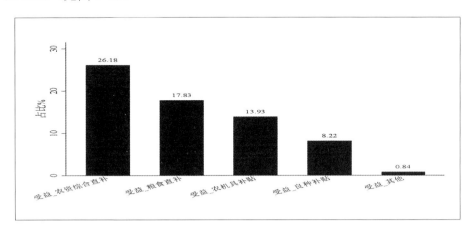

图9-3 被调查对象享受过的政府财政扶持政策类别

（三）对政府财政扶持满意度总体情况

被调查者对政府财政扶持满意度评价：非常满意（5.01%）、比较满意（26.74%）、一般（49.44%）、比较不满意（16.85%）、非常不满意（1.95%），见图9-4。如果把政府服务满意度用李克特五级量级归一化为百分制得分，被调查者对政府财政扶持满意度得分为65.122。

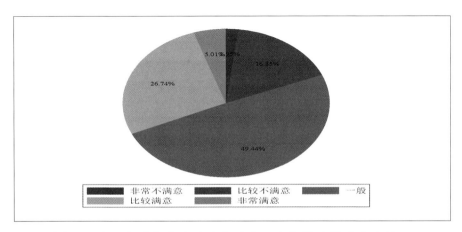

图9-4 被调查对象享受过政府的奖励和扶持政策满意度情况

其中，被调查对象受过政府财政扶持的满意度高一些，非常满意和比较满意的比例分别为 8.64% 和 35.93%，没有受过政府财政扶持的满意度低一些，分别为 1.39% 和 17.55%。

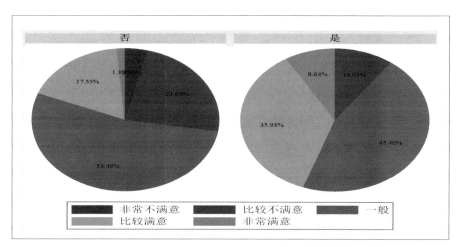

图9-5 被调查对象是否享受过财政扶持政策满意度情况

（四）不同类别政府财政扶持满意度情况比较

进一步地，对被调查对象享受过的四类政府奖励和扶持的满意度进行百分制得分计算，满意度大小依次为：良种补贴（69.14）>农机具补贴（68.2）>粮食直补（65.01）>农资综合直补（64.26）。均高于没有受过相应的政府奖励和扶持的满意度得分。没有受过良种补贴、农机具补贴、粮食直补、农资综合直补满意度得分别为 61.64、61.29、61.66、61.544（见表 9-1 至表 9-3）。表明广东政府对各类经常性的补贴政策效果显著，仍需加大扶持力度，将扶持政策落到经营主体实处。

表9-1 被调查对象对政府粮食直补满意度得分情况

粮食直补	非常不满	比较不满	一般	比较满意	非常满意	总计	得分
否	2.88	17.46	52.37	23.05	4.24	100.00	61.662
是	1.56	6.25	60.94	28.13	3.13	100.00	65.01
样本频数	19	111	387	172	29	718	447
占比	2.65	15.46	53.90	23.96	4.04	100.00	62.262

表9-2 被调查对象对政府农机具补贴满意度得分情况

农机具补贴	非常不满	比较不满	一般	比较满意	非常满意	总计	得分
否	2.91	16.34	55.02	22.82	2.91	100.00	61.296
是	1.00	10.00	47.00	31.00	11.00	100.00	68.2
样本频数	19	111	387	172	29	718	447
占比	2.65	15.46	53.90	23.96	4.04	100.00	62.262

表9-3 被调查对象对政府良种补贴满意度得分情况

良种补贴	非常不满	比较不满	一般	比较满意	非常满意	总计	得分
否	2.58	15.78	55.84	22.46	3.34	100.00	61.64
是	3.39	11.86	32.20	40.68	11.86	100.00	69.146
样本频数	19	111	387	172	29	718	447
占比	2.65	15.46	53.90	23.96	4.04	100.00	62.262

（注：受农资综合直补政府服务满意度64.264，比没受过61.544高。但统计上卡方Pearsonchi2(4)=6.20，Pr=0.184，没通过显著性检验，故没有展示）

三、不同类别经营主体的政府技术服务满意度差异分析

（一）不同经营类型主体的满意度情况

从政府服务满意度与不同经营类型经营主体交叉分析来看，选择"比较满意"和"非常满意"之和比例最高的是种养大户为33.34%，其次是种养兼休闲大户为28.8%。选择"一般"，即在满意与不满意之间，处于模棱两可状态的比例均占50%左右。从不同经营类型主体满意度百分化后的得分来看，满意度最高的是种养大户（63.482），其次是种养兼休闲大户（63.15）（见表9-4，图9-6）。

表9-4 不同经营类型的政府服务满意度情况

经营类型	政府服务满意度						
	非常不满	比较不满	一般	比较满意	非常满意	总计	百分化
纯种植户	12	34	172	68	9	295	—
	4.07%	11.53%	58.31%	23.05%	3.05%	100.00	61.902
纯养殖户	3	21	52	23	2	101	—
	2.97%	20.79%	51.49%	22.77%	1.98%	100.00	60
种养户	1	28	63	38	8	138	—
	0.72%	20.29%	45.65%	27.54%	5.80%	100.00	63.482
种养兼休闲	3	28	100	43	10	184	—
	1.63%	15.22%	54.35%	23.37%	5.43%	100.00	63.15
总计	19	111	387	172	29	718	—
	2.65%	15.46%	53.90%	23.96%	4.04%	100.00	62.262

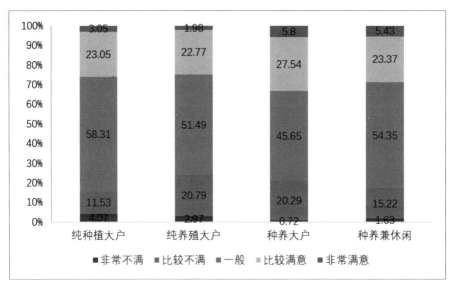

图9-6 不同经营类型的政府服务满意度情况

（二）不同技术应用时机的满意度情况

从政府服务满意度与不同应用农业新技术时机类型的主体交叉分析来看，选择"比较满意"和"非常满意"之和比例最高的是最早使用者为 62.5%，其次是较早使用者为 46.31%。这和不同应用新技术时机类型主体的满意度百分化后的得分是一致的（见表 9-5）。

表9-5 不同应用新技术时机类型经营主体的政府服务满意度情况

应用新技术类型	政府服务满意度						
	非常不满	比较不满	一般	比较满意	非常满意	总计	百分化
最早使用者	1	2	3	8	2	16	—
	6.25%	12.50%	18.75%	50.00%	12.50%	100.00	70
较早使用者	4	17	59	58	11	149	—
	2.68%	11.41%	39.60%	38.93%	7.38%	100.00	67.384
跟着别人使用	8	39	190	65	8	310	—
	2.58	12.58%	61.29%	20.97%	2.58%	100.00	61.678
较晚使用	4	21	82	29	7	143	—
	2.80%	14.69%	57.34%	20.28%	4.90%	100.00	61.964
还没有使用	2	32	53	12	1	100	—
	2.00%	32.00%	53.00%	12.00%	1.00%	100.00	55.6
总计	19	111	387	172	29	718	—
	2.65%	15.46%	53.90%	23.96%	4.04%	100.00	62.262

（三）不同农作物面积的满意度情况

从政府服务满意度与不同农作物（含水产）面积主体交叉分析来看，选择"比较满意"和"非常满意"之和比例最高的是 100 亩以上主体为 36.67%，其次是 50～99 亩主体为 33.33%。从满意度百分化后的得分来看，3 类不同规模主体得分均在 60 左右，相差不大（见表 9-6）。

表9-6 不同农作物（含水产）面积主体的政府服务满意度情况

农作物水产面积	政府服务满意度						
	非常不满	比较不满	一般	比较满意	非常满意	总计	百分化
1—49亩	4	72	257	94	23	450	—
	0.89%	16.00%	57.11%	20.89%	5.11%	100.00	62.666
50—99亩	10	17	73	45	5	150	—
	6.67%	11.33%	48.67%	30.00%	3.33%	100.00	62.398
100亩以上	2	6	11	11	0	30	—
	6.67%	20.00%	36.67%	36.67%	0.00%	100.00	60.672
总计	16	95	341	150	28	630	—
	2.54%	15.08%	54.13%	23.81%	4.44%	100.00	62.506

（四）不同经济区域的满意度情况

从政府服务满意度与主体所在不同经济区域的交叉分析来看，选择"比较满意"和"非常满意"之和比例最高的是主体所在珠三角地区为68.52%，其次是粤西为40.76%。选择"非常不满"和"比较不满"之和比例最高的是主体所在的粤北山区五市为26%。从百分化后满意度得分来看，依次是珠三角、粤西、粤东、粤北（见表9-7）。

表9-7 不同经济区域的政府服务满意度情况

地区	政府服务满意度						
	非常不满	比较不满	一般	比较满意	非常满意	总计	百分化
珠三角	0	2	15	31	6	54	—
	0.00%	3.70%	27.78%	57.41%	11.11%	100.00	75.186
粤东	3	53	181	40	3	280	—
	1.07%	18.93%	64.64%	14.29%	1.07%	100.00	59.072
粤西	3	17	89	63	12	184	—
	1.63%	9.24%	48.37%	34.24%	6.52%	100.00	66.956
粤北	13	39	102	38	8	200	—
	6.50%	19.50%	51.00%	19.00%	4.00%	100.00	58.9
总计	19	111	387	172	29	718	—
	2.65%	15.46%	53.90%	23.96%	4.04%	100.00	62.262

（五）不同地理类型的满意度情况

从政府服务满意度与主体所在的不同地理类型村庄的交叉分析来看，选择"比较满意"和"非常满意"之和比例最高的是主体所在的丘陵地区约为30%，从百分化后满意度得分来看，平原、丘陵、山区的得分都为62分左右（见表9-8）。

表9-8　不同地理类型的政府服务满意度情况

地理类型	政府服务满意度						
	非常不满	比较不满	一般	比较满意	非常满意	总计	百分化
平原	3	55	244	103	9	414	—
	0.72%	13.29%	58.94%	24.88%	2.17%	100.00	62.898
丘陵	13	48	111	56	16	244	—
	5.33%	19.67%	45.49%	22.95%	6.56%	100.00	61.148
山区	3	8	32	13	4	60	—
	5.00%	13.33%	53.33%	21.67%	6.67%	100.00	62.336
总计	19	111	387	172	29	718	—
	2.65%	15.46%	53.90%	23.96%	4.04%	100.00	62.262

（六）到县城不同距离的满意度情况

从政府服务满意度与主体所在村庄到县城距离的交叉分析来看，选择"比较满意"和"非常满意"之和比例最高的是10—20公里范围，为43.8%，其次是20公里以上距离，为33.54%。从百分化后满意度得分来看，由高到低依次是10—20公里、5公里以内、20公里以上、5—10公里（见表9-9）。

表9-9 到县城不同距离的经营主体的政府服务满意度情况

到县城距离	政府服务满意度						
	非常不满	比较不满	一般	比较满意	非常满意	总计	百分化
5公里以内	0	5	72	20	4	101	—
	0.00	4.95%	71.29%	19.80%	3.96%	100.00	64.554
5～10公里	5	75	176	59	4	319	—
	1.57%	23.51%	55.17%	18.50%	1.25%	100.00	58.87
10～20公里	0	5	72	49	11	137	—
	0.00	3.65%	52.55%	35.77%	8.03%	100.00	69.636
20公里以上	14	26	67	44	10	161	—
	8.70%	16.15%	41.61%	27.33%	6.21%	100.00	61.24
总计	19	111	387	172	29	718	—
	2.65%	15.46%	53.90%	23.96%	4.04%	100.00	62.262

四、政府技术服务满意度的影响因素分析

（一）引言

十八届五中全会指出，在坚持协调发展的基础上，要积极推动基本公共服务均等化，增加公共服务供给，从解决人民最关心、最直接、最现实的利益问题入手，提高公共服务共建能力和共享水平。党的十九大报告指出要"建设人民满意的服务型政府"。享有基本公共服务是每个公民的基本权利，评价政府公共服务的供给水平，要看服务受体的满意程度。作为衡量基本公共服务供给质量的重要指标，公共服务满意度指公民个体对其公共服务预期与实际感受之间差距的认知，强调个体对实际公共服务供给满足其自身需求程度的一种判断，是其在体验公共服务过程中的一种心理反应（官永彬，2014）。中国作为一个农业人口占绝大多数的国家，农民问题一直是"三农"问题的核心。因此，农业经营主体对政府公共服务的满意度更是成为评判政府工作绩效的重要"标尺"。

以政府主导的农业科技服务体系，是政府公共服务的一部分，供给水平怎样，供给质量如何，同样要通过农业科技服务的接受者——农业经营主体的满意程度来检验。因此，准确把握住农业经营主体对政府科技服务的满意度现状，以及当下影响这种现状的关键影响因素及影响程度，显得极为必要。这对于在农业科技

供给有效的前提下，提升农业经营主体对政府公共科技服务的总体评价水平，建立和完善我国农业科技供给体系，促进农业科技供求平衡有很重要的指导意义。

基于此，本部分借助调查数据的部分内容，从农业科技需求方——农业经营主体角度，分析影响广东农业科技服务满意度的影响因素及影响程度。

（二）文献综述

政府满意度是指民众对政府的满意程度，在某种层面上体现了政府工作绩效的好坏。自 20 世纪 20 年代"公民对公共事务评价"的论述被提出后（李普曼 Lippmann，1922），有关政府满意度的研究便逐渐开始在西方国家流行。归纳起来国外学者对于政府满意度的理论研究主要有两类。一类是以丹尼尔·r·伊尔根（Daniel R.Ilgen）为代表的"期望失验论"，该理论认为政府工作的实际绩效与民众的预期绩效存在偏差。例如，1979 年布莱恩·斯蒂帕克（Brian Stipak）研究了政府工作绩效与民众对服务的满意度（Stipak，1979）。格雷格（Gregg）在研究美国民众对政府满意度影响因素时同样发现期望和绩效之间的差距对政府满意度有着显著影响。另一类则是以小约瑟夫 S. 奈（Jr. Joseph S.Nye）等为代表的"政治冲突论"。他指出今天的美国人对联邦政府的信心相对于 1964 年大幅度下降，其罪魁祸首是由日益腐蚀的新闻媒体所引起的文化与政治冲突。不过，这两类研究均发现民生现状与公民的个体遭遇对政府满意度或多或少都有影响。除此之外，近年来还有西方学者从其他角度来研究政府满意度，如桑尼威林汉森（Sune Welling Hansen）研究民主规模成本发现人口规模的增加对公民的政府满意度有负面影响。

关于政府满意度测量工具方面的研究，伴随着新公共管理学所倡导的"顾客导向"理念，美国顾客满意度指数模型（American Customer Satisfaction Index,ACSI）逐渐从消费者领域引入到公共管理领域，用来考察公民对政府部门工作及服务的满意度（范拜占庭 Van R Yzin，2004；雅各布森 Jacobsen et al.，2015）。该模型认为公民对政府工作和服务质量的感知及其对政府工作的预期共同影响政府满意度；政府满意度是由正在经历的感受与先前预期的感受相对比而产生的福内尔等（Fornell et al. 1996）。基于美国顾客满意度指数模型研究政府满意度需要分别测量预期、服务质量以及总体满意度三个方面（Van R Yzin，2004）。

与西方国家相比，我国政府满意度的研究开始较晚，在国外学者研究基础上，国内学者对政府满意度内涵进行了拓展。尉建文、谢镇荣认为"政府满意度是政府绩效评估的重要依据，是现代政府执政能力的重要体现"。从测量工具和统计学方法去看，借鉴 ACSI 模型，国内部分学者尝试改进以使其适应中国特点（盛明科、刘贵忠，2007）；更多研究则是基于 ACSI 模型，建立特定公共服务的满意度模型并对其进行测量（孙婷婷等，2016；李志刚、徐婷，2017）。国内学者对政府满意度的代表性研究成果（见表 9-10）。

表9-10 国内部分研究关于政府满意度的概念、研究路径、测量与研究发现

概念	研究路径	测量	研究发现
政府满意度	政务新媒体的公众使用与政府满意度	通过网络固定样本问卷调查法，研究北京市 16 个区县 1042 位对象对政府的满意度	回归分析得出：使用政务 APP 对政府回应满意度有积极影响
政府满意度	电子商务服务质量与政府满意度	利用 408 份有效样本数据构建政府满意度的形成机理模型	结构模型得出：电子商务服务质量与社会公平影响政府满意度
乡镇政府满意度	（辖区居民）对乡镇政府的满意度	通过 10 省（市）1336 个样本研究乡镇政府 14 项具体工作对居民满意度影响	回归分析得出：政府职能结构的不同方面影响居民对乡镇政府的满意度评价
政府工作满意度	生活境遇与政府工作满意度	利用全国 10206 个城乡居民样本研究民众的生活境遇对政府工作满意度的影响	有不良生活境遇的人对政府工作的满意度显著低于没有不良生活境遇的人
政府满意度	社会公正感与政府满意度	基本全国 6 城市 1439 位样本数据研究社会公平感与政府满意度的关系	分配公平、法律公平和机会公平对中央政府满意度影响显著，互动公平、法律公平和机会公平对地方政府满意度影响显著
政府满意度	公共产品类型、绩效与政府满意度	通过 3884 个有效样本测量自变量对政府满意度的差异化影响	公共产品提供绩效对中央政府满意度影响较小，对地方政府满意度影响较大
政府满意度	生活满意度与政府满意度	基本 2005—2010 年某县 21 个县市样本研究生活满意度与政府满意度的关系变迁	21 个县市的生活满意度与省级政府和地方政府满意度在五年间存在显著差异

这些研究对于加深认识政府满意度具有显著的促进作用，如民生问题（收入、公共服务等）影响公众对政府的满意度。以农业经营主体为研究对象，朱惠琼（2018）研究指出，不同经营主体对公益型农业服务机构（村集体除外）的服务质量平均满意度由高至低排序为：院校及科研院所（77.0%）＞政府（68.9%）＞农技协（ 67.3%）＞村集体（43.1%）。对盈利性的服务机构如合作社、企业等的满意度排序是合作社（平均满意度达83.6%）高于涉农企业（平均为68.9%），农业大户对企业的满意度较低，仅为60%。

纵观以上文献，多从社会学视角而较少有从政治学、经济学视角去研究政府满意度。以农业经营主体为研究对象的文献还不多见。研究方法上运用 Logistic 回归模型进行满意度研究的还不多见。基于此，本书构建多元Logistic 回归模型对农业经营主体的政府技术服务满意度影响因素进行评价及分析。

（三）变量选取

1. 被解释变量

本部分内容主要研究农业经营主体对政府提供的农业技术服务满意度情况，因变量为农业经营主体对政府科技服务的满意程度，问卷中设置"您对地方政府提供的技术服务满意吗？"来测量被调查对象对政府提供的农业科技服务的满意程度，并根据李克特五级量表设置为五个等级，分别为：非常满意、比较满意、一般、比较不满意、非常不满意，对应得分为5、4、3、2、1。

2. 解释变量

本部分自变量包括核心变量和控制变量两部分，核心变量为政府提供的关于农业技术方面的服务和扶持。反映了政府提供农业技术服务的力度和广度，具体包括被调查对象享受的政府农业技术服务次数（实际数）、是否容易获得急需的农业技术服务（是 =1，否 =0）、是否参加过农业技术培训（是 =1，否 =0）、是否受过政府财政扶持（是 =1，否 =0）四个变量。

3. 控制变量

参考已有定量研究经验，结合本问卷调查所包含问题，研究将大多数已被实证发现的影响经营主体对政府服务满意度的人力资本、家庭资本、政治资本因素以及区域、村自然条件作为控制变量纳入模型中。

（1）人力资本包括：性别（男性 =1，女性 =0）、年龄（① 30 岁以下② 30—39 岁③ 40—49 岁④ 50—59 岁⑤ 60 岁以上）、受教育程度（①小学及以下②初中③高中或中专④大专⑤本科）、健康状况（良好 =1，一般及偏差 =0）、技术使用类型（①最早使用 ②较早使用者③跟着别人使用④较晚使用⑤还没有使用）。

（2）家庭资本包括：家庭年总收入（① 10 万元以下② 10—50 万元③ 50 万元以上）、务农劳动力数量（实际数）、农作物水产种养面积（实际数）、年投资规模（50 万以下 =1，50 万以上 =2）、经营年限（① 3 年以下② 3—5 年③ 5—10 年④ 10 年以上）。

（3）政治资本包括：政治面貌（党员 =1，群众 =3，其他党团 =2）、村干部身份（干部 =1，非干部 =0）、是否加入农协合作社（是 =1，否 =0）、是否注册（是 =1，否 =0）。

（4）区域、村自然条件因素包括地区变量（珠三角、粤东、粤西、粤北山区）和村交通是否便利（是 =1，否 =0）。

（四）模型构建

由于自变量多属于二分类变量和连续变量，因变量为政府满意度的因子得分，属于连续变量，因此本部分研究拟使用多元 logistic 回归模型。为了验证研究假设，将建立以下纳入各变量后的回归方程模型：

$$Y=\alpha+\sum_{i=1}^{n}\beta_i X_i+\sum_{i=1}^{n}x_i W_i+\varepsilon_i \qquad (9-1)$$

上式 9-1 中 Y 代表因变量，即农业经营主体对政府技术服务满意度，α 为常数，X_i 代表 4 个核心解释变量；β_i 相应表示各核心解释变量的回归系数；W_i 表示 4 类控制变量，如影响经营主体对政府技术服务满意度的人力资本、家庭资本、政治资本因素以及区域、村自然条件等 4 大类若干小类控制变量，x_i 表示各控制变量的回归系数；ε_i 为随机误差项。

（五）回归分析及结论

1. 变量的描述性统计分析

运用 Stata15.0 对主要变量进行描述性统计分析，结果如表 9-11。

表9-11 主要变量的描述性分析

变量	观测值	均值	标准差	最小值	最大值
政府满意度	718	3.112813	.8060632	1	5
政府技术服务次数	718	1.998607	1.071371	0	8
是否容易获得急需技术服务	718	.3328691	.4715686	0	1
是否参加过技术培训	718	.1740947	.3794552	0	1
是否受过财政扶持	718	.5	.5003486	0	1
年家庭总收入	718	1.573816	.5828652	1	3
务农劳动力	716	2.318436	.9819323	0	7
农作物水产面积	630	28.97524	38.33947	.1	300
年投资规模	693	1.209235	.4070564	1	2
经营年限	699	2.490701	1.006205	1	4

从表9-11可知，政府服务满意度均值为3.11，表明总体上看，经营主体对政府技术服务满意度还有较大提升空间；经营主体接受过政府技术服务次数最多次为8次；仅有33.29%的经营主体表示较容易获得急需技术服务，仅有17.4%的主体参加过技术培训；50%的经营主体获得过政府财政扶持。

2. 变量的相关性分析

考虑关键解释变量和控制变量数量较多，在做回归分析之前，本部分先通过因变量政府服务满意度与自变量之间的逐一卡方分析，发现大部分人力资本因素、政治因素变量与政府服务满意度之间卡方分析没有通过显著性检验，篇幅有限，因此，本部分相关性分析，仅展示关键变量、家庭资源因素及区域、村交通便利性因素，变量的相关性结果见表9-12。

表9-12 因变量和关键变量的相关性分析

序号	1	2	3	4	5	6	7	8	9	10	11	12
1	1	—	—	—	—	—	—	—	—	—	—	
2	0.2069***	1	—	—	—	—	—	—	—	—	—	
3	0.1579***	0.0920**	1	—	—	—	—	—	—	—	—	
4	0.2138***	0.1687***	0.2603***	1	—	—	—	—	—	—	—	
5	0.1781***	0.1106***	0.2867***	0.0845**	1	—	—	—	—	—	—	
6	−0.0192	−0.0412	−0.0870**	0.008	−0.0335	1	—	—	—	—	—	
7	0.1892***	0.1926***	0.046	0.1132***	0.0569	0.0614	1	—	—	—	—	
8	−0.0498	0.0173	0.024	0.0485	0.1074***	0.1850***	0.2635***	1	—	—	—	
9	−0.025	0.0066	−0.0508	0.1116***	−0.0561	0.4511***	0.2124***	0.3588***	1	—	—	
10	0.0206	−0.0513	−0.1284***	−0.1284***	−0.1261***	0.2412***	−0.0314	−0.1105***	0.0850**	1	—	
11	−0.1071***	0.1669***	−0.02	0.1189***	−0.0792**	0.045	0.0379	0.0752***	0.0757**	0.1968***	1	—
12	0.2103***	0.0283	0.028	−0.0029	0.0405	−0.2447***	0.2998***	0.1814***	0.0897**	−0.0881**	−0.0790*1	1

注1：序号1—12分别表示政府服务满意度、政府技术服务次数、是否能获得急需服务、是否参加过技术培训、是否受过政府财政扶持、年平均家庭总收入、家庭务农劳动力数量、农作物水产总面积、年投资规模、经营年限、地区、村交通是否便利。

注2：*、**、***分别表示在10%、5%、1%水平上通过了显著性检验。

在表9-12中，针对政府满意度变量与关键解释变量、控制变量的相关分析发现，政府服务满意度因变量分别与关键解释变量：政府技术服务次数、是否能获得急需技术服务、是否参加过技术培训、是否受过政府财政扶持之间存在显著正相关关系。

3. 回归分析及结论

以政府服务满意度为因变量，在关键变量基础上，逐步加入人力资本因素变量、家庭资本因素变量、政治资本因素变量和地区、村控制变量，分别进行有序Logistic回归分析，输出结果分别以模型一、模型二、模型三、模型四加以区别，具体结果见表9-13、表9-14、表9-15、表9-16。

表9-13 模型一回归分析输出结果

变量	回归系数	z 统计量	P>|z|
技术技术服务次数	0.300037	4.34	0
是否能获得急需服务	0.3564991	2.13	0.033
是否参加过技术培训	0.8740291	4.28	0
是否受过财政扶持	0.4591396	2.99	0.003
Log 似然函数值	-816.56235		
Pseudo R2	0.0441		
LR chi2(4)	75.42***		
观测值	718		

表9-14 模型二回归分析输出结果

变量	回归系数	z 统计量	P>|z|
技术技术服务次数	0.2917233	3.95	0
是否能获得急需服务	0.4128646	2.44	0.015
是否参加过技术培训	0.7263445	3.44	0.001
是否受过财政扶持	0.4864958	3.13	0.002
性别	-0.015268	-0.1	0.922
年龄	0.0339745	0.44	0.661
学历	0.0010333	0.01	0.99
健康状况	0.2870226	1.52	0.13
应用农业新技术类型	参照组：跟着别人使用		
最早使用者	1.652026	3.03	0.002
较早使用者	0.7889029	3.86	0
较晚使用者	0.1625869	0.81	0.416
还没有使用者	-0.452026	-1.91	0.056
Log 似然函数值	-797.10466		
Pseudo R2	0.0662		
LR chi2(4)	113.1***		
观测值	717		

表9-15 模型三回归分析输出结果

变量	回归系数	z 统计量	P>|z|
技术服务次数	0.348681	4.21	0
是否能获得急需服务	0.3888746	2.06	0.039
是否参加过技术培训	0.7584042	3.32	0.001
是否受过财政扶持	0.5939815	3.38	0.001
性别	-0.0188063	-0.11	0.915
年龄	-0.1084982	-1.17	0.24
学历	-0.0615054	-0.65	0.515
健康状况	0.2244132	1.05	0.293
应用农业新技术类型	参照组：跟着别人使用		
最早使用者	1.315922	1.96	0.05
较早使用者	1.003005	4.37	0
较晚使用者	0.2833872	1.24	0.214
还没有使用者	-0.2968468	-1.06	0.287
平均家庭年总收入	参照组：50 万元以上		
10 万元以下	-0.2292053	-0.44	0.658
10-50 万元	-0.597286	-1.22	0.221
务农劳动力数	0.3523484	3.68	0
农作物水产面积	-0.0057605	-2.25	0.025
年投资规模	-0.4276148	-1.67	0.096
经营年限	参照组：10 年以上		
3 年以下	-0.7797767	-2.79	0.005
3-5 年	-0.7999043	-3	0.003
5-10 年	-0.6056781	-2.37	0.018
Log 似然函数值	-636.37932		
Pseudo R2	0.1013		
LR chi2(4)	143.42***		
观测值	586		

表9-16 模型四回归分析输出结果

变量	回归系数	z 统计量	P>|z|
技术服务次数	0.2949543	3.26	0.001
是否能获得急需服务	0.4002607	2.05	0.04
是否参加过技术培训	1.107952	4.46	0
是否受过财政扶持	0.6744039	3.67	0
性别	−0.0826029	−0.44	0.657
年龄	−0.1633819	−1.71	0.087
学历	−0.0233158	−0.22	0.829
健康状况	0.184555	0.83	0.405
应用农业新技术类型	参照组：跟着别人使用		
最早使用者	1.670931	2.47	0.014
较早使用者	1.149868	4.87	0
较晚使用者	−0.0251627	−0.11	0.916
还没有使用者	−0.3329677	−1.13	0.257
平均家庭年总收入	参照组：50 万元以上		
10 万元以下	−0.927282	−1.73	0.084
10-50 万元	−0.6670567	−1.35	0.178
务农劳动力数	0.1936454	1.89	0.059
农作物水产面积	−0.0089655	−3.39	0.001
年投资规模	−0.5844336	−2.14	0.032
经营年限	参照组：10 年以上		
3 年以下	−0.789318	−2.55	0.011
3-5 年	−0.7688418	−2.65	0.008
5-10 年	−0.6023856	−2.14	0.032
政治面貌	参照组：群众		
党员	−0.4862685	−1.25	0.213
其他党团	−0.9865952	−2.95	0.003
是否干部	−0.0862397	−0.36	0.716
是否加入农协合作社	−0.358657	−1.17	0.241
是否注册	0.2057659	0.94	0.349
地区	参照组：珠三角地区		
粤东	−1.883296	−4.91	0
粤西	−1.235407	−3.42	0.001
粤北山区	−2.286838	−6.22	0
村交通是否便利	0.9828185	4.3	0
Log 似然函数值	−585.55695		
Pseudo R2	0.1701		
LR chi2(4)	240.03***		
观测值	582		

从表 9-13、表 9-14、表 9-15、表 9-16 的模型一至模型四的总体回归结果来看，极大似然值 Log likelihood 均较大，LR chi2(4) 通过均通过 1% 水平下显著性检验，表明四个模型整体的拟合度很好。

从各变量的回归系数来看，四个模型中，关键解释变量——政府技术服务次数、是否能获得急需技术服务、是否参加过技术培训、是否受过政府财政扶持的回归系数均为正，均通过了 1% 或 5% 水平下的显著性检验，表明政府技术服务次数、是否能获得急需技术服务、是否参加过技术培训、是否受过政府财政扶持均正向显著影响广东农业经营主体对政府技术服务满意程度。表明增加政府提供的技术服务次数、给经营主体提供急需技术的便利程度、增加技术培训的次数、提高政府财政扶持的力度和广度均有利于增加广东农业经营主体的政府服务满意度。

四个模型中的人力资本特征因素，性别、年龄、学历、健康状况的回归系数有正有负，但均没有通过任何水平下的显著性检验，表明经营主体的性别、年龄、学历、健康状况因素对其政府技术服务满意度水平评价并没有显著关系。这和前面的卡方分析结果一致。但经营主体"应用农业技术类型"中，与"跟着别人使用者"相比，"最早使用者""较早使用者"回归系数均为正，且都通过了 1% 或 5% 水平下的显著性检验。表明主动或较早尝试使用新技术的生产经营者对政府技术服务满意水平显著高于"较晚使用""还没使用"者。

家庭资本因素中，变量"平均家庭年总收入"参照组"50 万元以上"，"10 万元以下""10 万～50 万元"家庭的系数均没有通过任何水平的显著性检验，表明家庭经济状况与政府服务满意度没有显著相关性。"务农劳动力数"系数为正，且分别通过了 1%、10% 水平下的显著性检验。表明家庭务农劳动力越多的家庭，对农业生产经营性收入依赖感越强，越希望获得政府技术扶持或服务提高收入水平。"农作物水产面积""年投资规模"系数为负，但绝对值偏小，特别是农作物水产面积，且系数均分别通过 5%、10% 水平下显著性检验。这表明家庭种植规模和投资规模越大，对政府提供的技术服务的满意度越低。可能原因：从规模大户角度来看，规模越大，农业经营主体寻求技术帮助的复杂性、迫切性、主动性越强，对政府技术服务期望较高，当现实与期望出现偏差时失望就大。从政府角度来看，一方面可能说明目前政府提供的技术服务主要针对小规模农业经营主体，而适合规模大户的技术服务较少，另一方面，即使有合适的针对规模经营户的技术，但由于技术推广的原因，技术服务不及时也不到位。

政治资本因素中，与参照组群众相比，"政治面貌"变量中"党员""其他党团"系数均为负数，前者没有通过显著性检验，后者通过了1%水平下的显著性检验，表明具有民主党派身份的经营主体，参政议政觉悟越高，对政府技术服务的期望与要求越高，当现实与理想出现较大偏差时，往往更倾向于对政府服务效果进行负面评价。"是否干部""是否加入合作社""是否注册"三个变量均没有通过显著性检验，前二者系数为负，后者系数为正。

地区变量中，与参照组珠三角地区相比，粤东、粤西、粤北山区的系数为负，且均通过了1%水平下的显著性检验，表明粤东、粤西、粤北山区的经营主体对政府技术服务满意度均低于珠三角地区，提高粤东、粤西、粤北山区的政府技术服务水平，尤其是系数绝对值最大的粤北山区，可以提高全省农业经营主体对政府技术服务的整体满意度。村基本情况中变量"交通是否便利"通过1%水平下的显著性检验。表明交通越便利的村庄，经营主体获得政府技术服务越多，其满意程度越高。

五、本章结论

本章首先对被调查对象对政府提供的技术服务满意度基本情况进行了分析，然后借助调查数据的部分内容，从农业科技需求方——农业经营主体角度，分析影响广东农业科技服务满意度的影响因素及影响程度。结果如下：

1. 被调查对象对政府提供的技术服务比较满意和非常满意的比例约为3成，说明政府提供的技术服务距离经营主体的预期还存在一定的差距。

2. 政府服务满意度与不同经营类型主体、不同应用新技术时机主体、不同经营规模主体的交叉分析，均通过了显著性检验，表明政府服务满意度与上述因素有一定的显著相关性。

3. 政府服务满意度与被调查对象所在经济区域、所在村庄的地理类型、到县城的距离的交叉分析，均通过了显著性检验，表明政府服务满意度与被调查对象所在的地区经济和自然条件有紧密关系。

4. 政府服务满意度与上述不同类别经营主体及经营主体所在的不同地区经济条件及自然条件的交叉分析结果显示,选择"比较满意"和"非常满意"的比例均较低,选择"一般"即处于模棱两可状态的比例均较高,进一步地,从百分化后政府满意度总得分来看,满意度分值均在 60 分左右,表明广东政府科技服务体系仍有很大的改进和提升空间。

5. 从农业技术供给方角度,增加政府在农业技术服务上的次数,让经营主体能较容易就获得急需技术服务,多组织有针对性的农业技术培训,并鼓励经营主体积极参与并参加技术培训,最好获得一定的农业职业技能或获得新型职业农民认定,同时增加经营主体获得政府财政扶持的力度和广度,均有利于提高农业经营主体对政府技术服务的满意度。

6. 被调查对象的性别、年龄、学历、健康状况等人力资本特征因素对其政府技术服务满意度水平评价并没有显著关系。但主动或较早尝试使用新技术的生产经营者对政府技术服务满意度水平显著高于"较晚使用""还没使用"者。

7. 家庭种植规模和投资规模越大,对政府提供的技术服务的满意度越低。可能原因:从规模大户角度来看,规模越大,农业经营主体寻求技术帮助的复杂性、迫切性、主动性越强,对政府技术服务期望较高,当现实与期望出现偏差时失望就大。从政府角度来看,一方面可能说明目前政府提供的技术服务主要针对小规模农业经营主体,而合适规模大户的技术服务较少,另一方面,即使有合适的针对规模经营户的技术,但由于技术推广的原因,技术服务不及时也不到位。

8. 粤东、粤西、粤北山区的新农主体对政府技术服务满意度均低于珠三角地区。交通越便利的村庄,经营主体获得政府技术服务越多,其满意程度越高。

第十章 优化广东农业科技供给体系建议

一、基于宏观供给视角的建议

（一）加大农业科研投入力度，强化政府科研投资主体地位

农业科研具有很强的公益性和社会性，农业科研投资是一种全社会都受益的公共投资，世界上许多国家都非常重视农业科研的投入。一般认为只有农业科研投资占农业总产值比重达到2%左右，才能使农业与国民经济其他部门的发展相协调。尽管1990年以来，广东政府对农业科研投资逐年增加，但农业科研投入远远不足，表现在三个方面：一是财政支农力度下降。2016年，广东农林水事务支出金额为715.4亿元，比2015年下降了96.5亿元，降幅为11.9%，与全国其他地区财政支农力度不断增加的趋势背道而驰。二是第一产业固定资产投资比重下降。2018年，与第一产业增加值增速同比提高0.7个百分点相比，广东第一产业固定资产投资总额同比下降20.9%，人均远低于全国同期平均水平。以劳均农户农林牧渔业固定资产投资为例，2018年广东劳均农户农林牧渔业固定资产投资额仅为157元／人，全国均值为967元／人，福建省、浙江省和山东省均超过了1000元／人。三是第一产业生产型投资占增加值的比重仅为0.6%，不到全国水平的1/5，远远落后于东部沿海其他省份。四是政府农业科研投资强度不到1%。政府农业科研投入不足，导致广东农业生产基础设施和农业机械化水平相对落后。全省劳均农业机械总动力仅为1.75千瓦／人，同期，山东省、浙江省和全国的平均水平均超过了4千瓦／人。

因此，政府作为广东农业科研的投资主体，首先，重视"三农"问题，增加政府财政对农业的持续投入力度，各地市地方政府应逐步提高财政农业支出占财政总支出的比重，同时合理规划支出结构，促进农业技术资源配置效率提高，尤其是提高生产领域、基础性研究的投入，不仅要在科技示范园、农业研究基地、科技创新中心上多做文章，也要给农业经营主体尤其是新农主体资金、

设备、信贷、信息等相关方面支持，加快大中型、智能化、复合型农业机械研发和应用，支持丘陵山区农田宜机化改造。

其次，应转变政府农业扶持方式，提高新型农业经营主体技术应用效率。（1）抓关键环节，加大对农业基础性、平台性设施的投入和政策扶持力度，同时，进一步完善农业公共政策和公共投入的绩效考核。（2）对特定的农业扶持措施和政策，尽可能直接下达到新农主体，避免中间过程交易成本过多。（3）增加各地区及各市的农业推广投入、缩小各地区及市间对农业技术利用程度的差异、因地制宜地加大东部地区、北部山区和部分低增长型城市的农业推广力度。

再次，继续发展农村教育（包括正规教育和科技培训）。一方面加大农村公共教育的投资力度，提升农村整体教育水平，提高新农主体对科技作用的认知，为农业科技的应用打下坚实基础，另一方面，调动和发挥农业科研院所、农业高校和农村合作组织的力量和作用，广泛开展各种科技培训，同时进一步发展壮大科技特派员队伍，提高农业经营主体对科技作用的认知，促进经营主体采用新技术。

（二）完善农业科技体系，理顺管理和运行机制

我国农业科技体系经过几次重大改革，引入市场与竞争机制，一定程度上扩大了我国（包括广东在内）农业研究机构的经营自主权，缓解了农业科技与农业经济脱节的现象，但也导致以下问题出现，一是改革忽略了农业技术的"公益性"特点，单纯地只是把农业机构推向市场，强调竞争，忽视了合理的分工协作，体系内科研人员"人心市场化"了，农业科技面向市场的能力得到了提升，但合作钻研重大项目和开展技术公益性服务推广能力变弱了，风险性较大的高难度研究项目缺乏研究人员，打击了创新的积极性。二是政府仍在科技研发项目的立项、申请与评审，科技成果的评估，经费使用效率的评估等方面干涉过多，还没有完全形成独立客观、公平公正和高效的科研项目管理机制和奖惩制度，"吃大锅饭"和"混日子"思想仍普遍存在，甚至滋生一些"机会主义倾向"和"寻租投机行为"。三是农业产业科技创新体系内的高校院所类科研机构、涉农企业类研发机构和农业技术推广类机构各部门各自为政、相互独立，没有建立资源共享信息交流体系，不利于体系内资源的合理配置和协作，降低了科技资源的使用效率。因此，需要理顺农业科技体系的管理及运行机制。具体内容如下：

一是在科研体系组织构成方面，依托农业高校和科研院所，对每种农产品分别设立产业技术研发中心和综合试验站，打破传统的部门概念和界限，将优势资源吸纳到整个产业体系中来。每个产业技术研发中心下面设若干个功能研究室，组成农业产业技术创新与研发的主体，形成"覆盖全省、上下垂直"的科研和推广体系。

二是在科研体系运行方面，实行开放、竞争、协作、共享机制，在技术成果产权归属问题上，明确产权的公有和私有边界、程度和时限，对于公益性的成果社会可以无偿使用体系内取得的相关研究成果，减少资源低效重复。

三是在农技推广模式方面，应当结合国家和省现代农业技术体系平台，根据广东的农业主导产业发展的实际，构建以农业企业和农业经营主体组织为服务对象的、以产业链为核心的现代农业技术体系农技推广模式。

四是在农技推广方式方法方面，重点围绕广东现代农业主导产业发展和农业经营主体实际需求，推行以推广人员连村包户的形式，发挥龙头企业、园区基地、农业合作社等的科技带头和示范作用，形成推广人员抓示范户、示范户带动其他农业经营主体的推广机制。

（三）加强产业链整合，合理配置科技资源

目前，广东农业产与学、研、推广各环节严重脱节，削弱了农技整体工作效率。如何突破农业科研、农业教育与农技推广相互独立、各自为政的现象，将三者有机融合为一体，使学、研、推广真正为生产服务，是发展广东农业首先要攻克的一大难题。美国等西方发达国家能创造出很高的农业生产率，恰恰就是做到了这一点。

一是农业科技部门整合。加强农业科研、教育、推广部门之间的合作，推动跨区域、跨专业服务部门之间的协作，拓宽科技下乡的通道，加速成果转化。同时，完善人才引进机制，配套相关优秀人才的政策扶持，引进国内外农业科技尖端人才积聚广东。

二是产业链纵向整合。由于农业产业链较长，应改变目前研发、生产、加工、销售脱节的状况，围绕市场的需求，扁平化整合农业产业链，围绕发展优质、高产、高效、生态农业要求开展自主创新和集成创新，鼓励农技服务从产中环节，向产前和产后延伸，补齐短板。

三是创新资源整合。由政府制定发展规划，培育和支持以龙头企业为牵头单位的技术创新联盟，分类确定各产业领域专项资金的合理投入比例，构建内部利益分享和风险分摊机制。选拔各地科研实力最强的学术带头人，设立省级产业技术研发中心，集中优势资源，以产业为主线，加强农业技术创新和产业关键共性技术的攻关与集成，抢占全国农业科技制高点，以解决公益性、共性技术平台建设问题和区域间产业均衡发展等问题。

（四）发挥政府行政执行能力，完善农技推广体系

由于技术知识的公共品属性，以政府主导的公共农技推广部门的作用至关重要。但广东政府主导的农技推广主要表现为技术推广机构设置不合理，基层推广特别是村一级组织涣散，农技推广服务队伍建设不足，缺乏一线推广技术人员及推广经验，不能承担起推广农业科技的责任及职能。提高广东农业技术服务效率，日本学者速水佑次郎和美国学者弗农·拉旦研究发现，发达国家农技推广体系的典型特征是将大学和其他从事技术、社会、经济变革的公共与私人机构高度有效地联结起来。因此，构建多样化农业科技创新推广体系包括以下环节。

第一，保证财政每年投入到农技推广的经费占农业投入的比重逐步提高，至少达到或高于发展中国家的平均水平，即 0.5% 以上。以财政农技推广支出占农业总产值的比重为例，早在 20 世纪 80 年代初，113 个国家的平均水平为 0.96%，低收入国家也达到了 0.44%。广东农技推广投资总量严重不足已成为目前农业推广工作开展的主要障碍。同时，建议采取政府购买农业技术推广服务的办法，支持社会力量参与农业技术推广服务，为农技服务供给提供基础性保障，并制定和实施相关政策和法律法规规范农技服务市场秩序，维护农业经营主体以及各农技服务主体的合法权益。

第二，搭建以科研院所为依托，以产业化组织为载体，以农业主管部门、镇农技站为推动的多元化农技推广体系。多方筹措资金，通过与农业龙头企业、农业专业合作社、种养大户，农业园区或产业基地签订技术推广协议，探索规范化的有偿农业科技服务。明确涉农企业、农业科研单位的职责，涉农企业应在进行农产品销售的同时肩负起种养技术服务职责，农业科研单位应提供合适的农业技术服务。支持"公司＋基地＋农业经营主体"的新型科技服务推广模式和各类专业技术协会、科技中介服务组织的发展。

第三，规范新技术信息传播渠道，提高政府农业科技推广机构宣传的针对性。针对种养大户，由于其农业科技认知度较高，是宣传农业科技重点，应通过较为稳定的信息传播渠道，采取农技员、农业院校专家的技术下乡等方式进行"点对点"式传播。针对经济落后区域，充分发挥村广播、当地电视台的媒介优势。

第四，农业技术推广是农技员与农业经营主体进行交流和沟通以促使其采用技术的过程，是经营主体认识技术、选择技术，并在技术采用过程中对技术进行应用、调试和改造的过程。这不仅要求有一定数量的农技推广人员与经营主体相结对，而且在二者面对面交流过程中，还要求农技推广人员，既要有扎实的农业生产专业知识和技术，还要懂得沟通、懂得营销。

一是实行农技推广人员聘用管理，增加基层农技推广人员数量。采取公开招聘、竞聘上岗和择优聘用的方式，大量选拔并录用具有农业相关专业知识、农业技术过硬且符合实际需要的农业专业技术人员，补充进入一线农业技术推广队伍，使专业农业技术推广人员真正达到《广东省人民政府关于推进基层农业技术推广体系改革与建设的指导意见》（粤府〔2008〕24 号）的要求[1]。

二是强化农业技术推广人员培训，提高基层农技推广人员质量。实施农技人员知识更新工程，培养一支技术能力过硬和服务到位的基层农业技术推广队伍。同时，各级农业部门要根据农业经营主体需求制定基层农业技术推广人员培训规划，组织发动各级农业教学、科研、推广等单位，采取联合培养、现场实训、现场讲座和实地指导等方式，对广东基层农业技术推广人员分层、分类开展技术、技能等相关培训，建立有效的培训长效机制和体制。

---

[1] 2008 年，广东省出台了《广东省人民政府关于推进基层农业技术推广体系改革与建设的指导意见》（粤府〔2008〕24 号）。该《意见》规定，在一线工作的农业专业技术推广人员不得低于县（市、区）农业技术推广人员总编制的 2/3，专业农业技术推广人员占县（市、区）农业技术推广机构人员总编制的比例不低于 80%，并保持各种专业人员之间的合理比例。

三是推行职业资格准入。根据广东现代农业发展的需要，对基层公益性农业技术推广机构的从业人员进行技能资格认定。只有取得相应的职业资格，才可以参与竞聘上岗。同时，进一步落实基层农业技术推广人员的技术资格评定等有关政策和待遇，特别是乡镇农业技术推广人员技术资格评定要注重实际工作业绩，外语成绩可适当放宽。

（五）完善农村金融与保险制度

一是继续加强金融服务，要因地制宜，针对不同地区新农主体的发展情况、资产特征创新担保抵押方式，有针对性地扩大抵押担保范围。同时，创新信贷产品和信贷管理方式，对经营效益好、产品市场前景好的新农主体要满足其对大额流动资金的需求，适当提高信贷审批额度，放宽融资期限，满足新农主体发展过程中多元化的金融服务需求。

二是加快农业保险从普惠向多元化发展。调查发现，购买保险的受访者，使用技术提高经营效益的比例比其他人要高，对新技术需求也大。广东省自2007年起，启动实施了农业保险保费财政补贴政策，2014年以来农业保险保费补贴资金连续被省政府列入"十件民生实事"。2018年，全省全面实施水稻制种、柑橘橙柚、农业设施（大棚）等3个政策性农业保险新增品种。截至目前，政策性涉农保险品种达到21个，其中水稻、水稻制种、能繁母猪、玉米、花生、马铃薯、甘蔗、奶牛、家禽、生猪、荔枝、龙眼、香蕉、木瓜、柑橘橙柚、农业设施等16个险种由农业农村厅负责管理；农村住房保险由省金融办公室管理；蔬菜保险（暂停）由省发展改革委管理；森林保险由省林业厅管理；渔船财产保险、渔民人身意外保险（暂停）等2个险种由省海洋与渔业厅管理。现已实施的险种基本覆盖了全省种植业和养殖业的主要产品。

随着农业生产规模的两极化，不同农业经营主体对农业保险形成差异性需求。因此，农业保险供给也应当有所调整。对于粮食种植大户，由于尚有国家的粮食政策性收储或目标价格保护作为兜底，其面临的价格风险较小，此时，粮食种植大户更为关心的是产量风险，因此，应提升种粮大户产量保险的保障程度和范围，对农业不同险种进行细化。政府对购买保险的新农主体要给予合理的保费补贴。支持鼓励有条件的地方创新发展农业保险模式，发展适合新农主体需求的农业保险产品，增加农业保险品种，如气候指数保险、产量指数保险等，创新银保合作支农方式，完善农业保险体系，增强新农主体的风险防范能力，也为新农主体融资增信。

二、基于微观需求视角的建议

农业技术是农业经营主体的技术采纳过程，也是由农业技术供给、技术推广和应用构成的完整链条。提高经营主体技术应用水平需要从技术需求方入手，强化技术推广，提高农业经营主体技术采纳行为，实现农业技术供需平衡。

（一）针对急需技术，强化供给精准化

研究表明，农业技术供给与农业经营主体需求错位、越位和空位是当前我国农业技术应用效率低下的重要因素。因此，提高农业技术效率应从农业经营主体的技术需求出发，考虑农业技术供给是否与他们要求的技术供给途径、方式、差异化相匹配，是否出现错位。只有实现政府农业技术供给精准化，实现与不同类型农业经营主体技术需求的有效对接，才能提高农业技术应用效果，提高农业技术效率。

前文调查数据表明：农业经营主体生产经营中需要政府提供技术服务支持的比例为 67.55％；农业生产中经营主体急需解决的问题技术推广比例为 63.09％；被调查对象急需解决技术难题依次是病虫害防治、施肥技术、良种及栽培、土壤改良等技术。实践中，由于不同区域、不同规模、不同经营类型、不同经营阶段的农业经营主体对农业技术类型、内容及技术获取途径的不同，应该按照农业经营主体差异化的技术需求，提供精准化技术供给。

首先，建立农业技术需求评估机制。地方政府会同农业科技研发和推广机构就当地农业产业发展水平、自然禀赋、耕作制度进行摸底调查，同时对农业经营主体经营类型、技术应用水平、技术需求情况进行调查，明晰不同类型农业经营主体对农业生产的产前、产中和产后的技术需求，技术获取方式的偏好等。农业科研部门，在进行技术研发时，结合技术需求类别的重要程度进行研究，满足农业经营主体多元化的技术需求。

其次，结合当地农业主导产业建立农业技术库，为农业科技研发、技术推广以及政府精准化技术供给做好储备，并建立技术信息交流平台，鼓励吸引公众了解全面的技术信息，通过良好的交流反馈以避免公众信息不对称。同时，

考虑受年龄、文化、科技素质以及趋利性等因素影响，农业经营主体存在科技视角狭窄、技术投资乏力、生产经营求稳、追求短期利益等非理性行为，进行调整并引导。为此，开展现代农业科技宣传教育，充分利用电视、广播、宣传栏、微信公众号、短视频等媒体，以新闻、专题等形式广泛地宣传现代农业科技理念和信息，引导农业经营主体有意识运用农业技术到生产中来。

（二）分类培训，抓重点，提高实效性

调研发现：受访者 6 成无农业技能、职业农民认证比例仅为 12%，培训次数平均 2 次，而培训意愿高达 71.99%。因此，提高广东新农主体的技术素养、提高对新技术的接受能力，改善纯技术效率和规模效率水平以促进其生产率增长。

一是依托广东高等农业院校成功的继续教育模式，以农技培训与农村生产需求相结合为目的，为新型经营主体开设科技培训。重点培育新农主体带头人，如家庭农场主、种植大户、科技示范户，还包括对从事农业产前、产中和产后的服务性人员展开培训。依据不同种植类别，分别通过"一事一训""短期培训"等途径，进行技术教育和科技教育，改善经营主体的知识结构，增强科技素质。

二是加强年轻女性培训，提高经营主体受教育程度。调查发现，男性比女性经营主体获得新型职业农民认定多 4 个百分点，农业技能随年龄递减，学历越高对新技术了解越多。由此，要根据农业经营者的不同需要进行农业技术推广工作，重点在于年轻的女性，并吸引学历高者加入农业生产经营中来。

三是注重内容的有效性和方式的灵活性。有效性体现在培训内容方面，需要根据现实中面临的问题而设置培训内容。注重理论与实践、集中培训与现场培训以及线上与线下培训三个结合。注重短期培训与长期学习相结合，短期培训注重解决急需问题，长期注重经营能力培养和视野开阔为主。后期管理阶段要对培训结果进行认定，从知识技能、生产经验、管理能力多个维度对农业经营主体进行培训与考核，对符合资质者颁发等级证书。

（三）不同经营品种主体的技术需求重点关切

调查发现，水稻种植户生产经营中需要获得政府帮扶比重，由大到小依次为技术服务、职业培训、增大直补和融资支持。禽畜养殖户经营中需要获得政府帮扶比重，由大到小依次为技术服务、职业培训、融资支持和增大直补。花卉种植户经营中需要获得政府帮扶比重，由大到小依次为职业培训、技术服务、增大直补和融资支持（见表10-1，图10-1）。

表10-1 不同经营品种主体需要政府的帮扶工作列表

项目	助土地流转	建信息平台	融资支持	职业培训	技术服务	增大直补	汇总数	样本数
水稻	0.08	0.25	0.33	0.66	0.85	0.38	697	274
禽畜	0.10	0.19	0.36	0.70	0.82	0.25	657	273
果蔬	0.17	0.18	0.38	0.60	0.72	0.43	1105	445
水产	0.13	0.02	0.20	0.72	0.80	0.41	105	46
花卉	0.18	0.27	0.41	0.73	0.68	0.50	61	22
平均	0.13	0.20	0.35	0.65	0.78	0.37	—	1060
汇总数	133	207	374	687	828	396	2625	—

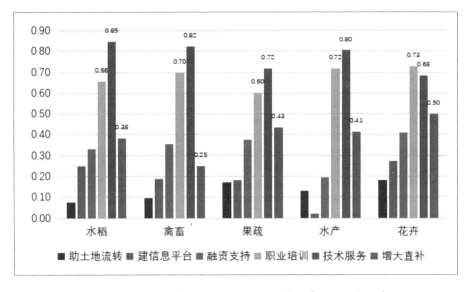

图10-1 不同经营品种主体需要政府的帮扶工作列表

以水稻种植为主的经营主体为例。调研发现，当前水稻专业种植户对农业技术服务需求总量较大、需求迫切程度较高，特别是对秸秆还田技术服务、测土配方施肥技术服务、肥料及其施用技术和新品种技术服务的需求量最大。因此，要加大对上述技术研究开发与应用的资金支持力度，可以通过政府购买的形式，鼓励有能力的技术服务主体参与服务供给，进一步提高技术服务主体的服务能力。提升上述技术服务供给的及时性与有效性，建立完善的信息反馈机制，有针对性地提供当前水稻专业种植大户最迫切需求的农业技术服务，形成以需求为导向的农业技术服务体系，提高水稻专业种植大户对农业技术服务的采纳意愿。

（四）对不同规模经营主体提供不同技术服务

根据经营主体经营的面积，对用户进行分类管理。对于规模较大的经营主体，属于主动型农业技术服务需求者，他们需求的农业技术服务类型较多，需求量较大，质量要求较高。此类规模的农业经营主体对于农业技术服务的需求主要受到自身文化程度以及农业合作社的影响，因此，农业技术服务机构应根据农场主的接受程度将技术服务提供给他们，同时开展农业技术服务进合作社，实现农业技术服务机构与农业经营主体共发展。对于小规模农业经营主体，其农业技术服务的需求可以通过一般的农业技术人员以及农业技术培训机构就可以获得基本的需求。在调研中发现，往往参加农业技术培训较多的农业经营主体对于农业技术服务的认知较高，比较愿意接受农业技术服务。另外，耕地面积小规模农业经营主体使用农业技术服务的成本较高，使其获利较少，因此，农业技术服务机构在提供农业技术服务类型中要充分考虑到当地的经济发展水平和农业经营主体承受能力，供给低成本小规模农业经营主体农业技术服务。

三、基于中观区域、地理视角的建议

（一）四大区域视角

调查发现：被调查对象对新技术的了解程度，粤北、粤西的较高，珠三角和粤东的较低；珠三角和粤西的新农主体对新技术需求程度较高，平均在75%左右；对于获得急需技术服务的难易程度来看，粤西的最高，粤北的最低。从城市看，韶关、湛江、汕头容易些；对接受新技术培训的意愿看，珠三角的最高，其他地区的接近（差异不显著）平均71%；从新农主体所在城市来看，潮州、云浮的新农主体"较了解"比例高，而佛山、江门、梅州、汕头、汕尾的新农主体"了解"比例较低。

从广东四大经济区域新农主体对新技术具体需求内容来看，珠三角对病虫害防控、耕地保护提升、土壤有机提升需求比例较多；粤东对测土施肥、耕地保护、土壤有机提升需求比例较多；粤西对耕地保护提升、水肥一体化、病虫害防控需求比例较多；粤北对耕地保护提升、病虫害防控、测土施肥需求比例较多（见表10-2和图10-2）。

表10-2 不同地区的新技术需求情况

地区（%）	测土施肥	耕地保护提升	病虫害防控	营养液肥术	土壤有机提升	水肥一体化	防虫技术	农业物联网	其他	总技术数	总样本数
珠三角	0.17	0.33	0.37	0.19	0.31	0.20	0.11	0.09	0.13	103	54
粤东	0.34	0.25	0.06	0.12	0.23	0.05	0.04	0.09	0.00	329	280
粤西	0.27	0.42	0.32	0.27	0.24	0.33	0.11	0.09	0.00	376	184
粤北	0.30	0.48	0.46	0.20	0.28	0.23	0.13	0.12	0.00	438	200
汇总比例	0.30	0.37	0.26	0.18	0.25	0.19	0.09	0.09	0.01	—	718
总样本数	212	263	188	132	180	133	63	68	7	1246	—

注：由于是多选题，横竖百分比加总不为100%。分子为新技术需求数，分母为受访样本数。

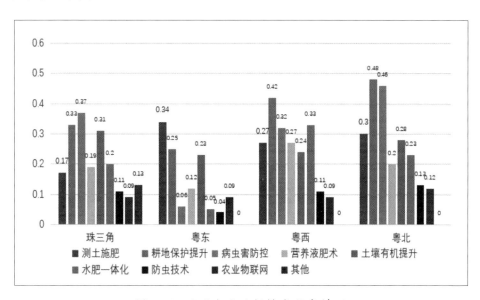

图10-2 不同地区的新技术需求情况

从四大经济区域新农主体对新技术需求来看，推广的重点区域分别为测土施肥技术为粤东、粤北和粤西，耕地保护提升技术为粤北、粤西和珠三角，病虫害防控技术为粤北、珠三角、粤西；营养液肥术为粤西、粤北和珠三角；土壤有机提升技术为珠三角、粤北；水肥一体化技术为粤西、粤北和珠三角（见图10-3）。

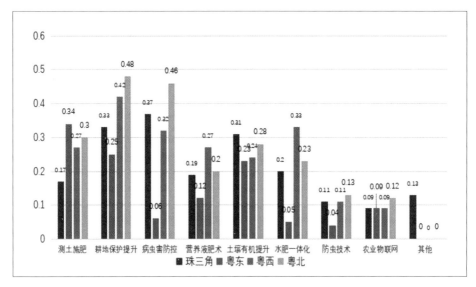

图10-3 四大区域对新技术需求情况

因此，应针对不同区域有重点地推进不同新技术，科技投入也应向重点区域倾斜，对东西两翼及粤北山区要适当加强财政扶持力度，同时，各级政府每年还应在县（市）财政支农资金中安排10%、在农业发展基金中安排15%以上资金作为农业技术推广专项资金，并选择好重点服务区域。并加强管理和监督，农业技术推广项目经费的使用情况必须向财政、审计和上级主管部门通报，提高资金使用效益。

此外，分区推进本镇或跨镇农业技术综合服务中心两种模式纵深发展。对基层农技推广体系的体制改革主要有两种做法：一种是合并镇级农技推广各业务站，成立镇农业技术综合服务中心；另一种是撤销镇级农技推广体系各站所，建立跨乡镇的区域农业工作站。根据珠三角地区和东西两翼及粤北山区农业实际的不同情况，应因地制宜，探索多种改革模式的方针稳步推进。成立镇级农技推广服务中心比较适合于东西两翼较落后地区及粤北山区。优点是既能达到精简人员的目的，又有利于为农业经营主体提供"一站式"服务，提高现有资源的使用效率。而建立跨乡镇的区域农业工作站的做法比较适合于珠江三角洲等发达地区，有利于统筹全局，引导农业规模化、产业化发展，可以更好地配合和支持当地主导产业及优势产业的发展，避免机构的重复设置和人力、物力资源的浪费。

（二）地理类型视角

1. 因地制宜，加强不同地理类型主体的技术供给

调查发现：平原地区对测土施肥技术、耕地保护提升、土壤有机提升技术需求比例较大。丘陵地区对耕地保护提升、病虫害防控、水肥一体化需求比例较大。山区对病虫害防控技术、耕地保护提升需求比例较大（如表10-3、图10-4）。运用同样的方法，统计不同地理类型的被调查对象获得的急需技术服务的难易程度及参加过技术培训的数量，结果发现：从被调查对象获得急需技术服务难易程度来看，山区最易，平原次之，丘陵最低。从参加过技术培训情况看，丘陵最多，平原最低（图表略）。因此，针对不同地理类型的经营主体对农业技术需求特点，应因地制宜地、有针对性提供相应的农业技术供给。

表10-3 不同地理类型的经营主体技术需求情况

地理类型	测土施肥	耕地保护提升	病虫害防控	营养液肥术	土壤有机提升	水肥一体化	防虫技术	农业物联网	其他	总技术数	总样本数
平原	0.32	0.35	0.15	0.17	0.27	0.10	0.06	0.10	0.02	635	414
丘陵	0.27	0.40	0.39	0.21	0.25	0.32	0.14	0.10	0.00	507	244
山区	0.23	0.35	0.52	0.15	0.13	0.22	0.10	0.03	0.00	104	60
占比	0.30	0.37	0.26	0.18	0.25	0.19	0.09	0.09	0.01	—	718
总技术数	212	263	188	132	180	133	63	68	7	1246	—

注：由于是多选题，横竖百分比加总不为100%。分子为技术选择数，分母

为受访样本数。

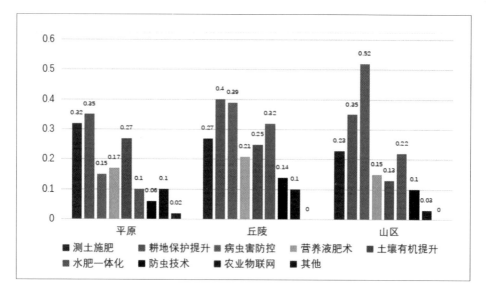

图10-4 不同地理类型的经营主体技术需求情况

2. 提高山区贫困地区教育水平

对被调查对象新技术了解程度的调查发现，广东丘陵地区的被调查对象了解程度最高，平原其次，山区最低。表明相对贫困的山区农业经营主体对农业技术的应用了解比较少，进一步地，对影响经营主体技术服务需求的因素分析，研究发现，在对农业的有形和无形资本投入不变的情况下，农业生产率主要取决于劳动质量的贡献，文化水平程度较低的农业经营主体对农业技术服务的接受度也相对较低。因此，提高山区贫困地区的教育水平，有利于农业新技术推广。

3. 增加农民收入，吸引农技人员下贫困山区

研究发现：家庭收入影响经营主体的技术服务需求程度，家庭年均收入高的经营主体，对农业技术推广组织所提供的技术服务需求意愿相对较低，而家庭收入低的农业经营主体对农业新技术的需求比较高，更希望能通过新的农业技术来提高生产水平获得更多的收益。这表明，贫困地区的农业经营主体对农业科技人员的现场指导需求更大。但是，由于贫困地区的自然条件相对比较差，

又没有服务中介以及载体作为支撑，农技人员比较缺乏，即使是有限的农技人员，推广的多为提高产量的硬性技术，或是在乡镇举办次数相对较少的农业技术培训，较少到田间实施指导，这都使得农技推广的效率大打折扣。因此，增加贫困地区农民收入水平，有利于吸引农技推广人员，提高农业新技术效率。

（三）村级层面视角

1. 发挥农协合作社、科技示范户引领和示范作用

调查发现：受访的经营主体中仅有少数加入农业专业合作社中。实证研究发现，加入农业专业合作社的经营主体与农业技术需求相关性不显著，这说明当前广东农业专业合作社的技术传播带动作用还没有发挥出来。为此，政策补贴应向服务能力强的农业专业合作社倾斜，完善农业专业合作社服务功能，吸引更多经营主体加入。同时，加大农业合作社对农业经营主体的技术服务输出，对于合作社辖区范围内的不同成员提供差异性需求技术服务，提高经营主体生产效率。

实地调查还发现，科技示范户和科技特派员在村内有着良好的示范作用，尤其是在新品种技术的使用方面。因此，基层政府及农业技术推广机构应当依据技术人际传播的特点，加强对具有科技意识和较强科技应用水平的合作社、技术带头人和科技示范户的培训，发挥其示范辐射作用，带动周边普通农业经营主体科技种地。

2. 改善村基础设施，降低运营成本

有研究表明农业生产能否高产稳产，农民收入能否有效提高，旱灾、涝灾能否得到有效缓解，农业生产结构能否得到正确调整，关键取决于农业基础设施尤其是农田水利建设的程度。据对英德和清新的调查发现，农业经营主体普遍反映很多农业基础设施由于责任主体缺位现象严重，缺乏有效的投入机制，年久失修，目前难以发挥有效作用，用他们的话就是"用的基本上是'大跃进'的水，种的是'学大寨'的田"。调查发现，农业基础设施好的村，被调查对象的政府技术服务满意度高。为此：

一是应加强基础设施建设，降低物流成本，从而降低新型农业经营主体运营成本。同时，加强与信息技术有关的新基建，如5G技术等，加强新型农业经营主体与市场的联系与沟通。

二是健全农村卫生服务体系，提高农业经营主体身体健康水平。因为好的身体素质有助于增加农业经营主体对农业技术的需求意愿。有研究发现，广东农村卫生服务体系存在医疗服务质量不高、专业技术人才匮乏、医疗设备短缺等问题。为此，一方面，发挥政府在农村医疗卫生事业中的"主心骨"作用，完善农村三级卫生服务体系，在政策、技术、人才等方面提供必要的支持和帮助，有效解决农村卫生设备短缺落后的问题。另一方面，完善新型农村合作医疗制度，探索门诊统筹方案，减轻农业经营主体的医疗负担，促进新农合良性运行，为经营主体的健康保驾护航。

3. 推广机械化技术，降低劳动力成本

农业机械化是农业可持续发展的必要条件和重要推动力量，是生产力发展水平的重要标志。调查发现，劳动力成本低的村，对新技术更了解，也对新技术更有需求。劳动力成本高的村，参加过技术培训的人多，更愿意用技术替代人力。这启发我们，广东应进一步提升农业物质技术装备综合水平，进一步推进水稻生产全程机械化，进一步推进各类经济作物生产自动化和智能化，进一步加快现代渔业技术装备建设，提升畜牧业集约化技术装备水平。为此，突出抓好以下工作：

一是增强农业物质技术装备自主创新能力。推进农业物质装备关键技术创新，优化研发机制，提高农业装备制造水平。二是切实增强农业物质技术装备公共服务能力，加大基层农机推广基础设施投入，建立多元化农机推广体系，扶持建设一批农业机械化专业合作示范社。三是加大对扶持农业物质技术装备发展的投入，完善农机购置补贴政策，加大金融扶持力度，加强统筹协调，形成推进现代农业物质技术装备建设的合力。四是加强农机人才队伍建设。建立一支业务素质高、吃苦耐劳、甘于奉献的专业农机培训队伍。同时，结合奖惩制度，有效规范农业经营主体的农业农机操作，提升农业经营主体参与农机技术培训工作的积极性。

4. 发挥各类人员优势，共筑农业发展基础

新型农业经营主体健康发展，需要懂农业、爱农村的干部队伍。一是发挥村干部创业创新带头作用。调查发现，做过干部或家有干部或党员的经营主体政治觉悟高，参加农业技术培训多，对新技术更敏感，更容易获得急需技术。

二是发挥基层农技人员作用。调查发现，农技人员多的村，利用技术提高经营效益的比例、拥有农业技能的比重、新型职业农民认定的比例均较高。同时，农技人员多的村，对新技术了解人的比例，对新技术采用时机更早，参加过技术培训的人更多，对政府服务及扶持满意度则更高。所以，增加基层农技人员数量，稳定农技人员队伍十分必要。

5. 完善土地流转政策，扩大经营规模

从世界范围看，农业经营主体数量减少、经营面积扩大是农业基本发展规律。根据美国农业部的调查，近一百年来美国家庭农场数量下降70%，而平均经营规模则上升187%（农场数量从1935年的681.4万个下降到2016年的206万个，经营土地面积从1950年的212英亩增长到2016年的442英亩）。二战以后，欧洲家庭农场的平均经营规模也扩张了一倍。因此，发展适度规模化经营是世界农业发展的必然趋势，土地流转是发展适度规模经营的前提，但统计数据表明，广东流转承包地占家庭承包总面积的比重低于全国（35.1%），更远低于上海（60.1%）、浙江（53%）、江苏（48.2%）。本书调查表明广东新型农业经营主体农作物水产面积平均仅为28.98亩，仅为美国家庭农场经营规模的1%。

因此，完善土地流转政策，加大土地流转力度，促进经营主体规模化经营，经营规模扩大也会明显提升经营主体的技术需求。一方面，要按照国家土地确权制度的要求，对农村土地进行确权、登记和颁证，让经营主体吃下定心丸，在依法有序鼓励经营主体通过承包、承租、转让、入股等途径进行土地流转，外出务工后没有后顾之忧，提高外出务工农民参与土地流转的积极性。另一方面，应加强农村土地政策的宣传，搭建土地流转的信息平台和交易平台，加速农地资源的流动，形成完善的竞争性农地要素市场，为农地流转提供统一的市场价格以确保经营主体得到公平合理的转让补偿，同时培育和发展土地股份合作社、农地银行金融机构和土地拍卖市场等中间组织，以增加转让土地潜在净租金，节约土地转让的交易费用，提高交易效率。

附录一：统计报表

附表 1　各市农林牧渔总产值

（单位：亿元）

区域＼时间	2005	2006	2007	2008	2009	2010	2011	2012	2013	2014	2015	2016	2017	2018
全省	2504.47	2657.39	2822.89	3303.19	3372.04	3871.08	4487.87	4824.11	5113.85	5377.68	5692.26	6207.55	5969.90	6318.12
广州	220.81	248.77	254.47	291.30	295.62	322.13	350.61	366.79	389.98	398.30	413.46	436.65	396.70	416.69
深圳	21.74	18.00	17.14	18.79	15.48	15.05	15.25	14.86	13.95	12.92	15.95	16.73	38.86	42.46
珠海	33.77	36.85	46.55	51.43	51.62	57.62	65.52	69.57	79.05	83.56	85.62	84.13	91.63	100.25
汕头	84.39	84.23	88.04	99.95	104.71	117.76	134.52	146.58	157.73	169.06	177.68	197.09	190.13	204.52
佛山	159.78	166.37	170.30	199.47	195.03	281.59	316.99	341.09	348.61	355.22	361.71	382.28	270.33	289.89
韶关	98.90	105.83	109.86	131.17	133.42	155.29	183.95	198.61	214.12	225.75	243.35	269.13	243.41	254.07
河源	65.59	70.22	71.98	85.66	86.86	97.37	117.15	125.48	132.73	141.47	151.71	163.09	160.90	168.64
梅州	112.87	120.67	145.22	173.07	179.38	201.85	234.76	253.80	269.52	283.26	304.95	334.88	301.99	314.70
惠州	120.74	126.68	128.55	149.33	147.91	166.30	189.87	201.80	217.77	228.61	245.30	277.51	266.55	280.29
汕尾	89.76	97.29	89.00	104.49	111.22	126.83	147.21	161.64	173.67	183.68	197.20	216.58	205.21	219.87
东莞	42.05	22.75	19.98	25.53	25.31	28.31	30.66	32.01	33.15	33.94	34.35	38.44	35.49	39.21
中山	52.91	54.61	65.41	75.36	77.77	86.82	100.37	105.80	110.00	113.70	112.84	116.08	99.90	105.74
江门	143.35	151.41	170.29	198.59	193.09	214.73	254.22	272.73	286.48	308.21	319.88	345.61	338.00	361.69
阳江	127.42	138.19	168.09	192.25	200.16	228.33	261.85	286.16	307.95	324.05	345.02	368.98	348.54	361.88
湛江	233.02	265.89	320.30	376.03	397.68	458.22	545.20	606.63	640.53	682.88	723.88	792.30	788.34	844.72
茂名	296.95	320.91	318.40	373.79	385.38	434.62	507.94	542.37	567.58	580.70	618.31	694.83	743.84	773.49
肇庆	202.19	213.02	217.56	257.43	256.81	291.96	347.53	364.06	385.71	408.64	435.59	479.80	497.99	525.84
清远	107.52	116.75	130.38	154.09	158.71	185.17	216.01	235.30	254.60	271.42	296.40	328.77	358.84	377.60
潮州	59.63	57.32	50.40	59.17	61.35	68.95	78.91	84.71	90.72	105.63	111.67	122.24	118.72	130.66
揭阳	111.42	114.73	120.17	145.58	149.61	169.99	197.43	213.75	229.66	242.34	258.58	290.20	245.25	257.58
云浮	119.66	126.90	120.82	140.71	144.91	162.21	191.89	200.40	210.35	224.35	238.81	252.21	229.29	248.33
珠三角	997.34	1038.46	1090.24	1267.23	1258.64	1464.50	1671.03	1768.70	1864.70	1943.09	2024.69	2177.23	2035.45	2162.07
东翼	345.20	353.57	347.61	409.19	426.90	483.53	558.07	606.67	651.79	700.70	745.13	826.12	759.30	812.62
西翼	657.39	724.99	806.79	942.07	983.22	1121.17	1314.99	1435.15	1516.06	1587.64	1687.21	1856.12	1880.72	1980.09
山区	504.54	540.37	578.26	684.70	703.28	801.89	943.78	1013.59	1081.31	1146.25	1235.22	1348.08	1294.43	1363.34

附表 2 各市第一产业增加值　　　　　　　　　　　　　　　　　　　（单位：GDP亿元）

时间\区域	2000	2005	2006	2007	2008	2009	2010	2011	2012	2013	2014	2015	2016	2017	2018
全省	1186.64	1459.95	1611.98	1690.69	1958.51	2027.08	2259.18	2603.25	2800.93	2900.92	3048.76	3219.47	3499.77	3610.10	3831.44
广州	94.37	130.22	145.1036	149.87	167.721	172.28	181.31	194.03	200.27	196.13	200.81	206.52	216.03	220.45	223.44
深圳	15.57	9.74	6.9675	6.94	6.6558	6.69	6.84	6.95	6.82	6.35	5.76	7.21	8.28	19.57	22.09
珠海	15.27	22.69	21.0481	25.97	29.0834	28.82	32.48	36.70	39.46	42.21	44.36	48.30	45.15	48.82	50.09
汕头	39.38	44.52	44.4759	47.14	52.8382	56.86	63.66	72.15	78.43	81.96	87.55	91.39	100.35	103.39	110.45
佛山	61.74	75.76	75.6657	82.18	95.1762	95.77	102.87	114.73	124.88	122.74	126.19	127.29	135.21	133.65	144.45
韶关	44.01	55.47	63.4232	66.94	77.757	81.53	88.76	104.54	111.14	117.09	123.04	131.73	143.75	148.59	156.00
河源	30.36	42.42	44.3308	43.98	52.7629	53.28	59.62	71.11	76.71	80.67	86.75	93.34	99.13	102.46	107.74
梅州	56.02	72.73	77.5813	87.76	104.7482	109.12	120.03	137.65	148.84	155.02	161.87	172.97	187.74	187.76	196.17
惠州	62.23	75.10	78.0536	78.24	90.6625	90.29	100.88	114.06	121.55	130.11	136.54	146.13	164.21	166.57	175.98
汕尾	46.71	46.12	55.8754	53.77	62.8812	67.57	75.44	87.02	95.41	99.36	105.24	112.97	123.41	124.42	134.03
东莞	25.91	20.55	11.7557	11.90	12.302	14.79	15.94	16.97	17.80	18.43	19.16	19.92	22.76	22.85	25.04
中山	23.51	30.71	31.6388	38.02	44.3333	45.26	48.80	55.07	58.62	59.98	61.54	59.56	60.93	55.64	61.59
江门	69.83	72.47	76.6796	92.76	103.3753	104.35	117.71	138.29	149.01	154.13	165.30	170.46	183.68	187.35	201.69
阳江	62.95	80.38	87.6918	102.43	115.507	122.33	133.80	151.43	164.60	172.55	179.87	190.04	203.79	211.46	219.29
湛江	105.06	160.50	166.0477	200.71	236.8396	249.29	284.52	336.27	373.93	385.50	408.18	429.39	465.86	491.17	533.61
茂名	125.91	167.04	213.0690	198.34	229.5	240.44	277.84	324.62	350.20	363.61	372.75	398.05	449.63	470.23	495.32
肇庆	91.75	120.72	147.8232	139.52	162.1409	165.35	191.11	227.75	240.16	253.94	270.41	288.50	317.67	326.62	347.86
清远	61.43	71.54	78.0854	84.00	99.5578	101.85	120.86	141.29	155.28	164.19	175.61	192.30	214.16	218.90	231.29
潮州	28.76	32.64	31.3849	28.59	33.876	35.55	39.96	45.53	48.84	50.66	59.65	62.64	68.28	70.56	76.17
揭阳	71.06	65.20	74.0747	77.07	93.3092	96.51	102.86	117.41	125.55	129.78	134.99	141.33	154.64	156.99	164.36
云浮	54.81	63.42	81.2037	74.54	87.4828	89.13	93.89	109.69	113.44	116.49	123.18	129.44	135.09	142.65	154.79
珠三角	460.17	557.96	594.74	625.40	711.4504	723.62	797.94	904.55	958.57	984.03	1030.07	1073.87	1153.92	1181.53	1252.23
东翼	185.92	188.48	205.81	206.58	242.9046	256.49	281.92	322.11	348.22	361.75	387.43	408.34	446.68	455.36	485.02
西翼	293.92	407.92	466.81	501.49	581.8466	612.06	696.16	812.31	888.74	921.67	960.80	1017.49	1119.28	1172.86	1248.22
山区	246.64	305.58	344.62	357.22	422.3087	434.91	483.16	564.28	605.40	633.47	670.46	719.77	779.88	800.36	845.98

235

附表 3 各市第一产业从业人数

（单位：万人）

区域\时间	2005	2006	2007	2008	2009	2010	2011	2012	2013	2014	2015	2016	2017	2018
全省	1609.91	1594.23	1588.21	1599.27	1584.96	1434.88	1427.34	1418.38	1405.06	1382.41	1375.15	1365.43	1359.10	1348.92
广州	86.91	84.45	82.48	79.91	79.79	59.02	62.90	64.68	64.53	60.43	62.87	62.09	62.00	60.63
深圳	2.60	1.72	0.70	0.76	0.44	0.37	0.32	0.13	0.13	0.12	0.13	0.11	1.64	1.63
珠海	9.79	9.79	7.23	7.37	6.88	6.29	6.36	6.18	6.08	6.04	7.33	6.15	6.16	5.99
汕头	73.97	71.35	71.17	70.46	70.99	70.88	70.28	68.68	65.19	64.85	64.47	62.71	62.28	61.80
佛山	30.33	29.43	27.81	27.95	27.22	26.44	26.40	26.75	24.74	21.59	21.63	22.06	21.37	19.63
韶关	72.22	71.83	70.86	64.15	61.84	61.20	60.29	59.13	59.22	58.64	58.59	58.67	59.02	58.81
河源	72.91	73.27	74.88	77.79	76.23	72.86	72.26	72.76	69.52	69.26	70.29	71.07	70.74	70.80
梅州	107.55	105.68	105.46	105.21	106.73	95.37	95.89	92.48	90.31	80.68	78.07	78.16	79.33	78.78
惠州	69.36	69.12	67.89	68.23	68.30	55.12	52.56	52.15	51.84	50.77	50.11	49.37	49.02	48.31
汕尾	65.24	62.82	63.83	64.58	63.88	53.60	53.60	52.89	52.46	51.64	51.59	51.93	50.59	50.89
东莞	13.65	9.59	9.13	8.82	7.77	6.05	5.88	6.01	5.93	5.67	6.08	5.89	5.79	5.65
中山	17.21	17.11	17.14	14.14	14.11	10.01	10.03	10.01	9.88	9.96	9.80	10.00	9.98	9.52
江门	85.07	85.13	85.72	80.46	82.00	77.53	76.53	76.31	78.91	80.86	79.04	79.41	78.89	77.68
阳江	77.05	77.16	78.22	73.50	73.92	53.07	51.28	48.77	47.96	47.58	47.31	47.25	47.15	47.25
湛江	207.54	209.31	210.86	205.52	196.32	201.54	203.97	202.80	202.05	204.50	203.75	204.82	205.12	203.18
茂名	169.09	171.23	171.19	184.49	183.50	148.65	148.57	147.20	145.00	142.20	142.04	141.54	139.92	138.05
肇庆	106.25	106.99	107.95	115.76	114.77	119.27	116.77	116.50	116.00	114.01	112.16	106.48	106.63	105.26
清远	100.61	105.44	104.62	105.92	108.34	107.48	105.85	107.13	106.24	105.89	102.93	103.21	101.38	102.38
潮州	48.86	48.65	48.66	48.80	48.52	38.27	37.88	39.01	39.23	39.45	38.81	39.22	38.47	38.56
揭阳	124.64	114.89	112.36	111.99	109.19	94.41	93.10	92.30	92.59	91.91	91.72	88.46	87.31	87.74
云浮	69.06	69.27	70.03	83.47	84.22	77.45	76.62	76.52	77.25	76.37	76.46	76.83	76.31	76.38
珠三角	421.17	413.33	406.06	403.39	401.28	360.10	357.76	358.71	358.04	349.46	349.15	341.56	341.48	334.30
东翼	312.71	297.71	296.02	295.84	292.57	257.17	254.86	252.87	249.47	247.84	246.58	242.32	238.65	238.99
西翼	453.68	457.70	460.28	463.51	453.74	403.26	403.81	398.77	395.01	394.28	393.10	393.61	392.19	388.48
山区	422.35	425.49	425.85	436.53	437.37	414.36	410.90	408.03	402.53	390.83	386.32	387.94	386.78	387.15

附表 4 各市农作物播种面积（粮食、经济、其他）

（单位：亩）

时间 区域	2005	2006	2007	2008	2009	2010	2011	2012	2013	2014	2015	2016	2017	2018
全省	75369651	76712525	65445598.08	66064646.6	67140649	67867718	67440774	69133805	70471252	71174295	71770767	72462523	63412629.6	64190403
广州	4140350	4223401	3932325.858	3851269	3845318	3920171	3945171	3944895	3988175	4041474	4050982	4060659	3065198.236	3165325
深圳	106167	90614	207506.22	109423	103673	96090	90803	87311	81472	73775	72358	74165	179190	189272
珠海	340238	340057	276914.7502	243479	268796	266130	265136	278525	279506	257808	279761	279572	228078.4396	254704
汕头	1773614	1771299	1717810.82	1752323	1763345	1765933	1775637	1789775	1825876	1839027	1838517	1849589	1713870.598	1716545
佛山	2011749	2092780	1539915.52	1591579	1629472	1620291	1638340	1675589	1608749	1488846	1427117	1351872	829200.1052	904378
韶关	5280266	5382938	4429450.539	4519324	4617939	4689415	4776857	4863886	4940011	5025284	5130302	5235396	3475631	3510872
河源	4074639	4087993	3307152.578	3332058	3348927	3372620	3407485	3431834	3495455	3538831	3561314	3586042	2947124.167	2944223
梅州	5267002	5418494	4811500.119	4924920	5026689	5090724	5146578	5170927	5176249	5231208	5306607	5295536	4407401.16	4458287
惠州	4154058	4330396	3387754.818	3413514	3496154	3621792	3710303	3746665	3847008	3949752	3962444	4024697	3742662.838	3727030
汕尾	2437072	2521722	2226867.304	2238299	2271718	2317971	2374022	2398723	2460913	2476713	2507838	2543078	2167312	2202449
东莞	410648	408361	320499.9836	352222	370740	369257	366840	372455	367808	366082	374491	376451	326220.2966	336092
中山	865250	834449	676592.6348	694414	699320	678800	684632	687540	687290	689709	685724	661792	374510.3478	363170
江门	4585907	4868499	4025670.04	4124126	4207688	4212098	4248492	4306046	4285572	4263766	4308756	4366261	4176226.118	4296852
阳江	3809734	3796926	3492730.474	3565308	3603242	3605036	3604987	3620872	3641253	3656633	3658175	3706750	2967702	2981674
湛江	8947863	9178052	8708279.935	8754250	8946397	9097419	9232674	9444427	9746267	9936346	9988789	10128216	9705488	9814110
茂名	6400024	6456818	5845532.18	5917653	6052999	6078667	6121978	6206287	6219515	6267336	6352796	6451598	6469915	6480947
肇庆	5895709	5898988	4948705.325	4980726	5029091	5047433	5085801	5160183	5242842	5286750	5326429	5358789	5213651.904	5243647
清远	6013542	6107401	4949884.723	5031351	5090579	5195953	5252456	5315357	5492966	5650710	5815758	5938860	5181705.723	5309489
潮州	1396589	1369371	938893.3316	943721	962890	958885	957880	965925	960235	962605	963380	970897	945981	942265
揭阳	3732919	3728297	3071138.548	3043896	3068028	3080906	3085281	3117100	3254175	3271305	3276022	3295839	2852209	2886085
云浮	3726311	3805669	2630472.38	2680791	2737644	2782127	2809003	2859697	2865915	2900335	2883207	2906464	2443351.671	2462988
珠三角	22510076	23087545	19315885.15	19360752	19650252	19832062	38696972	58703169	20388422	20417962	20488062	20554258	18134938.28	18480470
东翼	9340194	9390689	7954710.003	7978239	8065981	8123695	7633396	7309835	8501199	8549650	8585757	8659403	7679372.598	7747344
西翼	19157621	19431796	18046542.59	18237211	18602638	18781122	18959639	19271586	19607035	19860315	19999760	20286564	19143105	19276731
山区	24361760	24802495	20128460.34	20488444	20821778	21130839	21392379	21641701	21974596	22346368	22697188	22962298	18455213.72	18685859

附表 5 各市农林水财政预算支出

（单位：亿元）

区域\时间	2005	2006	2007	2008	2009	2010	2011	2012	2013	2014	2015	2016	2017	2018
全省	101.74	117.60	158.09	247.46	244.38	294.81	378.18	459.10	513.49	521.43	750.62	677.00	658.57	845.49
广州	11.48	14.67	17.23	19.51	21.07	38.92	58.26	63.54	73.69	54.10	75.69	72.38	73.89	85.69
深圳	9.17	8.74	11.14	13.59	28.46	14.16	29.76	44.66	61.42	56.60	44.15	61.25	76.33	78.88
珠海	2.31	2.82	3.24	4.20	4.53	7.62	7.56	10.79	11.37	12.74	11.63	16.82	17.66	20.69
汕头	5.24	4.18	5.94	5.88	7.66	8.04	14.18	18.93	14.79	15.10	23.90	19.38	18.36	23.18
佛山	4.95	6.48	10.02	11.69	16.26	23.99	26.29	26.85	28.42	30.40	32.91	30.96	24.69	18.63
韶关	4.95	4.23	5.43	5.81	8.01	10.27	14.16	18.06	20.32	21.04	47.32	33.08	41.44	43.99
河源	3.17	5.49	7.80	6.83	10.54	14.75	15.74	18.02	20.86	28.16	37.95	33.06	23.36	30.75
梅州	3.38	3.88	10.82	9.46	13.43	14.85	19.18	23.58	25.97	35.72	59.49	56.21	25.72	58.29
惠州	5.53	6.97	9.09	10.59	13.26	14.61	19.18	26.06	26.48	27.70	41.28	37.19	34.49	38.73
汕尾	3.49	4.25	5.62	6.98	9.26	9.83	12.94	15.31	18.32	21.72	37.04	21.30	19.41	32.30
东莞	6.22	6.49	11.89	17.29	18.42	22.95	27.87	30.54	35.22	36.25	31.30	28.33	37.93	62.51
中山	6.90	7.83	10.67	12.26	16.21	18.34	21.42	25.90	26.04	29.24	20.54	20.42	21.57	19.43
江门	5.0362	6.31	7.58	8.42	11.97	12.30	16.14	20.58	23.55	23.37	30.17	25.00	20.15	27.95
阳江	2.82	3.44	4.34	4.85	6.97	8.53	14.13	16.69	18.54	10.78	27.84	30.50	23.26	33.69
湛江	6.19	7.46	10.93	11.86	13.17	16.41	19.95	23.31	28.35	29.85	44.05	42.03	54.13	61.38
茂名	4.53	5.66	6.98	7.70	10.19	11.41	16.92	19.89	20.35	20.50	36.43	34.02	28.96	35.55
肇庆	3.74	4.50	5.65	75.09	11.27	13.52	13.95	18.15	18.29	21.88	27.80	24.40	23.82	38.27
清远	3.47	4.37	2.78	3.78	8.93	13.78	2.08	2.86	2.85	2.31	46.53	32.91	36.57	59.78
潮州	2.90	3.70	3.90	3.10	4.37	5.52	7.40	9.54	10.26	10.93	17.40	13.54	11.45	17.32
揭阳	3.29	2.98	5.19	5.26	5.53	8.02	12.65	15.78	17.54	17.45	33.05	28.53	28.60	32.55
云浮	2.98	3.14	3.97	3.33	4.87	7.00	8.41	10.04	10.87	15.59	24.14	15.70	16.77	25.92
珠三角	55.33	64.81	86.52	172.63	141.46	166.41	220.44	267.08	304.47	292.27	315.48	316.75	330.54	390.77
东翼	14.92	15.11	18.52	21.22	26.81	31.42	47.17	59.57	60.91	65.20	111.40	82.74	77.82	105.35
西翼	13.54	16.57	22.25	24.41	30.33	36.35	51.00	59.89	67.24	61.14	108.32	106.54	106.35	130.63
山区	17.95	21.10	30.80	29.20	45.78	60.65	59.57	72.56	80.87	102.82	215.43	170.97	143.87	218.73

238

附表 6 各市化肥施用量

（单位：吨，按折纯量计算）

区域＼时间	2005	2006	2007	2008	2009	2010	2011	2012	2013	2014	2015	2016	2017	2018
全省	2046174	2170518	2196362	2265970	2185975	2372872	2410250	2453762	2439059	2495833	2562419	2610162	2379352	2313195
广州	98009	94579	91149	88797	96011	107514	107293	106559	111274	112913	114196	114157	93894	105922
深圳	8437	8032	7627	6648	6695.5	6743	5602	5023	4557	4125	5097	10294	13044	10950
珠海	11810	12029.5	12249	11097	9164	9527	9781	7039	6381	6473	6684	6410	6224	5937
汕头	48986	51059	53132	52920	52700	52480	52110	56026	55972	58973	62111	62625	56095	50361
佛山	59374	56095	54838	55730	54004	52873	49054	50836	47867	46206	46140	44211	27564	27829
韶关	83942	100962	104380	104092	107598	111256	112938	114398	116997	118560	121091	122807	97125	96756
河源	61220	61803	62386	65148	65938.5	66729	67082	70753	71037	71861	72672	73130	127213	122529
梅州	118381	126884.5	135388	150779	153651.5	156524	153975	160896	160841	162378	169319	169233	153318	148486
惠州	81327	82424	83521	84101	86647	89347	90512	93962	94340	96369	98430	98341	90671	88808
汕尾	63766	62451.5	61137	64997	64462.5	63928	67721	69177	68256	70238	73367	80054	61152	59989
东莞	10044	9505.5	8967	8054	7770.5	7487	7733	7342	5935	5339	5034	4358	3672	3449
中山	31193	31264	30444	30624	30577	30795	30225	28281	29337	30318	31018	31942	12496	12252
江门	109042	153842	117717	118489	123283	128076	122312	126366	128460	127036	130340	133704	125491	125097
阳江	94317	100306	104555	108789	127898	113217	121936	118999	120970	121906	122091	127523	97226	96234
湛江	370917	406700	430183	421886	424800	417979	438800	454216	453551	466707	487194	507661	463160	445720
茂名	249629	258704.5	267780	304567	316937	329307	333222	338235	340368	344273	350361	355882	351543	349470
肇庆	142745	148400	158859	164385	172400	180959	185500	190722	194858	199846	204372	206233	202143	173461
清远	171000	169442	167884	178445	189877.5	201310	206172	191741	175608	184698	185538	183153	172382	171242
潮州	48527	48408.5	48290	46712	44577	42442	48375	48429	51739	51564	53305	54282	50881	46015
揭阳	118050	119016	124115	121198	115168	120659	113548	125240	112983	120859	122361	122771	104005	103865
云浮	65458	68609.5	71761	78512	81116	83720	86359	89522	87728	95191	101698	101391	70053	68823
珠三角	551981	596171	565371	567925	586551.5	613321	608012	616130	623009	628625	641311	649650	575199	553705
东翼	279329	280935	286674	285827	276907.5	279509	281754	298872	288950	301634	311144	319732	272133	260230
西翼	714863	765710.5	802518	835242	869635	860503	893958	911450	914889	932886	959646	991066	911929	891424
山区	500001	527701	541799	576976	452881	619539	626526	627310	612211	632688	650318	649714	620091	607836

附表 7 各市农药用量

区域\时间	2005	2006	2007	2008	2009	2010	2011	2012	2013	2014	2015	2016	2017	2018
全省	87025	95222.5	99164	100509	102917.5	104382	114082	113878	110090	112664	113782	113652	94621	93684
广州	2151	2129	2107	3206	3203	3275	3255	3206	3233	3222	3270	3341	2810	3100
深圳	372	681	990	736	580	424	127	92	112	93	88	284	266	244
珠海	1030	1098	1166	891	866	1432	1499	755	731	731	738	654	230	217
汕头	2883	2888.5	2894	3018	3020	3022	2957	2980	2950	3129	3143	3163	2664	2886
佛山	2861	3641	3062	3092	3015	2672	2608	2756	2655	2579	2613	2562	1245	1231
韶关	3711	4281	4577	4580	4775	4873	4963	5205	5425	5576	5704	5788	4285	4167
河源	2684	3420	4156	4089	3656	3223	3257	3136	3213	3456	3507	3535	2488	2417
梅州	5583	5286	4989	4942	5237.5	5533	5102	5542	5063	5100	5055	5065	4566	4619
惠州	5000	5199	5398	5359	5310.5	5262	5270	5142	5345	5321	5383	5392	4700	4620
汕尾	2593	4459	6325	4981	3820	2659	2700	3109	3265	3328	3966	4050	3737	3641
东莞	1090	1017	1000	1006	1060	819	858	763	723	716	757	711	638	542
中山	1095	1162	1071	1013	1128	1232	1130	1137	1057	1089	1082	1154	641	615
江门	3905	4696	3943	4059	5630	6045	6315	6289	6817	6712	6627	6442	6068	6056
阳江	4145	4475	4004	3879	3867	4270	4862	4809	4683	4803	4839	4941	4216	4093
湛江	12572	13855	15138	15249	15571	15893	16135	16928	17065	17782	18035	18226	17080	16923
茂名	9997	10271	10545	11316	11603.5	11891	12161	12642	12764	12691	12861	12976	12989	12859
肇庆	4965	5516	5891	6173	6590	6807	7006	7224	7182	7572	7399	7380	6161	5727
清远	7066	7060	7054	7504	7653.5	7803	7650	7649	7002	7698	7564	7570	6935	7157
潮州	2339	2440	2541	2454	2412	2370	10287	7760	4483	4512	4693	4286	3562	3299
揭阳	5592	5757.5	5923	5830	5868.5	5907	6004	6140	5850	6057	5916	5681	4731	4729
云浮	5391	5890.5	6390	7132	8051	8970	9936	10614	10472	10497	10542	10451	4609	4542
珠三角	22469	25139	24628	25535	27382.5	27968	28068	27364	27855	28035	27957	27920	22759	22352
东翼	13407	15545	17683	16283	15120.5	13958	21948	19989	16548	17026	17718	17180	14694	14555
西翼	26714	28601	29687	30444	31041.5	32054	33158	34379	34512	35276	35735	36143	34285	33875
山区	24435	25937.5	27166	28247	29373	30402	30908	32146	31175	32327	32372	32409	22883	22902

附表 8 各市农业机械总动力

（单位：万千瓦）

区域\时间	2005	2006	2007	2008	2009	2010	2011	2012	2013	2014	2015	2016	2017	2018
全省	1782.09	1832.33	1847.23	1988.93	2085.25	2253.35	2350.53	2414.41	2497.90	2595.63	2658.63	2347.56	2366.73	2385.09
广州	205.45	200.95	196.44	197.51	201.62	209.62	207.34	195.70	195.60	199.48	201.28	136.52	134.81	126.59
深圳	2.58	2.17	1.76	1.68	1.88	2.08	2.55	2.41	2.55	0.00	0.00	0.00	0.00	0.00
珠海	17.76	16.26	14.76	16.19	17.35	24.07	24.89	25.64	27.89	25.32	26.54	28.37	28.51	27.12
汕头	44.44	44.19	43.95	40.34	40.12	39.89	42.47	44.43	45.38	34.45	35.00	35.68	30.61	30.99
佛山	113.12	121.98	94.26	108.05	109.05	113.53	113.48	106.64	100.04	105.73	102.93	103.79	90.78	91.46
韶关	89.92	97.95	45.62	45.74	114.23	124.34	131.77	137.60	146.07	162.18	172.77	159.75	164.37	167.02
河源	43.64	81.37	119.11	116.42	82.34	48.25	55.34	59.53	75.22	77.49	79.55	76.13	77.17	77.89
梅州	108.02	101.04	94.06	112.90	119.70	126.51	131.53	135.41	136.18	145.01	148.86	126.38	128.61	130.68
惠州	95.18	94.60	61.19	74.20	115.97	119.57	123.09	125.99	135.32	136.29	139.58	108.30	109.39	110.99
汕尾	57.94	38.62	19.30	15.43	49.66	83.88	87.56	90.68	94.86	97.71	100.49	102.79	105.03	107.11
东莞	22.93	21.23	63.20	64.98	15.90	36.80	37.90	39.11	41.84	43.19	45.04	46.31	47.30	47.80
中山	59.60	60.60	141.13	149.09	67.56	69.83	71.23	71.95	73.45	74.91	76.04	78.01	79.02	80.15
江门	140.17	146.70	121.33	110.61	142.22	158.21	165.55	167.57	181.16	189.54	194.33	165.87	169.85	174.30
阳江	72.34	73.61	75.55	78.45	78.69	79.11	87.69	88.85	92.16	101.90	104.67	103.78	105.70	108.17
湛江	239.44	257.10	270.92	343.23	382.49	436.05	457.18	471.03	479.29	454.66	459.13	419.42	416.05	421.36
茂名	148.77	150.79	152.81	154.01	156.69	159.38	162.51	165.50	167.59	229.84	239.83	195.92	209.22	204.20
肇庆	93.73	94.40	96.27	119.29	127.86	139.13	148.99	156.94	163.79	169.71	177.37	160.02	165.44	172.19
清远	77.47	79.22	80.97	82.08	91.39	100.71	105.99	109.32	114.25	118.08	121.56	105.18	107.31	108.88
潮州	30.75	26.81	27.91	28.29	33.21	27.53	29.69	48.19	49.19	50.02	50.91	42.33	42.50	41.91
揭阳	51.89	50.24	48.66	47.50	48.28	59.76	63.28	64.99	66.04	68.01	69.15	54.44	54.81	54.81
云浮	66.95	72.49	78.03	82.93	89.03	95.13	100.50	106.94	110.01	112.12	113.62	98.56	100.25	101.47
珠三角	750.52	758.89	790.35	841.59	799.42	872.84	895.02	891.93	921.65	944.18	963.09	827.21	825.10	830.60
东翼	185.01	159.87	139.82	131.56	171.26	211.05	223.00	248.29	255.47	250.18	255.55	235.24	232.95	234.82
西翼	460.55	481.50	499.28	575.69	617.88	674.53	707.38	725.38	739.05	786.39	803.63	719.12	730.97	733.73
山区	386.00	432.07	417.79	440.07	496.69	494.93	525.13	548.81	581.73	614.88	636.36	566.00	577.71	585.94

附表 9 各市人均地区生产总值

（单位：元）

区域\时间	2005	2006	2007	2008	2009	2010	2011	2012	2013	2014	2015	2016	2017	2018
广州	54160	62930	70284	77165	80272	88361	98677	107055	121584	129938	137793	143638	150678	155491
深圳	61844	69702	77660	85088	87066	98437	113316	126765	141474	153677	162599	172453	183544	189568
珠海	45682	52690	61826	67432	68722	79002	91458	97565	107765	118672	127227	137005	155502	159428
汕头	12919	14491	16540	18690	19767	21384	23746	26435	28905	31285	33814	37486	42029	44672
佛山	42434	51018	59915	68667	72167	80794	86759	92145	97784	103253	110054	117606	124324	127691
韶关	11608	13875	16583	19398	20283	22638	26448	30139	32906	35426	36526	38539	41961	44971
河源	7483	9222	11843	14109	14163	15564	17938	20325	22810	24721	25513	27739	30659	32530
梅州	7684	8485	9942	11515	12386	14372	16246	17382	18538	20262	21817	23609	24623	25367
惠州	21942	24556	28384	31881	33300	38917	45829	51721	58434	64398	67046	72465	80205	85418
汕尾	7419	8489	10051	11913	13131	15433	18222	20517	22522	23887	25238	27285	28628	30825
东莞	33363	39287	45189	50635	49601	53575	58440	61593	67320	71651	76812	84007	91329	98939
中山	36800	42716	49046	53533	54887	61691	71079	78846	85101	90007	95365	100897	105711	110585
江门	19546	22858	26262	29944	31021	35873	41412	42447	44990	46727	50143	53932	59089	63328
阳江	12724	14829	17170	20246	22021	26303	31232	35820	42025	46472	49301	49845	51720	52969
湛江	10269	11937	13514	15964	16767	20085	24351	26315	28857	31230	32702	35285	38508	41107
茂名	12743	14816	16742	19831	20753	25254	29553	32546	36461	39192	40607	43555	47116	49406
肇庆	11915	13646	16483	20098	22671	28198	33971	37253	42106	46106	49016	51586	51464	53267
清远	9088	11947	15328	17853	19569	23724	27256	27729	29420	31671	33595	36385	38135	40476
潮州	11256	12725	14682	17028	18461	21206	24336	26409	29117	31428	34047	37054	38241	40219
揭阳	7417	8552	10321	12626	14107	17126	20621	23304	26658	29357	30945	32610	32642	35358
云浮	8690	9857	11745	13791	14594	16862	19947	21806	24647	26681	28397	30748	32232	33747

附表 10　各市农作物受灾面积

（单位：公顷）

时间 区域	2005	2006	2007	2008	2009	2010	2011	2012	2013	2014	2015	2016	2017	2018
广州	24177	13758	1991	29918	2580	11559	33270	0	5927.56	17640.44	845936.4	0	13200.97	40916.05
深圳	0	0	0	0	0	0	0	0	0	0	0	0	0	0
珠海	4772	0	0	20584	14132	7135	26630	7790	11286.17	5985.79	0	0	8455.54	5954.3
汕头	12715	70620	1530	19840	3533	400	4330	0	47659.26	12493.27	20029.06	35135.02	5549	13986.56
佛山	9656	23687	0	4750	0	400	7767	1306	93.07	1651	2602.49	160.53	970.6	7869.05
韶关	37641	48413	36028	63420	15752	44357	329230	19402	45708.27	10450.7	9696.93	9069.53	1476.12	2452.2
河源	51974	47326	27749	31426	6824	62801	71667	7947	53969.3	1867	1184.2	36122.3	1254	5471.16
梅州	66946	68385	82018	37757	42558	36801	232142	4903	54934.8	2125.33	3495.75	62820.74	1710.91	138.18
惠州	38575	16626	3214	40630	18663	8592	309289	1523	68219.6	13326.53	4659.6	48075.75	10456.61	28409.14
汕尾	25797	142918	31125	50813	15195	13317	16030	1233	107430.6	3828.7	37024.03	122976	29193.54	55852.46
东莞	5184	7176	813	15040	863	1619	0	14	7662.2	3823.4	464	553.1	597.81	4829.43
中山	7754	8667	0	53000	3068	0	14667	4502	2709.87	3736.81	2703.8	1158.04	9962.82	14460.76
江门	8417	282954	0	86565	88047	12119	14667	49436	31259.96	27437.57	15305.78	4375.54	60950.76	78787.16
阳江	38720	52130	33380	94935	73375	33421	193294	17347	29338.8	17674.6	37485.53	16704.12	25085.6	41260.3
湛江	281337	172608	272925	117340	17009	142313	2065550	203402	301713.3	535058	465016.3	179383.8	87646.3	149152.5
茂名	13124	83483	63863	438730	58180	119973	727340	55061	124150.2	125881.6	149316.2	122939.2	111744.93	26583.44
肇庆	19499	37487	37500	24825	1437	11835	11101	3669	12412.52	2031.96	10636.09	1235.519	1364.41	12104.74
清远	22078	77849	87371	126217	35746	46410	445109	25011	81925.06	39639.06	22057.57	3192.24	324.2	5103.97
潮州	13992	57965	3766	9607	18462	18287	48550	4861	30144.55	7885.9	5984.83	22716.44	8422.95	5115.9
揭阳	34903	28977	12574	86703	33757	30991	51850	4861	127660.3	3590	50092	106426.1	0	35356.63
云浮	8090	40256	2593	42599	28990	8872	44957	9596	6893.68	7687.63	8134.37	5812.56	6784.98	15131.67

附录二：广东新型农业经营主体技术需求情况调查问卷

亲爱的朋友：

您好！为了解我省种养大户、种养合作社、家庭农场等农业经营主体农业技术需求等情况，我们特意开展此次调查，目的是为制定并完善我省的农业扶持政策提供理论依据，衷心感谢您能抽出宝贵时间完成我们的问卷。本问卷实行匿名制，所有数据只用于统计分析，题目选项无对错之分，请您按自己的实际情况填写。

第一部分 村基本情况

地点：省市县（市、区）乡（镇）村

1. 村所在位置地理类型：①平原 ②丘陵 ③山区 ④湖区

2. 村到县城距离：① 5 公里以内 ② 5-10 公里 ③ 10-20 公里 ④ 20 公里以上

3. 村交通是否方便：①是 ②否

4. 村是否有广播：①是 ②否

5. 村家庭总户数户；总耕地面积亩，总人口数人。

6. 村人均年纯收入   万元。

7. 村农业基础设施条件：①较好 ②一般 ③较差

8. 村雇佣劳动力成本：①很高 ②较高 ③一般 ④较低 ⑤很低

9. 村里种养大户____家，家庭农场____家，农民合作社____家，农业龙头企业____家。

10. 2016 年你村有____名农民经过培训，有____名农民获得新型职业农民认定。

11. 本村是否有农技人员：①是，有＿＿个 ②否

12. 在农业生产经营中，你村需要政府做什么（　）。（最多选3个）

①加大农业直补 ②提供技术服务 ③加强职业农民培育 ④提供融资支持

⑤建立信息平台 ⑥协助土地流转 ⑦其他（请注明）

第二部分 经营主体技术需求情况

一、被调查者基本情况（单选，请在合适的选项上划"√"）

1. 性别：①男 ②女

2. 年龄：① 30岁以下 ② 30-39岁 ③ 40-49岁 ④ 50-59岁 ⑤ 60岁以上

3. 学历：①小学及以下 ②初中 ③高中或中专 ④大专 ⑤本科 ⑥硕士及以上

4. 家庭总人口＿＿人，家庭劳动力人数＿＿人，其中，务农劳动力＿＿个。

5. 政治面貌：①中共党员 ②民主党派 ③共青团员 ④群众

6 健康状况：①偏差 ②一般 ③良好

7. 是否兼业：①是 ②否

8. 家中是否有干部：①是，＿＿人 ②否

9. 是否曾任村干部：①是 ②否

10. 是否曾外出打工：①是 ②否

11. 是否曾经商：①是 ②否

12. 是否参加了农业协会或专业合作社：①是，＿＿个 ②否

13. 是否购买了农业保险：①是 ②否

14. 是否订阅有关报纸杂志：①是 ②否

二、经营情况（选择题，请在合适的选项上划"√"）

15. 经营类型：①纯种植大户 ②纯养殖大户 ③种养结合 ④种植兼休闲 ⑤养殖兼休闲 ⑥种养结合兼休闲 ⑦其他

16. 种植的农作物是＿＿＿＿＿，养殖的动物是＿＿＿＿＿＿。

17. 经营规模：农作物（水产养殖）＿＿＿＿＿亩，动物存栏头＿＿＿＿（只），出栏头 ＿＿＿＿＿（只）。

18. 是否注册：①是 ②否

19. 已经营年限：①3年以下 ②3～5年 ③5～10年 ④10年以上

20. 土地承包年限：①5年以下 ②5～10年 ③10～20年 ④20～30年

21. 年投资规模：①50万元以下 ②50～100万元 ③100～200万元

④200万以上

22. 平均家庭年总收入：①10万元以下 ②10～50万元 ③50万元以上

23. 是否有扩大生产经营规模的意愿：①是 ②否

24. 约束扩大经营规模的因素（可多选）：

①土地承包期太短 ②个人经营能力有限 ③缺少技术 ④资金不足

⑤土地流转困难 ⑥雇工难 ⑦其他（请注明）

三、技术需求情况（选择题，请在合适的选项上划"√"）

25. 生产经营中，获得过哪些技术服务（可多选）？

①良种及栽培技术 ②施肥技术 ③病虫害防治技术 ④加工储藏技术

⑤质量安全检测技术 ⑥土壤改良技术 ⑦农机使用技术 ⑧防灾减灾技术

26. 您获取以上技术服务的渠道（可多选）：

①市场购买 ②技术员推广 ③协会推广 ④村推广 ⑤政府推广

⑥自己琢磨 ⑦其他农民教 ⑧其他（请注明）：

27. 使用农业技术是否提高经营效益：①是 ②否

28. 是否有农业技能：①是 ②否

29. 是否获得新型职业农民认定：①是 ②否

30. 近三年，省农业厅主推的综合性农业技术，您了解哪些？（可多选）：

①农作物测土配方施肥技术；

②耕地保护与质量提升技术；

③农作物病虫害绿色防控技术；

④有机营养液肥高效使用技术；

⑤土壤有机质提升技术；

⑥水肥一体化灌溉施肥技术；

⑦性诱剂捕虫器防虫技术；

⑧农业物联网关键技术推广；⑨其他（请注明）

以下31-34题，根据调研对象，选择作答。

31. 近三年，省农业厅主推的水稻种植技术，您了解哪些？（可多选）

①双季超级稻强源活库优米栽培技术；

②水稻"三控"技术；

③水稻"两迁"害虫抗药性检（监）测与治理技术；

④稻鸭共作生产绿色安全稻米关键技术；

⑤水稻生产机械化育插秧技术推广应用；

⑥自走履带式纵轴流水稻联合收割机械化技术；

⑦谷物烘干机械化技术；

⑧稻田福寿螺发生危害的全程综合防控技术；

32. 近三年，省农业厅主推的果蔬种植技术，您了解哪些？（可多选）

①蔬果类农产品中农药残留、重金属、硝酸盐快速检测技术；

②果蔬干燥、脱水技术，如荔枝果干功效的节能干燥方法、热泵干燥桑椹果干技术等；

③加工技术，如果蔬鲜切加工技术、果汁果酒加工技术、龙眼果肉多糖功能食品基料的加工技术、荔枝加工副产物高值化利用技术；

④果蔬的高效栽培、生产技术，如冬种马铃薯、香蕉、无籽沙糖桔、台湾青枣高效栽培技术、除草地膜覆盖栽培技术等；

⑤丰产技术，例如三红蜜柚"矮化密植、早结丰产"技术等；

⑥产期调控技术，例如龙眼叶面喷施氯酸钾近季产期调控技术等；

33. 近三年，省农业厅主推的花卉种植技术，您了解哪些？（可多选）

①盆栽生产技术，如红掌、竹芋等；

②微型盆栽标准化生产技术；

③生产技术规范推广，如金钱树等；

④高效栽培技术，如珠三角地区切花百合等；

34. 近三年，省农业厅主推的禽畜、水产养殖技术，您了解哪些？（可多选）

①疫病综合防控技术，例如牛羊、口蹄疫综合防治技术、禽畜疫病远程诊疗技术、黄羽肉鸡营养需要与肉品质调控技术等；

②品质改善技术，如改善猪肉品质的关键营养技术、黄羽肉鸡肉质改良营养技术；

③饲养管理技术，如狮头鹅饲养管理技术、鸡抗应激饲料与饲养技术、蛋鸭营养需要及饲料高效配置技术、黄羽肉鸡安全低排放饲料配制技术等；

④加工技术，如奥式风味休闲禽肉制品加工技术等；

35. 您获取以上农业新技术信息的渠道（可多选）：

①电视 ②农技人员 ③亲友乡邻 ④各级干部 ⑤政府的科技宣传资料

⑥科技下乡活动 ⑦报纸 ⑧示范户或科技能人 ⑨专业协会 ⑩其他（请注明）

36. 您对以上新技术了解程度：

①很了解 ②较了解 ③一般 ④了解不多 ⑤一点不了解

37. 是否对以上新技术有需求：①是 ②否

38. 应用农业新技术时，在村里，您属于以下哪类？

①最早使用者 ②较早使用者 ③跟着别人使用 ④较晚使用 ⑤还没有使用

四、技术供给反馈情况（选择题，请在合适的选项上划"√"）

39. 生产经营中，您急需解决哪些技术难题（最多选 3 个）？

①良种及栽培技术 ②施肥技术 ③病虫害防治技术 ④加工储藏技术

⑤质量安全检测技术 ⑥土壤改良技术 ⑦农机使用技术 ⑧防灾减灾技术

40. 是否容易获得急需的农业技术服务：①是，如是，请做 41 题 ②否

41. 获得急需的农业技术服务的方式是（最多选 3 个）：

①农技人员 ②亲友乡邻 ③各级干部 ④示范户或科技能人 ⑤专业协会

⑥其他（请注明）

42. 是否参加过技术培训：①是，如是，请做 43 题 ②否 ，如否，请做 44 题。

43. 技术培训的方式：①集中授课培训，＿＿＿次 ②技术人员示范，＿＿＿次

44. 是否有接受新技术培训的意愿：①是 ②否

45. 您对地方政府提供的技术服务满意吗？

①非常满意 ②比较满意 ③一般 ④比较不满意 ⑤非常不满意

46. 是否享受过政府的财政扶持：①是，如是，请做 47 题 ②否

47. 享受过政府哪些奖励和扶持政策（可多选）：

①农资综合直补资金 ②粮食直补 ③农机具购置补贴 ④良种补贴

⑤其他（请注明）：

48. 您对政府的奖励和扶持力度满意吗？

①非常满意 ②比较满意 ③一般 ④比较不满意 ⑤非常不满意

五、其他情况（选择题，请在合适的选项上划"√"）

49. 生产过程中最担心的变化（可多选）：

①生产资料上涨 ②农产品价格下跌 ③补贴政策会变 ④旱涝病虫害

⑤农技跟不上 ⑥销售困难 ⑦雇工难 ⑧其他（请注明）

50. 农业生产中急需解决的问题是（可多选）：

①良种供应 ②技术推广 ③农资价格高 ④劳力少 ⑤农产品价格低

⑥环境污染 ⑦销售问题 ⑧其他（请注明）＿＿＿＿＿＿

51. 农业生产经营，需要政府（可多选）：

①加大农业直补 ②提供技术服务 ③加强职业农民培育 ④提供融资支持

⑤建立销售渠道信息平台 ⑥协助土地流转 ⑦提供先进的生产设备

⑧新办公司，对农产品深加工 ⑨其他（请注明）

52. 您还想表达的其他想法、观点或问题有：

参考文献

[1] 尹军军, 余国新. 家庭农场与农户小规模农地对农业技术服务需求行为差异及影响因素 [J]. 中国农业资源与区划, 2019, 40 (10)

[2] 殷锐, 黄炎忠, 余威震. 普通农户与专业大户技术需求对比分析 —— 基于农业生产目的视角 [J]. 湖北文理学院学报, 2019, 40 (08)

[3] 钟高辉. 贫困地区农民对农业技术服务的需求分析 [J]. 湖北农机化, 2019 (12)

[4] 王洋, 许佳彬. 农户禀赋对农业技术服务需求的影响 [J]. 改革, 2019 (05)

[5] 白婧. 论高质量发展及中等收入阶段跨越 —— 基于创新和人力资本的分析 [J]. 河南社会科学, 2019, 27 (05)

[6] 毛世平, 杨艳丽, 林青宁. 改革开放以来我国农业科技创新政策的演变及效果评价 —— 来自我国农业科研机构的经验证据 [J]. 农业经济问题, 2019 (01)

[7] 曾雅婷, 李宾, 吕亚荣. 中国粮食生产技术效率区域差异及其影响因素 —— 基于超越对数形式随机前沿生产函数的测度 [J]. 湖南农业大学学报 (社会科学版), 2018, 19 (06)

[8] 黎孔清, 陆冉, 李群. 广西果农绿色农业技术需求及行动机制研究 [J]. 广西民族大学学报 (哲学社会科学版), 2018, 40 (05)

[9] 方帅. 人口结构、家庭资本与农民的政府满意度 [J]. 华南农业大学学报 (社会科学版), 2018, 17 (03)

[10] 吴千署. 农业新科技成果推广面临的困难和解决方案 —— 以陕西省咸阳市彬县为例 [J]. 中国战略新兴产业, 2018 (08)

[11] 贾奇凡, 尹泽轩, 周洁. 行为公共管理学视角下公众的政府满意度:

250

概念、测量及影响因素［J］. 公共行政评论，2018，11（01）

[12] 叶明华，朱俊生 . 新型农业经营主体与传统小农户农业保险偏好异质性研究 —— 基于 9 个粮食主产省份的田野调查［J］. 经济问题，2018（02）

[13] 张广辉，方达 . 农村土地"三权分置"与新型农业经营主体培育［J］. 经济学家，2018（02）：80-87.

[14] 张红宇 . 中国现代农业经营体系的制度特征与发展取向［J］. 中国农村经济，2018（01）

[15] 尤伟，陈念东，郑逸芳等 . 种植大户农业技术需求影响因素分析 —— 基于福建省漳州和三明两地市 8 县的调查数据［J］. 闽江学院学报，2018，39（01）

[16] 王蕙 . 广东农业科技信息服务模式创新研究［D］. 仲恺农业工程学院，2017.

[17] 张水玲 . 基于不同种植结构农户技术需求的农业科技供给创新研究［J］. 山东农业科学，2017，49（06）

[18] 刘晗，王钊，姜松 . 人力资本对农业技术效率影响研究 —— 基于省级面板数据的实证分析［J］. 云南财经大学学报，2016，32（03）

[19] 谢玉梅，孟奕伶 . 新型农业经营主体发展研究综述［J］. 江南大学学报（人文社会科学版），2015，14（05）

[20] 何一鸣，高少慧，赖丹珠 . 农地流转制度与农业技术选择 —— 来自广东田野调查经验证据［J］. 新疆农垦经济，2015（07）

[21] 陈治国，李红，刘向晖等 . 农户采用农业先进技术对收入的影响研究 —— 基于倾向得分匹配法的实证分析［J］. 产经评论，2015，6（03）

[22] 苟露峰，高强，汪艳涛 . 新型农业经营主体技术选择的影响因素［J］. 中国农业大学学报，2015，20（01）

[23] 朱萌，齐振宏，邬兰娅等 . 新型农业经营主体农业技术需求影响因素的实证分析 —— 以江苏省南部 395 户种稻大户为例［J］. 中国农村观察，2015（01）

[24] 孟丽，钟永玲，李楠 . 我国新型农业经营主体功能定位及结构演变研究［J］. 农业现代化研究，2015，36（01）

[25] 余建斌，董运来 . 农业企业的技术效率差异及成因 —— 来自广东农

业产业化龙头企业的实证分析 [J]. 南方农村,2014,30(12)

[26] 刘佳,余国新. 地方财政支农支出对农业技术效率影响分析 —— 基于随机前沿分析方法 [J]. 中国农业资源与区划,2014,35(05)

[27] 徐秀英,李兰英,李晓格等. 林地细碎化对农户林业生产技术效率的影响 —— 以浙江省龙游县竹林生产为例 [J]. 林业科学,2014,50(10)

[28] 陈新忠,李芳芳. 我国农业技术推广的研究回溯与展望 [J]. 华中农业大学学报(社会科学版),2014(05)

[29] 高鸣,宋洪远. 粮食生产技术效率的空间收敛及功能区差异 —— 兼论技术扩散的空间涟漪效应 [J]. 管理世界,2014(07)

[30] 王甲云. 我国农技服务效率评价及其影响因素分析 [J]. 中国科技论坛,2013(12):141-147.

[31] 赵玉姝,高强,焦源. 农户分化背景下农业技术推广机制优化研究述评 [J]. 东岳论丛,2013,34(09)

[32] 蔡键,唐忠. 要素流动、农户资源禀赋与农业技术采纳:文献回顾与理论解释 [J]. 江西财经大学学报,2013(04)

[33] 冯高强. 安徽省新型农业经营主体培育研究 [D]. 安徽农业大学,2013.

[34] 刘晚治,曾三峰,汪凤桂. 农业强省战略下广东现代农业技术推广体系:现状与趋势 [J]. 南方农村,2013,29(05)

[35] 杨传喜,徐顽强,张俊飚. 农林高等院校科技资源配置效率研究 [J]. 科研管理,2013,34(04)

[36] 周波,陈曦. 江西省种稻大户不同类型农业技术需求影响因素分析 [J]. 江西农业大学学报(社会科学版),2013,12(01)

[37] 杨传喜,黄珊,徐顽强. 中国农业科研机构的科技运行效率分析 [J]. 科技管理研究,2013,33(04)

[38] 张照新,赵海. 新型农业经营主体的困境摆脱及其体制机制创新 [J]. 改革,2013(02)

[39]Yeong Sheng Tey,Mark Brindal. Factors influencing the adoption of precision agricultural technologies: a review for policy implications[J]. *Precision Agriculture*,2012,13(6).

[40] 刘彩霞，罗军，陈庄. 广东农业技术推广体系现状、问题与对策 [J]. 广东农业科学, 2012, 39(23)

[41] 赵肖柯，周波. 种稻大户对农业新技术认知的影响因素分析 —— 基于江西省 1077 户农户的调查 [J]. 中国农村观察, 2012(04)

[42] 郭占锋. "试验站"：西部地区农业技术推广模式探索 —— 基于西北农林科技大学的实践 [J]. 农村经济, 2012(06)

[43] 张海鑫，杨钢桥. 耕地细碎化及其对粮食生产技术效率的影响 —— 基于超越对数随机前沿生产函数与农户微观数据 [J]. 资源科学, 2012, 34(05)

[44] 赵连阁，蔡书凯. 农户 IPM 技术采纳行为影响因素分析 —— 基于安徽省芜湖市的实证 [J]. 农业经济问题, 2012, 33(03)

[45] 苏小姗. 国家农业产业技术体系建设与发展 [D]. 华中农业大学, 2012.

[46] 苏小姗，祁春节. 基于技术创新与制度创新的武汉城市圈农业科技发展 [J]. 科技进步与对策, 2011, 28(20)

[47] 胡瑞法，黄季焜. 中国农业科研体系发展与改革：政策评估与建议 [J]. 科学与社会, 2011, 1(03)

[48] 韩作生. 农业科技人力资本对农业经济发展的作用及价值评价研究 [D]. 中国海洋大学, 2011.

[49] 庄丽娟，贺梅英，张杰. 农业生产性服务需求意愿及影响因素分析 —— 以广东省 450 户荔枝生产者的调查为例 [J]. 中国农村经济, 2011(03)

[50] 贾岷江，胡建中，刘礼. 论我国科技支撑城乡统筹发展服务体系的建设 [J]. 科技管理研究, 2011, 31(06)

[51] 林宏程. 关于农业科技体制改革与农业产业化发展的思考 [J]. 广东农业科学, 2011, 38(04):205-207+215.

[52] 刘环. 广东掀起推进现代农业物质技术装备发展新篇章　加快建设现代农业强省 [J]. 现代农业装备, 2010(12)

[53] 彭宇航，李名家. 供需均衡视角下的农村产业发展技术支撑体系建设研究 —— 基于湖北省的调查 [J]. 华中农业大学学报（社会科学版）, 2010(06)

[54] 黄利会. 我国农村生产性公共产品供给现状分析 [J]. 北方经济, 2010(23)

[55]贾钢涛.构建西安农业科技支撑体系的思考[J].科技管理研究,2010,30(22)

[56]黄祖辉,俞宁.新型农业经营主体:现状、约束与发展思路——以浙江省为例的分析[J].中国农村经济,2010(10)

[57]刘晓敏,王慧军.黑龙港区农户采用农艺节水技术意愿影响因素的实证分析[J].农业技术经济,2010(09)

[58]庄道元,陈超,赵建东.不同阶段自然灾害对我国粮食产量影响的分析——基于31个省市的面板数据[J].软科学,2010,24(09)

[59]唐博文,罗小锋,秦军.农户采用不同属性技术的影响因素分析——基于9省(区)2110户农户的调查[J].中国农村经济,2010(06)

[60]Stefan Dercon,Luc Christiaensen. Consumption risk, technology adoption and poverty traps: Evidence from Ethiopia[J]. *Journal of Development Economics*,2010,96(2).

[61]高雷.农户采纳行为影响内外部因素分析——基于新疆石河子地区膜下滴灌节水技术采纳研究[J].农村经济,2010(05)

[62]杜文杰.中国农业改革、技术效率和生产率变化分解研究[D].华中科技大学,2010.

[63]刘建国.多元主导的新农村科技支撑体系构建[J].中国农村小康科技,2010(03)

[64]陈丽佳.广东农业先进适用技术评价指标体系研究[J].广东科技,2009,18(16)

[65]瞿志印.创新广东农业科技支撑体系的思考[J].科技管理研究,2009,29(08)

[66]徐世艳,李仕宝.现阶段我国农民的农业技术需求影响因素分析[J].农业技术经济,2009(04)

[67]杨晓杰,姜宁,孔庆晓等.农业科技支撑体系建设探讨[J].现代农业科技,2009(10)

[68]展进涛,陈超.劳动力转移对农户农业技术选择的影响——基于全国农户微观数据的分析[J].中国农村经济,2009(03)

[69] 何新安，熊启泉.1992—2005 年广东农业纯技术效率与规模效率实证研究 [J]. 华南农业大学学报（社会科学版），2009,8(01)

[70]Johannes Schuler,Claudia Sattler. The estimation of agricultural policy effects on soil erosion—An application for the bio-economic model MODAM[J]. *Land Use Policy*,2008,27(1)

[71] 王晓丽，许锐，郝玲. 自然灾害对吉林省粮食生产影响的实证分析 [J]. 税务与经济,2008(03)

[72] 赵翠萍. 以需求为导向的农业技术进步路径 [J]. 池州学院学报,2007(06)

[73]J.DANIELA HORNA,MELINDA SMALE,MATTHIAS VON OPPEN. Farmer willingness to pay for seed-related information: rice varieties in Nigeria and Benin[J].*Environment and Development Economics*,2007,12(6).

[74] 赵翠萍. 农户需求诱导的技术进步路径：一个述评 [J]. 兰州学刊,2007(11)

[75] 杨兰伟，牛细婷. 新农村建设中农业科技支撑体系作用研究 [J]. 农业科技管理,2007(04)

[76] 于桂娥，刘洪彬. 以农户需求为导向的科技支撑体系的机制及模式选择研究 [J]. 中国市场,2007(26)

[77] 王柯敏. 新型农村科技服务体系发展的主导模式研究 [J]. 湖南社会科学,2007(03):187-192.

[78] 周灿芳，黄红星，方伟. 我国基层农技推广体系改革主要经验及其对广东的启示 [J]. 广东农业科学,2006(12)

[79] 庞晓鹏. 农业社会化服务供求结构差异的比较与分析 —— 基于农业社会化服务供求现状的调查与思考 [J]. 农业技术经济,2006(04)

[80] 周志田，杨多贵，康大臣. 中国可持续发展科技支撑体系建设的战略构想 [J]. 科学学研究,2005(S1)

[81] 苏振锋，翟淑君. 适用技术：西部民族地区经济发展的契入点 [J]. 科学与管理,2004(05):18-20.

[82] 李立秋，胡瑞法，刘健等. 建立国家公共农业技术推广服务体系 [J]. 中国科技论坛，2003(06)

[83] 陈立辉. 科技支撑体系及其作用与功能 [J]. 改革与战略，2002(Z1)

[84] Cheryl R. Doss, Michael L. Morris. How does gender affect the adoption of agricultural innovations? [J]. *Agricultural Economics*, 2000, 25(1)

[85] 苏振锋，范旭. 浅析先进适用技术 —— 兼论适用技术的历史发展 [J]. 科研管理，1998(05)

[86] 苏基才，蒋和平. 广东农业技术进步贡献率的测定 [J]. 南方农村，1996(04)

[87] Joint Information Acquisition and New Technology Adoption: Late Versus Early Adoption [J]. *The Review of Economics and Statistics*, 1993, 75(3)

[88] Human Capital, Information, and the Early Adoption of New Technology [J]. *The Journal of Human Resources*, 1987, 22(1)

[89] 黄静波. 湖南省现代农业科技支撑体系研究 [D]. 湖南农业大学，2018

[90] 尹梦雅. 关中地区不同农业经营主体耕地生产效率比较研究 [D]. 西安建筑科技大学，2018

[91] 任飞. 凤城市新型农业经营主体培育与发展研究 [D]. 吉林大学，2016

[92] 陈超. 安全生产科技支撑体系建设困境及策略研究 [D]. 电子科技大学，2016

[93] 沈艳丽. 现代农业体系及发展模式的文献综述 [J]. 中外企业家，2015(36)

[94] 赵伟峰，王海涛，刘菊. 新型农业经营主体科技支撑体系的内涵、类型与架构设计 [J]. 科技管理研究，2015, 35(24)

[95] 周应恒，胡凌啸，严斌剑. 农业经营主体和经营规模演化的国际经验分析 [J]. 中国农村经济，2015(09)

[96] 胡瑞，李忠云，陈新忠. 湖北省现代农业产业技术体系深化研究 [J]. 华中农业大学学报（社会科学版），2015(03)

[97] 毛世平. 涉农企业要成为农业科技创新主体 [N]. 农民日报, 2014-05-20 (003).

[98] 谯薇. 建立农业科技支撑体系的内涵、理论基础及对策建议 [J]. 农村经济, 2012 (12)

[99] 罗广宁, 廖巧霞, 吴晓青等. 广东区域优势现代农业技术需求初探 [J]. 广东农业科学, 2012, 39 (09)

[100] 赵立秋. 中国农业现代化发展的技术支撑体系构建研究 [D]. 东北林业大学, 2011.

[101] 屈小博. 不同规模农户生产技术效率差异及其影响因素分析 —— 基于超越对数随机前沿生产函数与农户微观数据 [J]. 南京农业大学学报（社会科学版）, 2009, 9 (03)

[102] 张想平. 甘肃农垦现代农业产业技术体系构想 [J]. 中国农垦, 2009 (09)

[103] 林毅夫. 再论制度、技术与中国农业发展 [M]. 北京：北京大学出版社, 2000.

[104] 朱希刚, 黄季焜. 农业技术进步测定的理论方法 [M]. 北京：中国农业科技出版社, 1994.

[105] 熊兴, 余兴厚, 蒲坤明. 长江经济带基本公共服务综合评价及其空间分析 [J]. 华东经济管理, 2019, (01) :53-63

[106] 贾奇凡, 尹泽轩, 周洁. 行为公共管理学视角下公众的政府满意度概念、测量及影响因素 [J]. 公共行政评论, 2018, (01) :69-89

[107] 刘彩霞, 罗军, 陈庄. 广东农业技术推广体系现状、问题与对策 [J]. 广东农业科学, 2012, (23) :221-224

[108] 黄祖辉, 成龙. 新型农业经营主体与政策研究 [M]. 杭州：浙江大学出版社, 2010 年 8 月

[109] 宋洪远, 赵海. 中国新型农业经营主体发展研究 [M]. 北京：中国金融出版社, 2015 年 3 月

[110] 张朝华. 农业技术进步与效率、影响因素及其作用机制：来自广东的证据 [M]. 厦门：厦门大学出版社, 2018 年 1 月

[111] 赵玉姝，焦源 . 农业技术推广体系优化研究 —— 基于农户分化视角 [M]. 北京：中国农业出版社，2017 年 10 月

[112] 郭霞 . 基于农户生产技术选择的农业技术推广体系研究 —— 以江苏省为例 [M]. 石家庄：河北大学出版社，2009 年 8 月

[113] 万忠 . 科技引领广东农业供给侧结构性改革的战略研究 [M]. 北京：中国农业出版社，2020 年 7 月

后　记

　　本书是著者主持的广东省哲学社会科学"广东新型农业经营主体的科技支撑体系研究"项目成果的进一步扩展和深化。本书的撰写不仅是著者的一项科研工作职责，也是著者为农发声的多年夙愿。著者出生在湖南农村，也成长在农村，尽管20多年来，生活在钢筋水泥造就的城市，但对家乡农村始终有深深的眷念和向往。家乡的山山水水、一草一木使我牵绊，农村经济发展和制度变迁始终牵动着我的神经。多年来，本人一直想把所学所思应用于农村发展实践，为家乡、为广大农民尽一份力，发一份光。

　　本书的撰写历时4年之久，最初申报广东省哲学社会科学项目立项时，得到暨南大学王春超教授、中山大学符正平教授在选题意义和研究框架上的指导；撰写过程时，得到佛山科学技术学院的谢长青教授、王朝辉博士在模型设定和数据处理方面的支持和帮助。

　　著者的2019级国际商务硕士研究生孙丹、刘睿同学为本书第三、第四章研究做了数据收集与统计汇总工作，2020级硕士研究生叶俊威、邵靖元同学参与了本书第五章、第六章，马宽同学参与了本书第八章、第九章的撰写及修订工作。2015级国际贸易本科学生冯文婕同学、2017级工商管理本科学生组织了本项目的调查问卷搜集、数据整理工作，在这里一并感谢。

　　感谢经管学院罗锋院长对本书出版给予的支持。此外，家人的大力支持也是本书能够成稿的重要因素。

　　书稿的完成，意味着本课题研究的阶段性结束，学海无涯，研究解决了一些预先设想的现实问题，但同时又发现了许多新的延伸问题，研究之路漫漫且修远，吾将以此为新的起点，继续不倦求索。尽管著者对书稿力求精益求精，多易其稿，但囿于知识和学识，书中错误或不足之处在所难免，恳请各位同仁、朋友赐教。

刘丽辉

2021年6月于佛山科学技术学院